中国工程院 2023 年行业重大项目

面向 2035_
生态产品价值实现
推进战略研究

Developing
Value Realization of
Ecological Products for
Building a Beautiful China

王金南 刘 旭 郝吉明 等 / 著

中国环境出版集团·北京

图书在版编目（CIP）数据

面向 2035 生态产品价值实现推进战略研究 / 王金南
等著. -- 北京：中国环境出版集团，2025. 8. -- ISBN
978-7-5111-6280-9

Ⅰ. F124.5

中国国家版本馆 CIP 数据核字第 2025SP3785 号

责任编辑　宾银平
封面设计　彭　杉

出版发行　中国环境出版集团
　　　　　（100062　北京市东城区广渠门内大街 16 号）
　　　　　网　　　址：http://www.cesp.com.cn
　　　　　电子邮箱：bjgl@cesp.com.cn
　　　　　联系电话：010-67112765（编辑管理部）
　　　　　　　　　　010-67113412（第二分社）
　　　　　发行热线：010-67125803，010-67113405（传真）
印　　刷　北京鑫益晖印刷有限公司
经　　销　各地新华书店
版　　次　2025 年 8 月第 1 版
印　　次　2025 年 8 月第 1 次印刷
开　　本　787×1092　1/16
印　　张　14.25
字　　数　260 千字
定　　价　128.00 元

中国环境出版集团郑重承诺：
中国环境出版集团合作的印刷单位、材料单位均具有中国环境标志产品认证。

序

　　建立健全生态产品价值实现①机制是贯彻落实习近平生态文明思想的重要举措，是践行绿水青山就是金山银山理念的关键路径，是生态文明领域全面深化改革的一项重大制度安排，对于全面推进美丽中国建设、推动经济社会发展全面绿色转型、追求全体人民共同富裕、加快建设人与自然和谐共生的现代化，具有重大而深远的意义。生态产品价值实现机制是美丽中国建设的重要保障，通过加大生态保护修复力度，提高生态环境资源增量，促进优质生态产品可持续、多样化、高附加值供给；是实现碳达峰碳中和目标的关键支撑要素，通过促进森林、湿地、草地等重要碳汇资源的保护，有效提升区域碳汇能力，通过建立健全生态产品绿色供应链，实现环境减负，降低能源消耗和碳排放；为全体人民共同富裕开辟新路径，弥补仅将土地、劳动力、资本等要素纳入收入和财富分配框架的不足，有利于解决好乡村发展不平衡、不充分问题，真正实现全体人民的共同富裕。

　　党的二十大报告明确提出：到 2035 年，我国全体人民共同富裕取得更为明显的实质性进展；广泛形成绿色生产生活方式，碳排放达峰后稳中有降，生态环境根本好转，美丽中国目标基本实现。党的二十届三中全会通过《中共中央关于进一步全面深化改革　推进中国式现代化的决定》，明确

---

① 生态产品价值实现，译为 value realization of ecological products，简称 VREP。

面对新的形势和任务，必须进一步全面深化改革，继续完善各方面制度机制，并将"健全生态产品价值实现机制"作为深化生态文明体制改革的重要任务。当前，我国经济社会发展已进入加快绿色化、低碳化的高质量发展阶段、新发展阶段，建立健全生态产品价值实现机制，是面对人民群众新期待，把绿水青山就是金山银山理念贯穿经济社会发展全过程的关键路径，是中国当前生态环境和社会经济发展形势下的必然选择，是推进经济社会绿色转型发展、产业结构优化升级，以新思想引领新思路、新理念开创新局面，持续推动高质量发展、构建新发展格局的有益探索。

本书立足美丽中国建设、共同富裕、"双碳"目标等国家战略框架，聚焦理顺相关体制机制，做好有效政策供给，丰富路径实践场景，深入开展理论研究和政策分析，深入剖析生态产品价值实现的特有发展逻辑，提出面向 2035 年的生态产品价值实现发展战略和策略举措，为国家细化生态产品价值实现机制改革路线图提供参考。一是以"价值目标—基础制度—政策工具—产业支撑—配套保障"为战略主线，确立了生态产品价值实现发展战略，明确面向 2035 年生态产品价值实现的战略目标，为有效支撑战略目标实现，研究提出三大战略行动，即生态产品价值实现与国家战略协同推进行动、生态产品价值实现与新质生产力协同发展行动和生态产品价值实现相关政策协同联动行动；聚焦确好"权"、算好"价"、谋好"路"、用好"数"明确四大战略重点，即健全自然资源资产产权制度，激发生态产品供给主体的活力；科学开展生态产品价值评价，明确生态产品价值转化的潜力；强化有为政府培育有效市场，增强生态产品价值实现竞争力；丰富 GEP①核算结果应用场景，提高多元主体生态产品消费能力。二是聚焦生态产品价值实现的前、中、后关键环节，提出了生态产品价值实现五大策略举措，即创新改革资源产权制度，从源头上破解生态产品权属问题；

---

① GEP 为生态系统生产总值，也称生态产品总值。

以共同富裕拓展 VREP，充分释放生态优势地区绿色动能；通过 VREP 推动美丽乡村建设，做大做强乡村特色产业；有效促进碳汇产品价值实现，协同推进"双碳"目标实施；强化 GEP 核算结果应用，健全生态文明基础体制。三是明确生态产品价值实现的保障措施，生态产品价值实现意义重大且任务艰巨，其涵盖统筹规划、配套政策、科技创新与试点示范等关键环节，需多维度协同推进，因地制宜挖掘生态资源潜力，全面推动生态产品价值有效实现。

本书主要内容基于中国工程院 2023 年行业重大项目"面向 2035 生态产品价值实现推进战略研究"（2023-HYZD-04）的研究成果整理而成。本书由项目负责人王金南院士、刘旭院士和郝吉明院士学术领衔和全程指导把关，具体章节执笔人员包括：第 1 章，文一惠、张逸凡、刘国波、刘桂环；第 2 章，华妍妍、刘桂环、刘懿颉、臧宏宽；第 3 章，文一惠、刘桂环、华妍妍、刘国波、王夏晖；第 4 章，高国力、鲍家伟、张晓明、王丽、张雪原、倪碧野、赵军洁、龙玉清、文扬、王婷；第 5 章，尹昌斌、任静；第 6 章，李桢、王波、王夏晖；第 7 章，陈吕军、田金平、李星、桑晶、万诗羽、张盛、臧娜、平玉焕、赵佳玲、史晨、任亚楠；第 8 章，张林波、王昊、梁田、郝超志、刘开迪、程文杰、杨一凡；第 9 章，文一惠、刘桂环、闫鑫婷。全书由王金南院士统稿。

本书的顺利完成，离不开多方支持与付出，在此致以最诚挚的感谢！首先，衷心感谢中国工程院为本项研究提供的大力支持和资金资助；诚挚感谢沈国舫院士、杜祥琬院士、尹伟伦院士、王浩院士、杨志峰院士、张守攻院士、朱利中院士、吴丰昌院士、马军院士、王桥院士、刘世荣院士等多位学界泰斗，他们以深厚的学术造诣和前瞻视野，为研究指明方向、答疑解惑；感谢李忠研究员、石敏俊教授、谷树忠研究员、李宏伟教授、舒俭民研究员等专家学者给予的宝贵建议和学术启发；感谢刘桂环研究员、王夏晖研究员、文一惠高级工程师、刘懿颉助理研究员在项目策划和研究期间付出的辛劳；感谢生态环境部、国家发展改革委给予本项研究的大力支持，感谢西藏自治区林芝市、浙江省丽水市、云南省怒江傈僳族自治州、福建省厦门市等地方政府在实地调研以及案例研究等方面给予的帮助；感谢中国工程院战略咨询中心作为项目组织实施单位提供的全方位保障和指导，感谢生态环境部环境规划院全程展现的组织能力和学术担当；最后，感谢各章节执笔团队展示的高度专业素养，是大家的共同努力，让这本聚焦生态产品价值实现的著作得以问世，期待本书能为各级政府部门及相关机构提供参考，赋能新时期生态产品价值实现机制在理论研究和实践探索上的纵深拓展，共同推动生态优势转化为经济优势和民生福祉，书写美丽中国新篇章。

值此绿水青山就是金山银山理念提出二十周年之际，谨以本书献礼。

中国工程院院士

中国环境科学学会理事长

生态产品与自然资本联合实验室主任

2025 年 8 月 15 日全国生态日

目　录

第 1 章
生态产品价值实现的发展历程与现实基础

生态产品及其价值实现机制是具有中国特色的概念，与国际上生态系统服务、自然对人类的贡献、生态系统最终服务等概念类似。本章在梳理国内外关于生态产品相关认识的基础上，系统梳理了我国生态产品价值实现政策发展历程，阐述了各部门各地在调查监测、价值评价、经营开发、保护补偿、保障以及推进机制等方面取得的积极成效，为研究面向 2035 生态产品价值实现推进战略奠定理论与实践基础。

1.1 发展历程

1.1.1 生态产品是具有中国特色的概念

1.1.1.1 国内对生态产品的认识

"生态产品"一词最早出现于国家政策性文件是在 2010 年国务院印发的《全国主体功能区规划》中，其将生态产品的概念界定为维系生态安全、保障生态调节功能、提供良好人居环境的自然要素，包括清新的空气、清洁的水源和宜人的气候等。2022 年，国家发展改革委、国家统计局印发《生态产品总值核算规范（试行）》，指出生态产品是指生态系统为经济活动和其他人类活动提供且被使用的货物与服务贡献，包括物质供给、调节服务和文化服务三类。生态产品是一种特殊的公共物品，在经济学中属于公共物品或准公共物品的范畴。根据生态产品的市场属性，生态产品可分为纯公共性、准公共性、经营性生态产品等类型[①]。可以说，

[①] 王金南，等. 生态产品第四产业：理论与实践[M]. 北京：中国环境出版集团，2022.

生态产品是量化、规范化、标准化的生态系统服务，是自然属性和社会属性的统一。

生态产品价值实现提出的初衷在于让人类社会认可生态产品的价值①，减少"搭便车"行为，实现资源的有效配置，因此需要市场和政府共同发挥作用。生态产品价值实现，是在严格保护生态环境的前提下，通过合理的路径设计，不仅实现生态产品的经济价值，还使其外部经济性（生态价值和社会价值）内部化，即将良好生态环境蕴含的需求转化为供给并激发出来，形成经济发展新增长点，让生态成为支撑经济发展的不竭动力。生态产品价值实现的过程就是将被保护的、潜在的生态产品转化成现实的经济价值，为人类社会经济增加生态福祉的过程。生态产品价值实现是解决市场失灵、保护生态系统真实性和完整性的重要机制，是绿水青山就是金山银山理念实现路径、效率与公平的调节机制。

1.1.1.2　国外与生态产品相似的概念

国外与"生态产品"相似的概念有生态系统服务（ecosystem services，ES）、自然对人类的贡献（nature's contributions to people，NCP）和生态系统最终服务（final ecosystem services，FES）。

生态系统服务最早由斯坦福大学 Paul Ehrlich 教授在 1981 年提出，2001 年联合国启动的千年生态系统评估（millennium ecosystem assessment，MA）项目将生态系统服务定义为人类从生态系统直接和间接获得的各种惠益，包括供给服务、调节服务、文化服务和支持服务，该分类被业界普遍认可和广泛应用，是后续生态系统服务研究的理论与实践基础。联合国环境规划署（UNEP）主导的生态系统与生物多样性的经济学（TEEB）在 MA 的基础上进行了调整，将生态系统服务划分为供给服务、调节服务、文化服务和栖息地服务。

自然对人类的贡献概念由联合国生物多样性和生态系统服务政府间科学政策平台（IPBES）提出。2019 年，IPBES 发布了《生物多样性和生态系统服务全球评估报告》，首次在全球层面上评估了 NCP，NCP 的分类基于 MA 生态系统服务分类演变而来，涵盖了调节贡献、物质贡献和非物质贡献三大类。

生态系统最终服务源自联合国统计委员会 2021 年通过的《环境经济核算体系—生态系统核算》（SEEA-EA）。SEEA-EA 将生态系统最终服务定义为生态系统为经

---

① 石敏俊. 生态产品价值实现的治理机制与政策设计[J]. 环境经济研究，2024，9（3）：1-10.

济活动和其他人类活动提供且被使用的最终产品，包括供给服务、调节和支持服务、文化服务。这是我国《生态产品总值核算规范（试行）》重点参考的定义和分类。MA、TEEB、NCP、SEEA-EA 生态系统服务分类对比见图 1-1。

1.1.2　生态产品价值实现政策发展历程

1.1.2.1　习近平总书记亲自谋划推动建立生态产品价值实现机制

习近平总书记高度重视生态产品价值实现，多次发表重要讲话提出推进生态产品价值实现机制的重要意义和指示要求。2013 年 5 月 24 日，习近平总书记在十八届中央政治局第六次集体学习时强调，"良好生态环境是最公平的公共产品，是最普惠的民生福祉"。2018 年 4 月，习近平总书记在深入推动长江经济带发展座谈会上明确要求"探索政府主导、企业和社会各界参与、市场化运作、可持续的生态产品价值实现路径"。2019 年 8 月，习近平总书记在中央财经委员会第五次会议上提出"在长江流域开展生态产品价值实现机制试点"。2020 年 11 月，习近平总书记在全面推动长江经济带发展座谈会上强调，要加快建立生态产品价值实现机制，让保护修复生态环境获得合理回报，让破坏生态环境付出相应代价。2021 年 11 月，习近平总书记在中央全面深化改革委员会第十八次会议强调，建立生态产品价值实现机制，关键是要构建绿水青山转化为金山银山的政策制度体系，坚持保护优先、合理利用，彻底摒弃以牺牲生态环境换取一时一地经济增长的做法，建立生态环境保护者受益、使用者付费、破坏者赔偿的利益导向机制，探索政府主导、企业和社会各界参与、市场化运作、可持续的生态产品价值实现路径，推进生态产业化和产业生态化。2023 年，习近平总书记在全国生态环境保护大会上发表重要讲话，深刻提出要正确处理高质量发展和高水平保护的关系。2024 年，习近平总书记在新时代推动西部大开发座谈会上指出，要坚持以高水平保护支撑高质量发展，完善生态产品价值实现机制，把发展特色优势产业作为主攻方向。习近平总书记的重要讲话精神对我国生态产品价值实现提出了总体要求和根本遵循，其最终目的就是要建立以政府主导、企业和社会各界参与、市场化运作的可持续生态产品价值实现机制，着力构建绿水青山转化为金山银山的政策制度体系，推动形成具有中国特色的生态文明建设新模式，建设人与自然和谐共生的现代化。

图 1-1　MA、TEEB、NCP、SEEA-EA 生态系统服务分类对比[①②③④]

MA

供给服务
1. 食物和纤维
2. 燃料
3. 遗传资源
4. 遗传资源（用于作物改良、制药等）
5. 生化药剂、天然药物和医药用品
6. 装饰资源
7. 淡水

调节服务
8. 维护空气质量
9. 调节气候
10. 调节水分
11. 控制侵蚀
12. 净化水质和处理废弃物
13. 调节人类疾病
14. 生物控制
15. 授粉
16. 避免遭受风暴侵袭等的保护

文化服务
17. 文化多元性
18. 精神与宗教价值
19. 知识系统（传统的和正式的）
20. 教育价值
21. 灵感
22. 美学价值
23. 社会关系
24. 地方感
25. 文化遗产价值
26. 消遣和生态旅游
27. 认知发展信息

支持服务
28. 土壤形成与保护
29. 养分循环
30. 初级生产
31. 水分循环
32. 大气中氧气的生产
33. 提供栖息地

TEEB

供给服务
1. 食物（鱼、野味、水果等）
2. 水（用于饮用、灌溉、清洁等）
3. 原材料（纤维、木材、薪柴、饲料、肥料等）
4. 遗传资源（用于作物改良、制药等）
5. 药用资源（生化产品、模式生物及试验室等）
6. 观赏资源（艺术物品、观赏植物、宠物等）

调节服务
7. 空气质量调节（吸附粉尘、化学物质等）
8. 气候调节（包括碳封存、植被对降水的影响等）
9. 缓和极端事件（防风暴、防洪等）
10. 水流量调节（自然排水、灌溉、水净化）
11. 废物处理（特别是水净化）
12. 防侵蚀
13. 保持土壤肥力（包括土壤形成）和养分循环
14. 传粉
15. 生物防治（种子传播、病虫害防治等）

文化服务
16. 美学信息
17. 娱乐和旅游机会
18. 文化、艺术和设计灵感
19. 精神体验
20. 认知发展信息

栖息地服务
21. 迁徙物种生命周期维护（包括育婴服务）
22. 基因多样性维护（尤其是基因库保护功能）

NCP

物质贡献
1. 能源
2. 粮食和饲料
3. 物质和辅助

调节贡献
4. 医学、生物化学和遗传资源
5. 生境形成和维持
6. 种子和其他繁殖体的传粉和传播
7. 空气质量调节
8. 气候调节
9. 海洋酸化调节
10. 淡水水量、水位和流速调节
11. 淡水和沿海水质调节
12. 土壤和沉积物的形成、保护和去污
13. 各种灾害和极端事件调节
14. 有害生物和生物过程调节

非物质贡献
15. 学习和启发
16. 身心体验
17. 支持身份认同
18. 保持各种选择

SEEA-EA

供给服务
1. 生物质（农林牧渔等）
2. 遗传物质
3. 供水
4. 其他

调节和支持服务
5. 全球气候调节
6. 降雨模式调节
7. 局部气候调节
8. 空气过滤
9. 土壤保持
10. 固体废物处理
11. 水质净化
12. 水源涵养
13. 洪水调蓄
14. 风暴灾害减缓
15. 噪声消减
16. 气候调节
17. 授粉
18. 生物防治
19. 物种保育
20. 其他调节服务

文化服务
21. 娱乐
22. 景观
23. 精神艺术和象征性服务
24. 教育科学研究
25. 其他文化服务

① 千年生态系统评估委员会. 生态系统与人类福祉: 评估框架[M]. 北京: 中国环境科学出版社, 2006.
② TEEB. Natural capital accounting[EB/OL].[2025-04-17]. https://teebweb.org/our-work/nca/.
③ Díaz S, Pascual U, Stenseke M, et al. Assessing nature's contributions to people[J]. Science, 2018, 359 (6373): 270-272.
④ UNSD. SEEA-EA[EB/OL]. [2025-04-17]. https://seea.un.org/zh/news/findings-2023-global-assessment-environmental-economic-accounting.

1.1.2.2　生态产品价值实现是落实绿水青山就是金山银山理念的体制机制

中国式现代化是人与自然和谐共生的现代化。党的二十大报告就"推动绿色发展，促进人与自然和谐共生"作出具体部署，并再次明确强调"必须牢固树立和践行绿水青山就是金山银山的理念"，为建设人与自然和谐共生的现代化指明了发展方向，提出进一步提升生态系统多样性、稳定性、持续性，要求"建立生态产品价值实现机制"。从生态产品供给侧来看，通过加大生态保护修复力度，可提高生态环境资源增量，促进优质生态产品可持续、多样化、高附加值供给。政府和市场共同发力，统筹规划生态产品的保护与开发，推动相关产业加速发展。从生态产品需求侧来看，生态产品消费需求成为供给侧结构性改革的推动力，人民对优质生态产品的需求增加带动相关产业良性发展，促使相关地方加快产业绿色转型，建立健全生态产品绿色供应链，实现环境减负、生态增值。生态产品价值实现将生态资源优势转化为产品品质优势，进而转化为经济发展优势，既是绿水青山就是金山银山理念的应有之义，也体现了生态效益、经济效益、社会效益的有机统一[①]。

1.1.2.3　生态产品价值实现政策体系不断发展完善

（1）起步探索阶段（2010—2016 年）

2010 年，《全国主体功能区规划》首次提出生态产品的概念。党的十八大将生态文明建设纳入中国特色社会主义事业"五位一体"总体布局，强调"把生态文明建设放在突出地位"，明确要"增强生态产品生产能力"，为构建生态产品价值实现机制提供了战略指引。中共中央、国务院大力支持生态产品价值实现试点实践，2016 年印发《国家生态文明试验区（福建）实施方案》，明确福建为生态产品价值实现的先行区。

（2）战略谋划阶段（2017—2021 年）

2017 年 8 月，中共中央、国务院印发《关于完善主体功能区战略和制度的若干意见》，提出"要建立健全生态产品价值实现机制，挖掘生态产品市场价值"。2017 年 10 月，党的十九大报告指出，要建设人与自然和谐共生的现代化，"既

---

① 刘桂环，文一惠，谢婧，等. 深化生态保护补偿制度　有序推进生态产品价值实现[J]. 环境保护，2023，51（22）：30-34.

要创造更多物质财富和精神财富以满足人民日益增长的美好生活需要，也要提供更多优质生态产品以满足人民日益增长的优美生态环境需要"。2018 年 4 月，习近平总书记在深入推动长江经济带发展座谈会上明确要求"探索政府主导、企业和社会各界参与、市场化运作、可持续的生态产品价值实现路径"。2019 年，习近平总书记在中央财经委员会第五次会议上提出"在长江流域开展生态产品价值实现机制试点"；中共中央办公厅、国务院办公厅印发了《国家生态文明试验区（海南）实施方案》，明确海南为生态价值实现机制试验区，多维度探索生态产品价值实现的机制与路径；推动长江经济带发展领导小组办公室正式发文，先后支持浙江丽水、江西抚州开展生态产品价值实现机制试点。2020 年 10 月，党的十九届五中全会明确要求，建立生态产品价值实现机制；同年 11 月，习近平总书记在全面推动长江经济带发展座谈会上强调，要加快建立生态产品价值实现机制，让保护修复生态环境获得合理回报，让破坏生态环境付出相应代价。2021 年 4 月，中共中央办公厅、国务院办公厅印发《关于建立健全生态产品价值实现机制的意见》，从生态产品调查监测机制、价值评价机制、经营开发机制、保护补偿机制、价值实现保障机制、价值实现推进机制 6 个方面对推动生态产品价值实现进行全方位部署，推动构建中央统筹、省负总责、市县抓落实的实施体系。

（3）全面实施阶段（2022 年至今）

2022 年，党的二十大明确提出"建立生态产品价值实现机制，完善生态保护补偿制度"。2024 年，国家发展改革委启动首批国家生态产品价值实现机制试点，推动 10 个试点地区探索解决"能不能充分实现"问题，加快形成生态产品价值实现政策制度体系和实践路径模式。新时代新征程，建立健全生态产品价值实现机制已融入党和国家战略新要求。2024 年，习近平总书记在新时代推动西部大开发座谈会上指出，要坚持以高水平保护支撑高质量发展，完善生态产品价值实现机制，把发展特色优势产业作为主攻方向。中共中央、国务院先后印发《关于全面推进美丽中国建设的意见》《关于加快经济社会发展全面绿色转型的意见》，将生态产品价值实现机制作为强化美丽中国建设的激励政策、健全绿色转型市场化机制的重要举措。党的二十届三中全会通过《中共中央关于进一步全面深化改革　推进中国式现代化的决定》，要求深化生态文明体制改革，加快完善落实绿水青山就是金山银山理念的体制机制，并将"健全生态产品价值实现机制"作为一项重要任务。我国生态产品价值实现经历了从探索试点到深入实施、再到深化探索的过程，已全面融入新时代党和国家生态文明建设全局。

生态产品价值实现政策发展阶段见图 1-2。

	起步探索阶段	战略谋划阶段	全面实施阶段
习近平总书记重要指示	• 2013年5月24日，习近平总书记在十八届中央政治局第六次集体学习时强调"良好生态环境是最公平的公共产品，是最普惠的民生福祉"	• 2018年4月，习近平总书记在深入推动长江经济带发展座谈会上要求"探索政府主导、企业和社会各界参与、市场化运作、可持续的生态产品价值实现路径" • 2019年8月，习近平总书记在中央财经委员会第五次会议上提出"在长江流域开展生态产品价值实现机制试点" • 2020年，习近平总书记在全面推动长江经济带发展座谈会上强调，要加快建立生态产品价值实现机制，让保护修复生态环境获得合理回报，让破坏生态环境付出相应代价	• 2023年，习近平总书记在全国生态环境保护大会上发表重要讲话，深刻提出要正确处理高质量发展和高水平保护的关系 • 2024年，习近平总书记在新时代推动西部大开发座谈会上指出，要坚持以高水平保护支撑高质量发展，完善生态产品价值实现机制，把发展特色优势产业作为主攻方向
历次党代会明确要求	• 2012年，党的十八大首次明确"增强生态产品生产能力"	• 2017年，党的十九大报告指出"既要创造更多物质财富和精神财富以满足人民日益增长的美好生活需要，也要提供更多优质生态产品以满足人民日益增长的优美生态环境需要" • 2020年，党的十九届五中全会明确要求，建立生态产品价值实现机制	• 2022年，党的二十大明确提出"建立生态产品价值实现机制，完善生态保护补偿制度" • 2024年，党的二十届三中全会通过《中共中央关于进一步全面深化改革 推进中国式现代化的决定》，要求深化生态文明体制改革，加快完善落实绿水青山就是金山银山理念的体制机制，提出"健全生态产品价值实现机制"重要任务
中央国家文件部署	• 2010年，《全国主体功能区规划》首次提出生态产品的概念	• 2017年8月，中共中央、国务院印发《关于完善主体功能区战略和制度的若干意见》，首次提出"要建立健全生态产品价值实现机制，挖掘生态产品市场价值" • 2021年4月，中共中央办公厅、国务院办公厅印发《关于建立健全生态产品价值实现机制的意见》	• 2023年，中共中央、国务院印发《关于全面推进美丽中国建设的意见》 • 2024年，中共中央、国务院印发《关于加快经济社会发展全面绿色转型的意见》
先行试点探索实践	• 2016年，中共中央办公厅、国务院办公厅印发《国家生态文明试验区（福建）实施方案》	• 2017年10月，选择浙江、江西、贵州、青海等省份具备条件的地区，开展生态产品价值实现机制试点 • 2019年，中共中央办公厅、国务院办公厅印发《国家生态文明试验区（海南）实施方案》 • 2019年，浙江省丽水市、江西省抚州市成为生态产品价值实现机制改革试点市	• 2024年，国家发展改革委启动首批国家生态产品价值实现机制试点，选择北京市延庆区、河北省承德市、黑龙江省大兴安岭地区、浙江省湖州市、安徽省黄山市、福建省南平市、山东省烟台市、湖南省怀化市、广西壮族自治区桂林市、陕西省商洛市等10个试点地区，丽水市、抚州市继续试点探索

图 1-2　生态产品价值实现政策发展阶段

1.2 现实基础

2021 年 4 月，中共中央办公厅、国务院办公厅印发《关于建立健全生态产品价值实现机制的意见》（以下简称两办《意见》），要求搞好生态产品价值实现机制的顶层设计，明确了生态产品价值实现的"六大机制"为调查监测、价值评价、经营开发、保护补偿、保障以及推进机制，各地区各部门聚焦"六大机制"难点堵点，深入开展实践探索。据不完全统计，全国有 25 个省（区、市）相继印发建立健全生态产品价值实现机制的政策文件，在目标设置上，各地充分衔接两办《意见》，提出了 2025 年的近期目标、2035 年的远期目标，海南等部分开展探索较早、基础较好的地区提出了 2023 年形成初步成效的目标；在重点任务设置上，大部分地区，如贵州、江苏等，充分衔接两办《意见》，围绕"六大机制"作出任务安排，结合自身生态本底特色和发展方向，推动形成生态产品价值实现政策制度体系和实践路径模式，生态富民惠民效益日益显现。基于 2007—2024 年有关生态产品价值实现的知网文献、各省份生态产品价值实现实施方案、"绿水青山就是金山银山"实践创新基地上报材料、网络资源构建文献资料数据库，运用 VOSviewer[①]进行分析，结果（图 1-3 和图 1-4）显示，地方关注的焦点、热点主要集中在生态产品调查监测、生态产品价值评价及应用、生态产品交易以及生态保护补偿等环节，长江流域、黄河流域、京津冀、东北地区等地是生态产品价值实现的主要热点板块，浙江、江西、福建、广西、江苏、四川、安徽、贵州是热点省（区），丽水市是热点市域，生态脆弱区、乡村是热点区域，森林、海洋、湿地是热点生态系统类型。

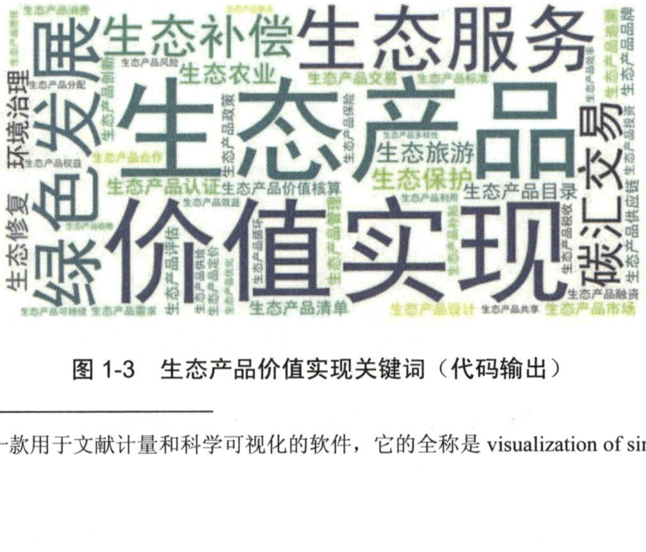

图 1-3 生态产品价值实现关键词（代码输出）

---

① VOSviewer 是一款用于文献计量和科学可视化的软件，它的全称是 visualization of similarities viewer。

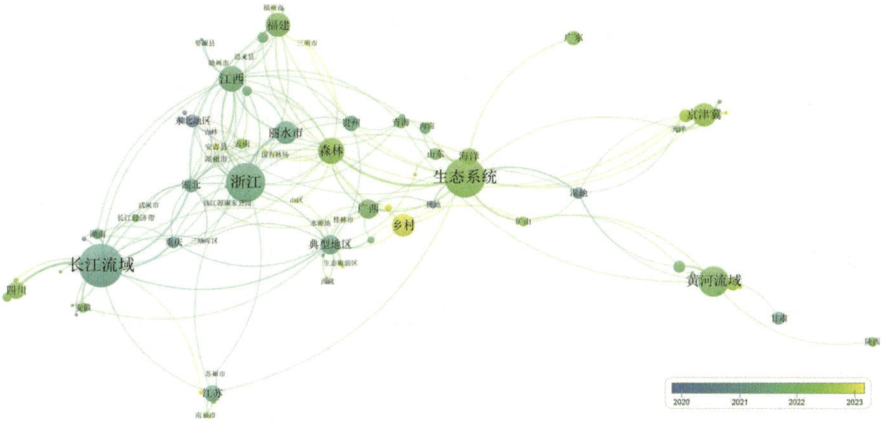

图 1-4　生态产品价值实现热点领域

1.2.1　生态产品调查监测机制初步形成

生态产品调查监测机制是开展生态产品价值实现实践的基础和前提。目前，我国基本建立了覆盖各类自然资源的产权体系，构建了自然资源统一确权登记的制度体系和登记信息系统，海南热带雨林国家公园等自然资源确权登记实现登簿。全国有 31 个省（区、市）出台了自然资源确权登记的制度性文件，浙江、江苏、广西等地出台了生态产品基础信息调查的制度性文件，为区域生态产品基础信息调查规范化、标准化、清单化提供指导。目前，厦门市等地正在研究编制生态产品基础信息调查相关制度性文件。国家林业和草原局组织开展国家林草生态综合监测评价、第三次全国林草碳汇计量监测及中国森林资源价值核算研究，推进生态产品目录清单编制工作。生态环境部持续开展全国和重点区域生态状况监测评估，全国生态系统质量和稳定性显著提升；联合中国科学院印发《全国生态质量监督监测工作方案》，进一步完善"天空地一体化"生态质量监测网络，精准支撑生态保护修复监管，保障优质生态产品量质齐升。深圳、丽水、安吉、厦门等地积极开展生态产品信息化管理，陆续建立了一些旨在集生态状况、资源分布、生态产品价值核算、生态产品交易和管理等信息于一体的生态产品信息云平台[①]。

---

① 刘桂环，王夏晖，文一惠，等. 健全生态产品价值实现机制　释放绿色增长潜力[N]. 中国环境报，2024-08-29.

1.2.2　生态产品价值评价体系广泛探索

我国自 20 世纪 90 年代逐步开始生态系统服务价值核算的研究，原国家林业局在技术规范和具体核算监测等方面开展了大量的详细研究，先后发布森林、荒漠、湿地等重要生态系统相关规范导则，为《陆地生态系统生产总值（GEP）核算技术指南》的制定奠定了坚实基础。在前期研究与试点实践的基础上，国家发展改革委等政府部门持续推动生态产品价值核算走向标准化与规范化，科学与决策的联系进一步得到巩固和加强①。2020 年，生态环境部印发《陆地生态系统生产总值（GEP）核算技术指南》，供各地参考②。2022 年，国家发展改革委联合国家统计局印发《生态产品总值核算规范（试行）》，明确了行政区域单元 GEP 核算的指标体系、具体算法、数据来源和统计口径等。

地方各级政府部门和行业团体探索制定了 60 余份生态产品价值核算技术规范，初步形成国家—省—市—区四级核算技术体系（图 1-5）。据不完全统计，全国生态产品价值评价相关的各级试点已覆盖 17 个省份、50 个地级市，超过 160 个县（区）③。浙江、广东、山东、北京等多个省（市）建立了包括生态产品目录、核算方法等在内的核算体系。厦门市于 2018 年初步构建了基于统计报表法的 GEP 业务化核算体系④；2021 年深圳市建立了"1+3"GEP 核算制度体系，以实施方案为统领，涵盖一项核算地方标准、一套核算统计报表和一个自动核算平台⑤；北京等地创新开展生态系统调节服务价值（GEP-R）核算和特定地域单元生态产品总值核算（VEP），充分发挥 GEP-R 在补偿和考核中的引导作用，以及 VEP 在项目开发中的导向作用。

① 张林波，陈鑫，梁田，等. 我国生态产品价值核算的研究进展、问题与展望[J]. 环境科学研究，2023，36（4）：743-756.

② 王金南，欧阳志云，於方，等. 规范生态系统价值核算　助力生态产品价值实现——解读《陆地生态系统生产总值（GEP）核算技术指南》[N]. 中国环境报，2020-10-12.

③ 夯实生态产品价值实现的"数字底座"[EB/OL]. （2023-05-03）[2024-11-11]. http：//paper. ce.cn/pc/content/202305/ 03/content_273466.html.

④ 张林波. 生态系统生产价值核算与业务化体系研究：以厦门为例[M]. 北京：科学出版社，2020.

⑤ 深圳市发布 2021 年度生态产品总值（GEP）核算结果[EB/OL]. （2022-12-28）[2024-11-11]. https://www.sz.gov.cn/szzt2010/wgkzl/jcgk/jcygk/zdzcjc/content/post_10359192.html.

国内生态产品价值核算技术规范 (63)

市级规范 (19)　　团体规范 (10)　　国家规范 (7)　　省级规范 (27)

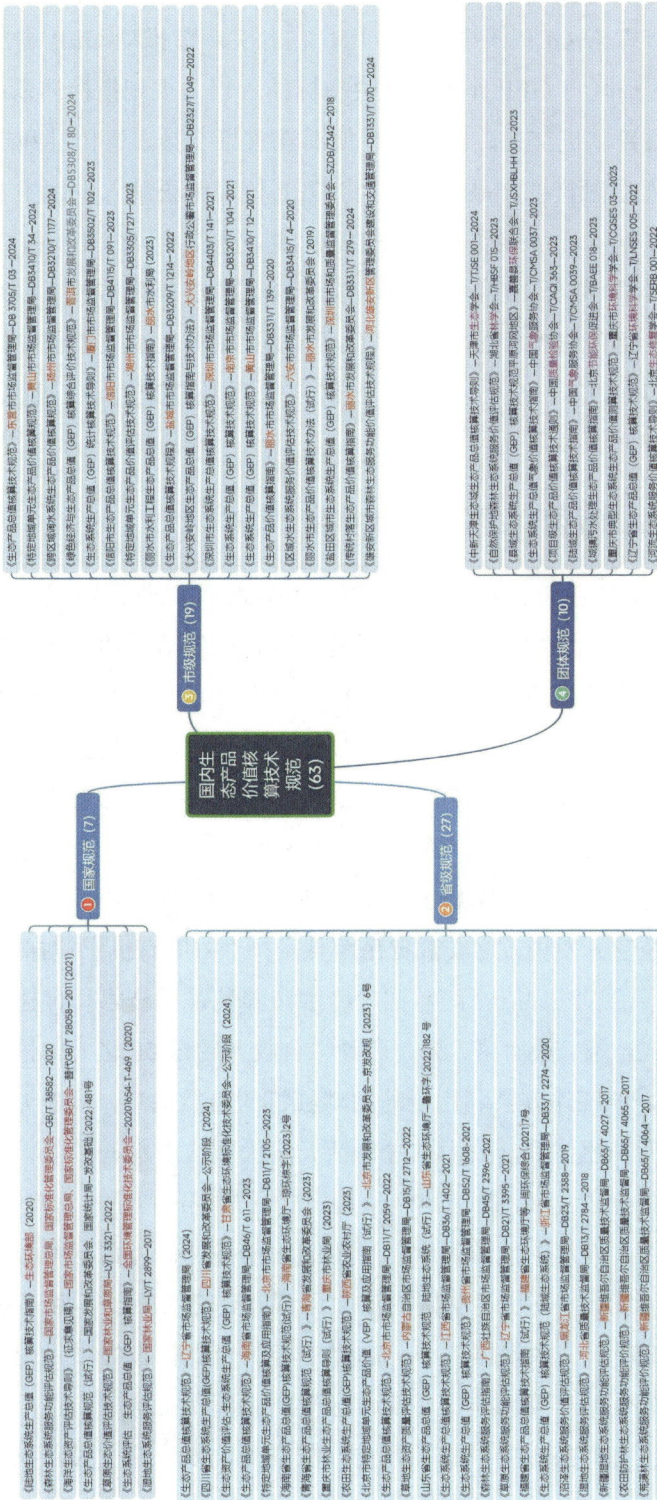

图 1-5　国内生态产品价值核算技术规范

各级政府积极探索 GEP 核算结果应用，在源头环节推动 GEP 进决策、进规划，例如深圳市盐田区将 GEP 作为预期性指标纳入相关规划指标体系；在过程环节推动 GEP 进项目、进交易、进补偿，如浙江省景宁县、青田县和遂昌县根据 GEP 核算结果开发金融贷款产品，淳安县将 GEP 核算结果纳入乡镇生态保护补偿资金分配依据；在保障环节推动 GEP 进监测、进考核，探索 GEP 和 GDP "双核算、双运行、双提升"，截至 2024 年 3 月，在民政部 2022 年公布的 2 843 个县（区）级行政区域中，已经有 530 个县（区）淡化了 GDP 在党政绩效考核中的指挥棒作用，明确取消 GDP 考核，36 个县（区）已经明确开展 GEP 考核，着力弥补 GDP 考核在生态环境方面的局限性。

1.2.3　生态产品经营开发路径不断丰富

总体来看，生态产品价值实现路径主要有"生态+"产业、生态资源权益交易、生态保护补偿。其中，"生态+"产业主要是促进物质供给类和文化服务类生态产品价值转化，生态资源权益交易、生态保护补偿主要是促进调节服务类生态产品价值转化。生态环境导向的开发模式（EOD 模式）是生态产品价值实现机制的项目实践，是一种综合路径，截至 2024 年 10 月，生态环境部已累计指导 250 余个项目进入生态环保金融支持项目储备库，推动社会资本逐渐加大支持力度。

物质供给类生态产品主要形成了原生态种养、拓展"生态+"产业链、发展环境敏感型产业等经营开发模式。安徽省岳西县发挥"中国有机农业摇篮"的优势，强力推进"三减一治""三品一标"，推广冷水鱼养殖、桑枝木耳种植、稻鳖虾共养等生态种养模式，茶、桑、菜、果、药等综合收入超过 50 亿元，岳西翠兰品牌价值达 23.1 亿元。浙江淳安县利用千岛湖畔独特的自然优势，构建无污染、低排放、高效益的绿色产业体系，大力推进包括天然优质饮用水、啤酒、果蔬饮料等在内的水饮料产业有序发展，打造出产值超百亿元规模的绿色"水产业"。贵州省以优越的气候条件、充足的能源供给、稳定的地质条件，为数据中心建设选址提供了得天独厚的环境优势，引进了国内三大运营商、富士康、华为、高通、苹果、现代、腾讯、FAST 天文大数据中心、超算中心等一批标志性项目企业，培育了白山云、数据宝等数据产业新秀，环境敏感型产业蓬勃发展。

文化服务类生态产品主要形成了开发气候资源、出让开发经营权、文旅农康融合发展等经营开发模式。福建省在全省深度、全面挖掘优质、特色气候旅游资源，因地制宜打造避暑清凉、滨海度假、气候养生、气象景观等多种旅游胜地，目前已发掘出 41 个"气候福地"。浙江省安吉县对章村镇黄浦江源石门坑生态清洁小流域河垓区块开展生态清洁小流域治理，以 3 328 万元出让该区块 6 年的开发经营权。广西金秀瑶族自治县以"瑶山瑶水立县、瑶俗瑶宿稳县、瑶药瑶茶强县"为发展主线，做足做精做细瑶乡生态文旅和绿色农业产业，打造"世界瑶都""长寿之乡""特色产业"品牌胜地，涌现了瑶族民俗村、特色瑶族民宿群、瑶族文化博物馆、瑶药产业基地、药茶产业示范园等一大批生态产品开发载体。

调节服务类生态产品以生态保护补偿、权益交易为主。生态资源权益交易逐步丰富，全国温室气体自愿减排交易市场正式启动，28 个省份开展排污权交易试点，区域水权交易、取水权交易、灌溉用水户水权交易、政府回购水权等类型水权交易日益活跃，浙江、河南、福建、四川等省份积极探索用能权交易试点，推动环境资源实现从无价到有价、无偿占用到有偿使用的转变。

1.2.4　生态产品保护补偿机制取得突破进展

在空前的政策护航下，我国逐渐形成了财政纵向补偿、地区间横向补偿和生态综合补偿的主要模式，建成了世界上覆盖范围最广、受益人口最多、投入力度最大的生态保护补偿机制。财政纵向补偿方面，每年国家财政补偿资金规模已经达到 2 000 亿元的水平，全国重要生态系统和生态功能重要区域的保护水平持续提升，一半左右的森林和草原纳入补偿范围，800 多个县域得到了重点生态功能区转移支付[①]（图 1-6）。地区间横向补偿方面，在财政部和生态环境部的推动下，23 个省份签订了跨省流域横向生态保护补偿协议，涉及 24 个跨省流域（河段），对推进流域上下游地区共同开展生态环境保护和治理发挥了重要作用，长江干流、黄河干流等流域稳定保持 Ⅱ 类及以上水质。浙江、四川、山东等 20 余个省份建立了辖区内全流域生态保护补偿机制，湖北、宁夏、河南、安徽等省（区）探索建立空气质量补偿机制，北京探索危险废物跨区域转移处置补偿机制。生态综合补偿方面，2019 年启动的生态综合补偿试点，当地依托生态优势和资源禀赋，大力

---

① 刘桂环，文一惠，谢婧，等. 国家重点生态功能区转移支付政策演进及完善建议[J]. 环境保护，2020，48（17）：9-14.

发展生态特色产业,有效带动地方和社会资金近 30 亿元,新增 2 万多个就业岗位。浙江、福建等省份探索实施生态综合补偿,着力解决补偿对象交叉、补偿难以形成合力、政策叠加效应不明显的问题。随着《生态保护补偿条例》的出台,我国生态保护补偿开启法治化新篇章。

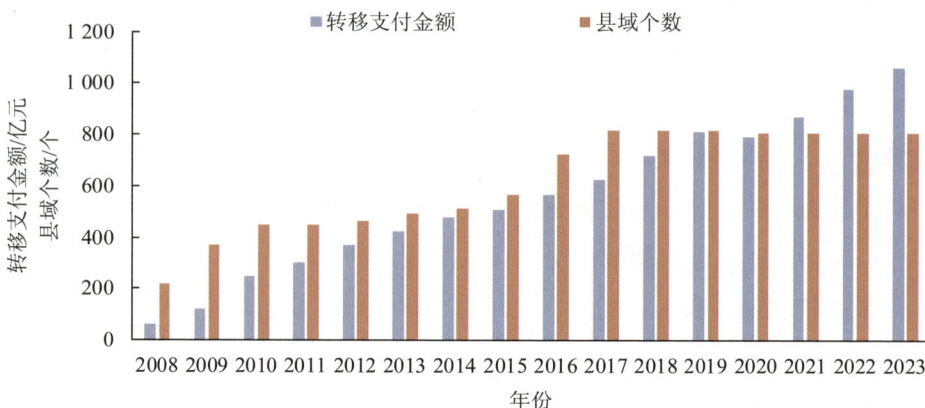

图 1-6　国家重点生态功能区转移支付情况

1.2.5　金融及考核机制保障价值实现

生态环境部开展气候投融资试点,鼓励金融机构在依法合规、风险可控的前提下,稳妥有序探索开展碳金融服务。在有关试点探索基础上,2021 年,中国人民银行发布《环境权益融资工具》(JR/T 0228—2021)行业标准,推动《碳排放权质押贷款业务服务流程指南》行业标准的制定工作,为规范国内碳金融产品创新发展提供标准依据。各地积极探索绿色金融支持生态产品价值实现的路径模式,推动金融产品和服务创新,为生态保护、生态建设、绿色产业发展等提供资金支持,形成绿色信贷、绿色债券、绿色基金、绿色保险、绿色 PPP 等多元融资渠道[①],探索建立"绿色金融+普惠金融+乡村振兴""保证担保+追加林权抵押"等新模式,如江苏省苏州市吴中区推出生态绿色环境救助责任保险、浙江衢州推行"低碳贷"、陕西安康试点"富硒贷"、江西资溪探索森林赎买抵押贷款、福建

---

① 邵锦华,周邵一. 绿色金融赋能生态产品价值实现——基于生态产业化和产业生态化视角的分析[J]. 西部学刊,2024(19):1-4,67.

发展林业碳汇指数保险等，绿色金融保障生态产品价值实现的机制逐步发展。

1.2.6 示范引领深化生态产品价值实现机制建设

国家发展改革委在继续推进浙江丽水、江西抚州深入试点的基础上，2024 年，会同相关部门确定北京市延庆区等 10 个地区为首批国家生态产品价值实现机制试点，重点在生态产品价值评价、可持续经营开发、保护补偿、评估考核等方面，依法按程序赋予试点地区改革自主权，深化重点领域改革。截至 2023 年底，生态环境部先后命名了七批 240 个"绿水青山就是金山银山"实践创新基地，探索形成了"守绿换金、添绿增金、点绿成金、借绿生金" 4 种转化路径和"生态+"复合产业等 8 种典型实践模式。各领域试点积极推进，自然资源部在重庆、福建等 6 省 10 市开展自然资源领域生态产品价值实现机制试点，国家林业和草原局开展应对气候变化、增强碳汇能力试点示范。有关部门先后编写发布了生态产品价值实现典型案例百余个，为自然生态本底相似、社会经济发展阶段相近的地区提供参考借鉴（表 1-1）。

表 1-1 各部门生态产品价值实现典型案例推荐情况

年份	典型案例推荐情况	案例数量	推荐部门	来源
2020	《生态产品价值实现典型案例》（第一批）	11 个	自然资源部	①
2020	《生态产品价值实现典型案例》（第二批）	10 个	自然资源部	②
2020	《集体林业综合改革试验典型案例》（第一批）	16 个	国家林草局	③
2021	《"绿水青山就是金山银山"实践模式与典型案例（第一批)》	18 个	生态环境部	④

① 自然资源部. 自然资源部办公厅关于印发《生态产品价值实现典型案例》（第一批）的通知[EB/OL]. （2020-04-23) [2024-11-11]. https://gi. mnr. gov. cn/202004/t20200427_2510189. html.
② 自然资源部. 自然资源部办公厅关于印发《生态产品价值实现典型案例》（第二批）的通知[EB/OL]. （2020-10-27) [2024-11-11]. https://gi. mnr. gov. cn/202011/t20201103_2581696. html.
③ 国家林草局. 国家林草局印发《集体林业综合改革试验典型案例》（第一批）[EB/OL]. （2020-11-26) [2024-11-11]. https://www. forestry. gov. cn/c/www/gkzcjd/132061. jhtml.
④ 贵州省生态环境厅. 【成果发布】生态环境部首批《"绿水青山就是金山银山"实践模式与典型案例》新鲜出炉[EB/OL]. （2021-07-14) [2024-11-11]. https://sthj. guizhou. gov. cn/ztzl/2021nstwmgygjlt/202107/ t20210714_69013109. html.

年份	典型案例推荐情况	案例数量	推荐部门	来源
2021	《生态产品价值实现典型案例》（第三批）	11 个	自然资源部	①
2021	《林业改革发展典型案例》（第二批）	13 个	国家林草局	②
2021—2023	建立健全生态产品价值实现机制经典案例	19 个	国家发展改革委	③
2023	《〈关于建立健全生态产品价值实现机制的意见〉辅导读本》	—	国家发展改革委	④
2023	《生态产品价值实现典型案例》（第四批）	11 个	自然资源部	⑤
2023	《林业改革发展典型案例》（第三批）	10 个	国家林草局	⑥
2023	《林业改革发展典型案例》（第四批）	12 个	国家林草局	⑦
2023	《"绿水青山就是金山银山"实践模式与典型案例（第二批）》	19 个	生态环境部	—

① 自然资源部. 自然资源部办公厅关于印发《生态产品价值实现典型案例》（第三批）的通知[EB/OL].（2021-12-16）[2024-11-11]. https://gi. mnr. gov. cn/202112/t20211222_2715397. html.

② 国家林草局. 国家林草局印发《林业改革发展典型案例》（第二批）[EB/OL].（2021-11-25）[2024-11-11]. https://www. forestry. gov. cn/c/www/gkzfwj/272650. jhtml.

③ 国家发展改革委. 建立健全生态产品价值实现机制——经典案例[EB/OL].[2024-11-11]. https://www. ndrc. gov. cn/xwdt/ztzl/jljqstcpjzsxjz/jdal/.

④ 国家发展改革委.《〈关于建立健全生态产品价值实现机制的意见〉辅导读本》出版发行[EB/OL].（2023-02-20）[2024-11-11]. https://www. ndrc. gov. cn/fggz/202302/t20230220_1348982. html.

⑤ 自然资源部. 自然资源部办公厅关于印发《生态产品价值实现典型案例》（第四批）的通知[EB/OL].（2023-09-01）[2024-11-11]. https://gi. mnr. gov. cn/202309/t20230913_2800125. html.

⑥ 国家林草局. 国家林草局印发《林业改革发展典型案例》（第三批）[EB/OL].（2023-01-02）[2024-11-11]. https://www. forestry. gov. cn/main/4461/20230113/162153970135506. html.

⑦ 国家林草局. 国家林草局印发《林业改革发展典型案例》（第四批）[EB/OL].（2023-11-30）[2024-11-11]. https://www. forestry. gov. cn/c/www/ggzyx/534760. jhtml.

第 2 章
生态产品价值实现面临的战略形势与机遇

> 2035 年是我国发展的重要里程碑，在此目标指引下，生态产品价值实现与美丽中国建设、共同富裕、"双碳"目标等战略部署相互交融、互为支撑。本章重点阐述上述国家战略概念内涵以及面向 2035 年的目标愿景，提出建立生态产品价值实现机制所面临的挑战与机遇，为提出面向 2035 年生态产品价值实现推进战略厘清逻辑关系，找准重要着力点。

2.1 美丽中国战略内涵与愿景

2.1.1 美丽中国建设概念内涵

美丽中国在党的十八大报告中首次提出，党的十八大报告明确指出："必须树立尊重自然、顺应自然、保护自然的生态文明理念，把生态文明建设放在突出地位，融入经济建设、政治建设、文化建设、社会建设各方面和全过程，努力建设美丽中国，实现中华民族永续发展。"美丽中国的提出，是对中华优秀传统生态文化和马克思主义生态观的继承和发展[1][2]，是对党的十六大以来，党中央相继提出走新型工业化发展道路，发展低碳经济、循环经济，建立资源节约型、环境友好型社会，建设创新型国家，建设生态文明等新的发展理念和战略举措的继承和发

---

① 刘宇兰. 弘扬传承中华传统文化中的生态智慧[N]. 中国社会科学报，2024-05-22（A06）.
② 刘宗灵，张博林.【平语新时代】坚持以中国式现代化助推美丽中国建设的四维向度[EB/OL].（2023-08-14）[2024-10-30]. https://www.cssn.cn/mkszy/mkszy_pyxsd/202308/t20230814_5678740.shtml.

展。美丽中国是一个全面、立体和深远的概念，它强调在经济、政治、文化、社会和生态等多个方面的协同发展，以实现人与自然的和谐、经济效益和环境效益的统一、文化的繁荣和社会的进步，具有丰富的经济内涵、政治内涵、文化内涵、社会内涵和生态内涵。

（1）经济内涵

旨在通过经济发展方式的转变，实现经济发展与生态环境保护的双赢。美丽中国建设要求协同推进降碳、减污、扩绿、增长，推进绿色低碳发展，推动经济社会发展绿色化、低碳化，不仅强调经济发展的速度和规模，更重视经济发展的质量和效益，这包括推动产业结构、能源结构、交通运输结构等调整优化，发展循环经济，发展绿色低碳产业，以实现经济增长与环境保护的和谐统一。

（2）政治内涵

旨在推进政治体制改革，建立健全与经济社会发展和生态文明建设相适应的体制机制。完善的生态文明制度体系是美丽中国建设的内核[1]，推进美丽中国建设，必须完善生态文明基础体制，健全生态环境治理体系，健全绿色低碳发展机制，实现生态环境治理体系和治理能力现代化，为全面建设社会主义现代化国家提供坚实的支撑保障。

（3）文化内涵

旨在弘扬生态文明理念，建立健全以生态价值观念为准则的生态文化体系，使中华优秀传统文化在生态文明领域得到创造性转化、创新性发展。美丽中国建设强调尊重自然、顺应自然、保护自然的生态文明理念，汲取了中华优秀传统文化中的和谐思维、中庸思想，将之创造性转化为当代中国人与自然和谐共生的伟大实践[2]，涉及生产方式、生活方式、思维方式和价值观念的深刻变革，在推动生态文明建设中发挥着重要作用。同时，美丽中国建设对提升国家文化软实力，展示中国的生态文明成果，增强国际影响力具有重要意义。

---

[1] 万军，王金南，李新，等. 2035 年美丽中国建设目标及路径机制研究[J]. 中国环境管理，2021，13（5）：29-36.

[2] 赵建军. 美丽中国建设的战略地位和世界意义[EB/OL].（2023-09-21）[2024-10-30]. https://www.ccdi.gov.cn/yaowenn/202309/t20230921_295175.html.

（4）社会内涵

旨在将"物质美"与"精神美"统一起来，以物质与精神共同美的视角去审视中国整体发展和人们的生产生活，实现物质与精神的共同繁荣。美丽中国不仅关注自然环境的改善，更强调社会和谐、民生改善和人文之美，通过生态文明建设，实现人与自然和谐共生，提升人民生活质量，促进绿色可持续发展，并为全球生态文明建设作出贡献。

（5）生态内涵

旨在通过自然生态的保护与修复，实现生态环境优美，也就是天蓝、地绿、水清，城乡人居环境优美。美丽中国的核心是生态文明，这包括保护和改善生态环境，加强生态文明建设，实现绿色发展，在这个过程中，重视绿色产业的培育、生态环境的保护与修复、资源的高效利用，以达到人与自然的和谐共生。

综上所述，美丽中国是一个综合性、系统性的概念，这一概念涉及文化的传承与创新，社会公平与正义的实现，以及人民生活水平的提高，体现了对可持续发展的追求和对美好生活的向往。

2.1.2　美丽中国建设目标愿景

2012 年，面对新时期资源约束趋紧、环境污染严重、生态系统退化的严峻形势，党的十八大报告首次提出建设美丽中国的执政理念，并确定为国家发展的重要目标和方向。党的十八大以来，以习近平同志为核心的党中央高度重视美丽中国建设，作出了一系列重要论述和部署，指出了建设美丽中国的迫切需要，深刻阐释了美丽中国建设的丰富内涵，明确了不同阶段美丽中国建设的重点任务部署，美丽中国建设战略部署不断深入，美丽中国建设迈出重大步伐（图 2-1）。

建设人与自然和谐共生的现代化是中国特色社会主义现代化建设的重要基础与主要内容，是实现中华民族永续发展的根本路径和必由之路，是新时代新征程中华民族的新使命新任务。党的二十大报告指出，到 2035 年基本实现社会主义现代化，美丽中国目标基本实现。

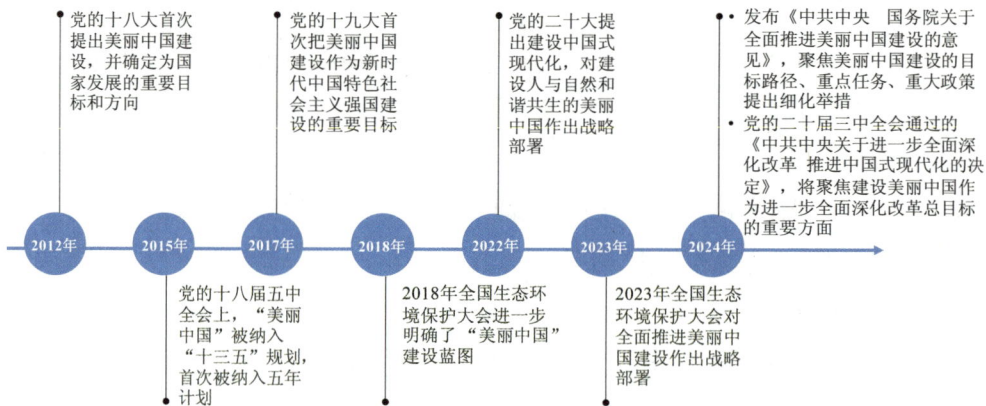

图 2-1　美丽中国建设战略发展进程

目标的制定，主要考虑全面建成美丽中国是社会主义现代化强国的主要目标[①]。党的十九届五中全会提出，到 2035 年，我国人均国内生产总值达到中等发达国家水平。以此为参照，生态环境质量水平也要总体与之相适应，达到或超过中等发达国家水平，这是美丽中国目标基本实现的重要参照。中等发达国家或者发达国家的历史同期，$PM_{2.5}$ 浓度大多在 20～25 $\mu g/m^3$，而目前世界主要发达国家的 $PM_{2.5}$ 浓度已接近或达到世界卫生组织空气质量准则的第四阶段目标值（10 $\mu g/m^3$），二氧化碳排放已经达峰，部分已进入下降区间，生态环境保护重点已从大气、水、土壤等常规污染治理转向应对气候变化、海洋生态环境和生物多样性保护等领域，更加注重保障人体与生态系统健康。现在看，我国在很多领域与中等发达国家还有较大差距。

到 2035 年美丽中国目标基本实现，这意味着：

宏观上，要广泛形成绿色生产生活方式，碳排放达峰后稳中有降，生态环境根本好转，国土空间开发保护新格局全面形成，生态系统多样性、稳定性、持续性显著提升，国家生态安全更加稳固，生态环境治理体系和治理能力现代化基本实现。

在具体领域，要推动空气质量进一步改善，全国 $PM_{2.5}$ 浓度下降到 25 $\mu g/m^3$

[①] 王金南. 系统部署　全民行动　全面推进美丽中国建设[EB/OL]. （2024-01-13）[2025-05-09]. https://baijiahao.baidu.com/s? id=1787972431978268359&wfr=spider&for=pc.

以下，"人水和谐"美丽河湖、美丽海湾基本建成，土壤环境风险得到全面管控，"无废城市"建设实现全覆盖，新污染物环境风险得到有效管控；非化石能源消费占比显著提高，能源和水资源利用效率达到国际先进水平，生态系统基本实现良性循环。

2.2　共同富裕战略内涵与愿景

2.2.1　共同富裕概念内涵

共同富裕是社会主义的本质要求，是中国特色社会主义的根本原则，是中国式现代化的重要特征。共同富裕的内涵是多维度的。

（1）从富裕的内容来看，共同富裕是全面富裕

习近平总书记在中央财经委员会第十次会议上强调："我们说的共同富裕是全体人民共同富裕，是人民群众物质生活和精神生活都富裕。"共同富裕是物质富裕和精神富裕的统一①。物质富裕主要体现在居民收入水平的提高和物质生活条件的改善、消费层级的提升，精神富裕主要体现在文化素养的提升、价值观的塑造以及人们的精神享受。物质富裕为精神富裕提供了物质基础和条件，反过来，积极向上的精神状态能够激发人们的创造力和工作热情，从而促进物质富裕的持续发展，两者互相促进、相互协调。

（2）从富裕的面来看，共同富裕是普遍富裕

共同富裕要求区域之间、城乡之间、不同群体之间的协调发展，减少发展不平衡。全面富裕，即共同富裕不是少数人的富裕，也不是局部地区的富裕，而是全体人民的富裕，涵盖了城市和乡村，包括在城市中从事各种服务业、制造业等行业的劳动者，以及乡村中从事农业生产、乡村旅游等多种产业的农民群体，这意味着各个阶层、各个群体、各个地域的人们都能够享受到经济发展带来的物质成果。例如，无论是东部沿海发达地区的居民，还是中西部相对欠发达地区的农民、工人等都在共同富裕的进程中有受益的机会。

---

① 周建华，张文婷. "共同富裕"概念与内涵的历史演进[J]. 江西社会科学，2022，42（9）：15-21.

（3）从富裕的程度来看，共同富裕不是同等富裕

共同富裕强调的是全体人民的富裕，而不是所有人同时达到相同的富裕水平，承认合理的差距。不同人群和地区实现富裕的时间和程度会有所不同，这是个体差异、地域因素差异、产业结构差异等决定的。个体差异是自然存在的，包括天赋、能力、教育背景、工作经验等，这些差异导致人们在劳动市场上的表现和收入水平不同，是市场经济中竞争和效率的体现，完全消除个体差异是不现实的，可以通过合理的政策和制度安排，在尊重个体差异的基础上，实现社会的公平、和谐与全面进步。地域因素，包括地理环境、资源条件、政策倾斜和发展机遇等对经济发展和富裕程度有重大影响。例如，一些边远山区，由于交通不便、资源匮乏，以传统农业为主，农产品运输成本高，产业附加值低，与沿海发达地区相比，居民富裕程度较低；再如，在改革开放初期，我国设立了深圳、珠海等经济特区，这些地区享受特殊的税收优惠、贸易便利化等经济政策，吸引了大量的外资和技术，推动了当地经济的快速起飞、居民收入大幅增加，而其他没有这些政策优势的地区，在经济发展的初期阶段就相对落后，富裕程度也存在差异。产业结构中，传统产业和新兴产业，第一产业、第二产业和第三产业，其财富创造能力不同，在利润空间和收入水平上也存在明显差异，产业之间的差异导致不同产业从业者在富裕程度上的非同等情况。例如，新兴产业或者第二产业中的高端制造业，通常具有高附加值、高创新性特点，其员工收入在行业竞争中相对较高。

（4）从富裕的过程来看，共同富裕是动态发展的

共同富裕不是静态的，而是随着经济发展、社会进步和科技创新不断发展的。从经济发展角度来看，从经济发展初期到成长阶段再到相对成熟阶段，共同富裕程度的衡量标准逐渐从单纯的经济收入拓展到生态福祉、社会公平等多个维度。从社会进步角度来看，随着社会进步，人们对精神文化的需求日益增加，富裕的内涵融入了更多文化、艺术、教育等元素，社会观念的转变促使社会在实现共同富裕的过程中，不断调整目标和策略，以适应新的富裕观念。从科技创新角度来看，科技的飞速发展改变了生产方式和商业模式，促使新兴产业不断涌现、不同行业不断融合，进而改变就业结构和收入分配格局，随着新技术的不断出现和应用，财富分配格局也在不断调整，随着时间推移，技术扩散过程使得不同地区、不同群体的富裕程度在动态变化中逐渐趋于平衡。

2.2.2　共同富裕目标愿景

共同富裕是中国特色社会主义一直追求的重要目标，贯穿中国经济社会发展的各个时期。它不仅是经济问题，更是关系到社会公平正义、人民幸福和国家长治久安的重大政治问题和社会问题。

2.2.2.1　在不同的历史阶段，共同富裕有着不同的目标和实践路径

（1）理念奠基阶段（1978 年至 20 世纪 80 年代）

改革开放初期，中国经济体制开始从计划经济向市场经济转型，当时中国经济面临活力不足的问题，传统的平均主义分配方式导致人们生产积极性不高。1985 年，邓小平提出"一部分地区、一部分人可以先富起来，带动和帮助其他地区、其他人，逐步达到共同富裕"。这是共同富裕理念的重要起点，这一理念的提出打破了传统平均主义观念的束缚，激发了人们的创业热情和劳动积极性，使经济要素能够按照市场规律流动和配置，为市场经济的发展提供了思想基础。

（2）制度探索阶段（1990 年至 21 世纪初）

这一阶段，分配制度日渐完善，更加注重分配公平。党的十五大（1997 年）提出，坚持和完善按劳分配为主体的多种分配方式。这适应了当时多种所有制经济共同发展的局面，从制度层面保障了人们通过不同方式获取财富的合法性，进一步调动了各方面的积极性。党的十六大（2002 年）提出，初次分配注重效率，再分配注重公平，加强政府对收入分配的调节职能。随着经济的发展，收入差距问题逐渐显现。这一理念的提出意味着开始重视分配过程中的公平性，政府通过税收、社会保障等手段调节收入分配，防止贫富差距过大，这是对共同富裕理念的进一步深化。

（3）理念深化阶段（2007 年至 21 世纪 10 年代）

这一阶段，共享理念更加凸显，发展道路更加明确。党的十七大（2007 年）强调，要始终把实现好、维护好、发展好最广大人民的根本利益作为党和国家一切工作的出发点和落脚点，做到发展为了人民、发展依靠人民、发展成果由人民共享。这将共同富裕的关注点从单纯的经济分配拓展到社会发展的各个方面，凸显了共同富裕的主体是人民，发展成果共享是共同富裕的重要内涵。党的十八大

（2012 年）强调，必须坚持走共同富裕道路。这一时期，中国经济发展进入新阶段，面临着城乡差距、区域不平衡等诸多挑战，坚持走共同富裕道路的强调使得共同富裕成为经济社会发展的明确方向。

（4）全面推进阶段（2017 年至今）

这一阶段，目标更加明确，本质要求进一步提升。党的十九大（2017 年）提出，必须始终把人民利益摆在至高无上的地位，让改革发展成果更多更公平惠及全体人民，朝着实现全体人民共同富裕不断迈进，并明确到 2035 年，人民生活更为宽裕，中等收入群体比例明显提高，城乡区域发展差距和居民生活水平差距显著缩小，基本公共服务均等化基本实现，全体人民共同富裕迈出坚实步伐。这进一步强化了共同富裕的目标导向。党的二十大（2022 年）明确提出，中国式现代化是全体人民共同富裕的现代化。这将共同富裕提升到中国式现代化的本质要求高度，意味着共同富裕贯穿国家现代化建设的全过程，涉及经济、社会、文化等各个领域的协调发展。

2.2.2.2　党的十八大以来，促进共同富裕取得显著成效

（1）在居民收入方面

总体收入逐渐增长，2012 年居民人均可支配收入为 16 510 元，到 2023 年达到 39 218 元，扣除物价因素 2013—2023 年年均实际增长 6.2%；城乡收入差距逐渐缩小，城乡居民人均可支配收入之比从 2012 年的 2.88 降至 2023 年的 2.39。地区收入差距日益缩小，2023 年，东部地区、中部地区、东北地区与西部地区居民人均可支配收入之比分别为 1.60、1.07 和 1.07，收入相对差距分别比 2013 年缩小 0.10、0.03 和 0.22[①]。

（2）在脱贫攻坚方面

2013—2020 年，全国农村贫困人口累计减少 9 899 万人，年均减贫 1 237 万人，贫困发生率年均下降 1.3 个百分点[②]，到 2020 年底，现行标准下的农村贫困

---

① 国家统计局. 人民生活实现全面小康　稳步迈向共同富裕——新中国 75 年经济社会发展成就系列报告之十七[EB/OL]. （2024-09-20）[2024-11-06]. https://www. stats. gov. cn/sj/sjjd/202409/t20240920_1956592. html.
② 国家统计局. 脱贫攻坚战取得全面胜利　脱贫地区农民生活持续改善——党的十八大以来经济社会发展成就系列报告之二十[EB/OL]. （2022-10-11）[2024-11-06]. https://www.stats.gov.cn/sj/sjjd/202302/ t20230202_ 1896696. html.

人口全部脱贫。

（3）在公共服务方面

教育公平取得显著进展，在全国范围内，义务教育巩固率不断提高，2023 年义务教育巩固率达到 95.7%。医疗卫生服务体系不断完善，截至 2021 年底，医疗卫生机构实现了县乡村全覆盖，居民能够更方便地获得医疗服务，特别是农村和偏远地区居民就医条件得到改善。

2.2.2.3　新时代新征程，我国经济已由高速增长阶段转向高质量发展阶段

展望 2035 年，我国将基本实现社会主义现代化，经济总量和城乡居民人均收入将再迈上新的大台阶，人民生活更加美好，人的全面发展、全体人民共同富裕将取得更为明显的实质性进展。

（1）在经济层面

产业结构进一步优化，第一、第二、第三产业深度融合发展，区域经济协调发展取得显著成效，东部地区、中部地区、西部地区和东北地区之间的发展差距进一步缩小，资源在区域间合理配置，全体人民的收入水平大幅提升，中等收入群体显著扩大，科技创新成为经济发展的核心动力，新业态、新模式不断涌现。

（2）在社会层面

基本公共服务实现全国范围内的均等化，教育资源均衡分配，城乡之间、区域之间的教育质量差距基本消除，医疗卫生服务体系更加完善，医疗资源分布更加合理，覆盖全民、统筹城乡、公平统一、安全规范、可持续的多层次社会保障体系基本建成。收入分配更加公平合理，社会结构更加优化，社会治理体系和治理能力现代化水平显著提高，共建共治共享的社会治理格局更加完善。

（3）在文化层面

社会主义核心价值观深入人心，成为全体人民的共同价值追求和行为准则，文化产品和服务更加丰富多样，能够满足不同群体的精神文化需求，文化产业成为国民经济支柱性产业，全民素质和社会文明程度达到新高度。

2.3 "双碳"战略内涵与愿景

2.3.1 "双碳"概念内涵

"双碳"即碳达峰碳中和。实现碳达峰碳中和，是贯彻新发展理念、构建新发展格局、推动高质量发展的内在要求，是党中央统筹国内国际两个大局作出的重大战略决策，具有深远的战略意义和丰富的内涵。

碳达峰是指某个地区或行业年度二氧化碳排放量达到历史最高值，然后经历平台期进入持续下降的过程。这是二氧化碳排放量由增转降的历史拐点，标志着碳排放与经济发展实现脱钩。碳达峰并非简单的一个时间节点，而是涉及经济、能源、工业等多个系统的复杂动态过程。从经济结构角度来看，碳达峰的实现要求对产业结构进行调整，传统高碳产业如钢铁、煤炭等行业需要逐步优化升级。一方面，碳达峰为推动经济结构转型升级提供了强大动力，促使传统高碳产业进行技术革新和结构调整，向低碳、绿色产业转型；另一方面，碳达峰引导金融资源向绿色领域倾斜，这不仅有助于解决低碳产业发展过程中的资金难题，还能促进金融市场的创新和可持续发展。从全球责任角度来看，作为应对全球气候变化的重要举措，各国承诺碳达峰体现了对全球气候治理的责任担当。碳达峰有助于在全球范围内控制温室气体排放总量，避免全球气候变暖带来的灾难性后果，如海平面上升、极端气候事件频发等。

碳中和是指国家、企业、产品、活动或个人在一定时间内直接或间接产生的二氧化碳或温室气体排放总量，通过植树造林、节能减排等形式，以抵消自身产生的二氧化碳或温室气体排放量，实现正负抵消，达到相对"零排放"。在生态环境方面，碳中和对于维持生态系统平衡至关重要。森林、海洋等生态系统在吸收二氧化碳方面发挥着关键作用。通过碳中和行动，可以增加森林植被覆盖率、保护海洋生态，促进生物多样性保护。在能源转型领域，碳中和是推动能源清洁化、低碳化的核心动力。这促使能源从传统的化石能源（如煤炭、石油和天然气）向可再生能源（太阳能、风能、水能、生物能等）转变，减少对有限的化石能源的依赖，保障能源安全。同时，碳中和的实现过程也会带动相关技术创新，如碳捕获、利用与封存（CCUS）技术等的发展。

2.3.2 "双碳"目标愿景

1997 年，在日本京都召开的《联合国气候变化框架公约》第三次缔约方大会上，通过了《京都议定书》，这是人类历史上首次以法规的形式限制温室气体排放的国际协定，标志着全球对气候变化问题的重视和应对行动的开始，也为后续各国制定减排目标和战略奠定了基础。2020 年，在第七十五届联合国大会一般性辩论上，中国正式向全世界作出"双碳"承诺，即二氧化碳排放力争于 2030 年前达到峰值，努力争取 2060 年前实现碳中和。这一承诺体现了中国作为负责任大国的担当，也符合中国自身经济社会可持续发展的需要。

2021 年，在中央财经委员会第九次会议上，习近平总书记指出，要把碳达峰碳中和纳入生态文明建设整体布局。为推进"双碳"工作，我国相继出台了一系列重要文件，构建了碳达峰、碳中和"1+N"政策体系。其中，中共中央和国务院相继发布《关于完整准确全面贯彻新发展理念做好碳达峰碳中和工作的意见》和《2030 年前碳达峰行动方案》，共同构成贯穿碳达峰、碳中和两个阶段的顶层设计，明确了"双碳"工作的总体要求、主要目标、重点任务和时间表，是"1+N"中的"1"，"N"则包括能源、工业、交通运输、城乡建设等分领域分行业碳达峰实施方案，以及科技支撑、能源保障、碳汇能力、财政金融价格政策、标准计量体系、督察考核等保障方案。

到 2035 年，我国的"双碳"目标愿景是实现碳排放达峰后稳中有降，生态环境根本好转，美丽中国目标基本实现。这一目标与"两个一百年"奋斗目标紧密相关，是实现 2035 年基本实现社会主义现代化和美丽中国建设第一阶段目标的重要标志。具体来说：

（1）在碳排放方面

碳排放达峰后稳中有降，即二氧化碳排放总量在前期达到峰值后，逐步降低，经济社会发展全面进入绿色低碳轨道。这意味着各产业、各领域的碳排放强度持续下降，能源结构不断优化，高耗能产业如钢铁、化工等通过技术改造、工艺优化、能源替代等方式，进一步减少二氧化碳的排放，低碳转型取得显著成效，可再生能源在能源消费中的占比将大幅提高，太阳能、风能、水能、生物能等清洁能源将逐步成为能源供应的重要支撑，能源消费的碳排放得到有效控制。

（2）在经济社会转型方面

广泛形成绿色生产生活方式。在生产领域，企业在产品设计、生产流程、供应链管理等各个环节普遍践行绿色低碳发展理念，绿色产业成为经济发展的主导力量，产业集群的绿色化、循环化发展水平显著提高。在生活方式上，绿色消费成为主流，公众的环保意识、低碳意识大幅提升，绿色出行、绿色居住、绿色消费等行为成为人们的日常习惯。

（3）在生态环境改善方面

减污降碳协同增效取得显著进展，生态环境根本好转，美丽中国目标基本实现。这意味着大气、水、土壤等环境质量得到全面提升，生态系统的稳定性和生态服务功能不断增强，生物多样性得到有效保护，人与自然和谐共生的格局基本形成。

2.4　生态产品价值实现面临的挑战与发展机遇

2.4.1　面临的挑战

生态产品价值实现不仅是建设美丽中国的生态基石，也是推动共同富裕的有效路径，更是助力"双碳"目标达成的关键环节。但在这一过程中仍面临着一系列复杂挑战，影响着生态与经济社会协同发展的进程。

在美丽中国建设过程中，要求保护和改善生态环境，提供更多的优质生态产品。而生态系统复杂多样、要素繁多，如何量化和评估各类生态产品的价值，并将其转化为经济价值，以支持环境的可持续管理，仍面临挑战。另外，生态保护与经济发展之间的矛盾突出。在一些地方，经济发展的压力使得短期利益被过度关注，部分地区为了追求 GDP 增长，可能会忽视生态保护的重要性，过度开发自然资源。同时，生态保护需要大量的资金投入用于生态修复、生态监测等工作，而生态产品价值实现的渠道还不够畅通，资金回收困难，这就导致生态保护工作常常面临资金短缺的困境，进一步加剧了生态保护与经济发展的矛盾，对美丽中国建设形成阻碍。

在支撑共同富裕上，生态产品价值实现在产权界定、产业发展、收益分配等方面存在短板。一方面，生态产权界定模糊，像河流、湖泊等公共水域以及农村集体山林的产权在集体与国家之间划分不清，使得利益分配主体难确定，易引发冲突，影响居民增收。另一方面，经济欠发达地区生态产业基础薄弱，受资金、技术、人才限制，且产业链短、附加值低，如生态农业常局限于简单种植销售，未形成融合发展产业链，农民收益有限。此外，生态产品供给与需求存在空间失衡问题，生态产品供给丰富的地区往往是生态功能重要区，这些地区多与农村地区重叠，经济相对落后，人口密度较低，而生态产品需求较大的地区主要是城市和经济发达地区。空间上的错配导致生态产品的有效供给和需求难以对接。

面向"双碳"战略实施，生态产品，特别是碳汇生态产品价值实现仍面临诸多问题。一是碳汇生态产品计量与核算方法学不完善。不同生态系统碳汇核算方法有差异且不精准，受自然环境变化干扰大，同时，数据获取困难且质量参差不齐，监测站点不足、数据更新不及时，不同机构数据准确性和可比性差。二是交易规则与机制不完善。碳汇交易市场在项目各环节缺乏统一标准，市场机制不健全，存在信息不对称和价格形成机制缺陷，此外，市场活跃度低，参与主体有限，且流动性差，交易周期长、频率低，变现难度大。三是生态系统稳定性受到自然因素和人为因素威胁。自然灾害如森林火灾、病虫害会破坏生态系统，使碳汇功能受损，人为的不合理土地利用方式和污染，如过度开垦、砍伐和水体、大气污染，也会降低碳汇能力。四是社会认知和政策保障存在不足。公众对碳汇生态产品价值认识不足，参与渠道有限，政策支持体系不完善，力度不够且缺乏系统性，政策稳定性和连贯性不足，影响企业和投资者信心，阻碍价值实现。

2.4.2　发展机遇

当前，我国经济社会发展已进入加快绿色化、低碳化的高质量发展阶段，生态文明建设仍处于压力叠加、负重前行的关键期，必须完善生态文明制度体系，协同推进降碳、减污、扩绿、增长，加快完善落实绿水青山就是金山银山理念的体制机制。

（1）新发展格局加快绿色转型

党的二十届三中全会要求，聚焦建设美丽中国，加快经济社会发展全面绿色转型。人与自然和谐共生是中国式现代化的重要特征，是全面建设社会主义现代化国家的内在要求。新发展阶段，要把绿水青山就是金山银山理念贯穿经济社会发展全过程，从源头上推动生态环境领域国家治理体系和治理能力现代化，推动绿色发展形成新格局、美丽中国建设取得新进展。生态产品价值实现是践行绿水青山就是金山银山理念的关键路径，是中国当前生态环境和社会经济发展形势下的必然选择，是推进经济社会绿色转型发展、产业结构优化升级，努力以新思想引领新思路、新理念开创新局面，持续推动高质量发展、构建新发展格局的有益探索。

（2）发展新质生产力带来产业竞争新优势

不断解放和发展生产力是推动实现中国式现代化的内在要求和重要着力点。习近平总书记在主持二十届中央政治局第十一次集体学习时指出"绿色发展是高质量发展的底色，新质生产力本身就是绿色生产力"。发展绿色生产力，要站在人与自然和谐共生的高度谋划发展，处理好高质量发展与高水平保护的关系，加快形成绿色生产方式和生活方式，扩大优质生态产品供给，有效降低发展的资源环境代价。生态产品价值实现是新时代发展新质生产力的重要阵地，通过政策创新、市场创新与技术创新，打通"绿水青山"和"金山银山"的双向转化通道，促进生态环境保护与经济发展的协调统一，可为美丽中国建设注入绿色动能、厚植绿色底色发挥越来越大的作用。生态产品价值实现在促进技术革命性突破、生产要素创新性配置、产业深度转型升级、塑造国际竞争优势方面具备巨大潜力和优势，为新质生产力发展壮大提供了广阔空间。

第3章
面向 2035 生态产品价值实现推进总体战略

　　生态产品价值实现有其特有的发展逻辑，本章在美丽中国建设、共同富裕、"双碳"目标等国家战略框架下，聚焦生态产品价值实现的生态目标、经济目标、社会目标，聚焦理顺"六大机制"，做好有效政策供给，丰富路径实践场景，以"价值目标—基础制度—政策工具—产业支撑—配套保障"为战略主线，研究提出面向 2035 生态产品价值实现的战略思路，明确战略目标，提出三大战略行动、四大战略路径、一个战略布局，形成面向 2035 生态产品价值实现推进总体战略路线图。

3.1 战略逻辑

3.1.1 美丽中国视域下生态产品价值实现基本逻辑

　　生态产品价值实现是生态文明领域全面深化改革的重大制度安排，对于全面推进美丽中国建设、加快建设人与自然和谐共生的现代化具有重大而深远的意义（图 3-1）。

　　（1）生态产品价值实现是美丽中国建设的重要支撑

　　生态产品价值实现不仅关乎生态环境的保护和改善，也是推动经济社会发展全面绿色转型、实现人与自然和谐共生的关键路径。通过生态产品价值实现，可以使社会各界更好地认识到保护环境就是保护生产力，改善环境就是发展生产力，积极发展生态产品第四产业①，通过高水平环境保护，不断塑造绿色新质生产力，促进高质量发展，从而协同推进生态环境保护与经济社会发展，为美丽中国建设注入绿色动能、厚植绿色底色。

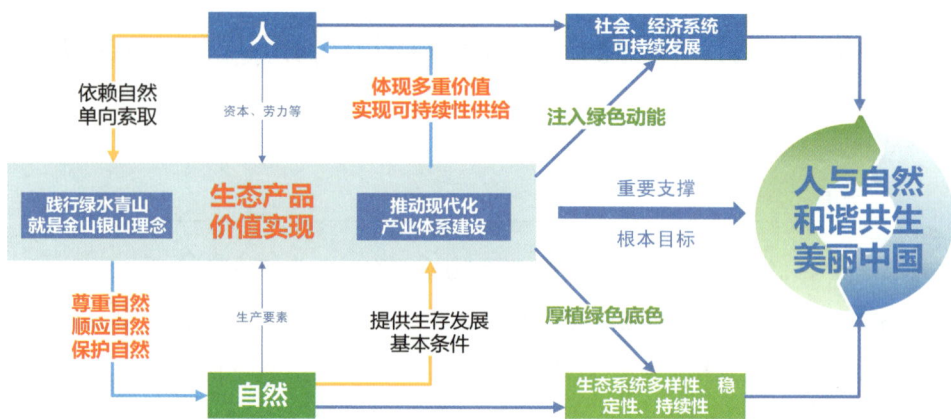

图 3-1　生态产品价值实现与美丽中国建设战略逻辑

（2）生态产品价值实现与美丽中国建设目标具有高度一致性

美丽中国建设的核心目标之一是实现人与自然和谐共生，生态产品价值实现通过合理利用和保护自然资源，促进生态平衡，实现经济发展与环境保护的双赢。美丽中国建设强调绿色发展，即在发展过程中注重资源节约和环境友好，生态产品价值实现通过将生态资源转化为经济价值，推动绿色产业的发展，减少对环境的破坏，促进可持续发展。美丽中国建设要求环境质量得到显著改善，生态产品价值实现以引领保护修复生态环境新风尚为重要战略取向，要求保护优先、合理利用，坚持以保障自然生态系统休养生息为基础，增值自然资本，厚植生态产品价值。美丽中国建设注重生态安全，保护生物多样性，维护生态系统的完整性和稳定性，生态产品价值实现要求在严格保护生态环境的前提下，拓展多样化模式和路径。美丽中国建设鼓励公众参与环境保护，提高公众环保意识，生态产品价

---

① 2020 年 8 月 15 日，在绿水青山就是金山银山理念提出 15 周年理论研讨会上，王金南院士首次提出"生态产品第四产业"的概念。生态产品第四产业是指以生态资源为核心要素，以生态生产过程为主要生态生产力，从事生态产品保护、生产、开发、经营、交易等经济活动的集合，是类似于数字经济的"派生产业"。2022—2023 年，中国工程院围绕"生态产品第四产业发展战略及其政策应用研究"立项了院行业重点项目开展研究。

值实现鼓励企业和社会各界参与，通过政府主导、市场化运作，让公众在享受生态产品惠益的同时，也参与到生态保护中，营造各方共同参与生态环境保护修复的良好氛围。

3.1.2　共同富裕背景下生态产品价值实现基本逻辑

共同富裕与生态产品价值实现之间存在内在的一致性，生态产品价值实现是促进共同富裕的有效路径，共同富裕是生态产品价值实现的价值取向和重要政策目标，两者相互促进、相辅相成（图 3-2）。

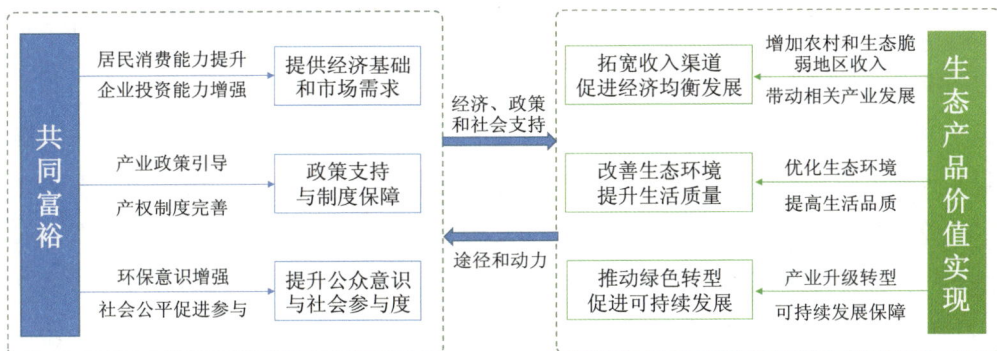

图 3-2　共同富裕与生态产品价值实现相互促进、相辅相成

（1）共同富裕为生态产品价值实现提供经济、政策和社会等方面的支持

一是提供经济基础和市场需求。共同富裕的推进使居民收入水平不断提高，人们对生态产品的需求也日益增加。例如，随着收入的增加，人们更愿意花费资金去生态旅游景点游玩，购买有机农产品等，这为生态产品价值实现提供了广阔的市场空间，促使生态产品的生产和供给不断增加。同时，企业在共同富裕的大环境下发展壮大，具备了更强的投资能力，会加大对生态产品开发和生产的投入。例如，企业会投资建设生态农业基地、生态旅游景区等，推动生态产品价值实现和提升。二是提供政策支持与制度保障。政府为实现共同富裕，会出台一系列支持生态产品价值实现的产业政策。例如，对生态农业、生态工业等给予税收优惠、财政补贴等，降低生态产品的开发成本，提高其市场竞争力，吸引更多的资源投入生态产品的生产和开发中。另外，共同富裕要求建立更加公平、完善的产权制度，这也有利于生态产品的产权界定，清晰的产权可以为生态产品的交易、抵押

等提供法律依据[1]。三是提升公众意识与社会参与度。共同富裕的过程伴随着教育水平的提升和社会文明程度的提高，公众的生态环保意识不断增强。人们更加重视生态产品的价值，愿意参与生态产品的保护和开发，如积极参与植树造林、垃圾分类等环保活动，为生态产品的价值实现营造了良好的社会氛围。共同富裕强调社会公平，这使得不同地区、不同阶层的人们都能够平等地参与生态产品的开发和价值分配。例如，农村居民可以通过参与生态产业，如生态农业合作社、农村生态旅游项目等，分享生态产品带来的经济收益，提高参与生态产品价值实现的积极性。

（2）生态产品价值实现为共同富裕的实现提供了新的途径和动力，有助于推动经济的可持续发展和社会的全面进步

一是拓宽收入渠道，促进经济均衡发展。生态产品价值实现为农村和生态脆弱地区提供了新的经济增长点。这些地区通常拥有丰富的生态资源，通过发展生态产业，如生态农业、生态旅游、林下经济等，可以将生态资源转化为经济收入，提高当地居民的生活水平，缩小城乡收入差距和区域发展差距。进一步，生态产品产业的发展能够带动上下游相关产业的协同发展，形成完整的产业链，创造更多的就业机会和经济价值。例如，生态旅游的发展可以带动餐饮、住宿、交通等行业的发展，促进区域经济的均衡发展和共同富裕。二是改善生态环境，提升生活质量。生态产品价值实现要求在严格保护生态环境前提下，拓展多样化价值实现模式和路径，过程中需要对生态环境进行保护和修复，这有助于改善当地的生态环境质量。例如，通过开展生态修复项目，治理水土流失、荒漠化等生态问题，不仅可以增加生态产品的供给，还可以增强生态系统的稳定性和服务功能，为人们提供更好的生态环境。优质的生态产品，如清洁的空气、干净的水、优美的自然景观等，是人们美好生活的重要组成部分。生态产品价值实现能够让人们享受到更多的生态福利，提升生活质量和幸福感，这也是共同富裕在生活品质方面的重要体现[2]。三是推动绿色转型，促进可持续发展。生态产品价值实现推动经济向绿色低碳转型，促使企业采用更环保的生产技术和工艺，减少对自然资源的消耗

① 朱新华, 李雪琳. 乡村生态产品价值实现促进共同富裕的路径选择[J]. 江苏社会科学, 2023（5）: 85-94, 242-243.

② 罗琼, 李宏伟. 共同富裕目标下脱贫地区碳汇生态产品价值实现: 理论内涵、作用机制与推进路径[J]. 行政管理改革, 2023（11）: 34-41.

和环境污染。例如，企业为了开发绿色生态产品，会加大对研发的投入，提高资源利用效率，推动产业升级和创新发展。生态产品价值实现强调对生态资源的可持续利用，这有助于实现经济、社会和环境的协调发展，通过合理开发和利用生态资源，既可以满足当代人的需求，又不会损害后代人的利益，为共同富裕的长期实现提供了坚实的基础和保障。

3.1.3 "双碳"愿景下生态产品价值实现基本逻辑

"双碳"战略与生态产品价值实现机制在国家战略层面互为支撑，在实施过程中相互促进，共同推动经济社会发展全面绿色转型（图 3-3）。

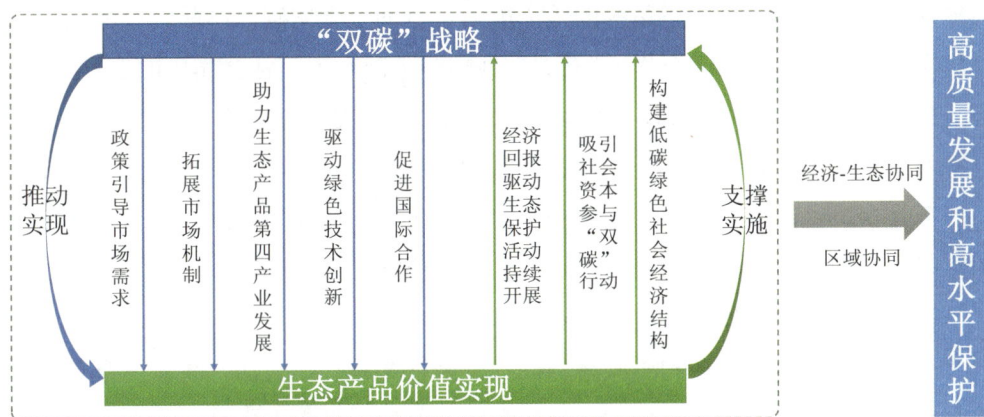

图 3-3 "双碳"战略与生态产品价值实现互馈关系

（1）"双碳"战略推动生态产品价值实现

"双碳"战略为生态产品价值实现提供了政策、市场、产业、技术、国际合作等多方面的支持和保障，有助于推动生态产品价值增值和有效转化。一是政策引导生态产品市场需求。一方面，"双碳"战略促使消费者的环保意识和低碳消费观念增强，引导社会消费观念向低碳、绿色转变，从而拓展了生态产品的市场需求；另一方面，"双碳"战略促使政府出台政策鼓励企业实施绿色采购和供应链绿色化改造，促使更多的企业生产和供应生态产品，以满足市场需求。二是拓展市场机制。"双碳"战略推动碳交易市场的发展和完善，为生态碳汇产品提供了市场交易平台。例如，企业的碳排放配额可以在碳交易市场进行交易，这使得森林、草地、湿地等生态系统的碳汇功能作为生态产品可以参与交易，拥有丰富碳汇资源的地区或主体能够通过出售碳汇获得经济收益，从而实现碳汇产品的价值。三是助力生态产品第四产业发展。"双碳"战略推动产业升级，促进生态产品第四产业与其他产业的融合发展，同时催生了许多新兴产业业态。例如，生物质能产业利用农作物秸秆、林业剩余物等生物质资源进行发电、供热或生产生物燃料，将生态资源转化为能源产品，拓宽了生态产品的范畴，带动了生态产品的创新和价值提升。四是驱动绿色技术创新。"双碳"战略激发了一系列绿色技术创新，这些技术有利于生态产品价值的挖掘和实现。例如，对于碳交易市场而言，准确的碳汇监测数据是合理定价和交易的基础，先进的生态监测技术和生态价值评估模型可以更精准地评估森林、湿地等生态系统的碳汇能力，有助于生态碳汇产品的公平交易和价值实现。五是促进国际合作。"双碳"战略是中国对国际社会作出的 2030 碳达峰、2060 碳中和的庄严承诺，"双碳"战略的实施需要国际合作。在全球"双碳"目标的背景下，国际绿色认证和标签体系的互认与协调，有利于推动生态产品认证国际互认，进而提升生态产品的国际市场竞争力，推动生态产品价值实现机制的国际化，扩大生态产品的国际影响力和市场份额。

（2）生态产品价值实现支撑"双碳"战略实施

一是为生态系统保护和碳减排行动提供经济激励。一方面，生态产品价值实现带来的经济回报可以驱动生态保护活动持续开展。当生态产品（如林下经济、碳汇交易）能够带来经济回报时，政府、企业和社会公众就有更强的动力去持续开展生态保护修复活动，以维持和增加生态产品的稳定供给，这些活动对于增强生态系统的碳汇功能、降低碳排放至关重要，从而保障"双碳"战略的可持续性。另一方面，生态产品价值实现通过建立生态产品收益共享机制，吸引社会资本投资生态产业和碳减排项目，社会资本的参与不仅可以缓解政府在生态保护和"双碳"战略实施中的资金压力，还可以带来先进的技术和管理经验，加速"双碳"目标的实现。二是稳定引导社会经济结构渐进转变。生态产品价值实现有助于推动社会向低碳生活方式和消费模式转型，间接支持"双碳"战略。例如，生态农业的发展可以减少农业对化肥、农药等化学产品的依赖，降低农业碳排放，同时提供健康、绿色的农产品，引导居民形成低碳、健康的饮食结构。这种社会经济结构的转变是一个渐进的过程，生态产品价值实现能够在这个过程中发挥稳定的引导作用，保障社会向低碳转型的稳定性，进而支持"双碳"战略的长期实施。

（3）"双碳"战略与生态产品价值实现协同推进高质量发展和高水平保护

生态产品价值实现旨在解决绿水青山转化为金山银山的路径问题，"双碳"战略旨在提质金山银山筑牢绿水青山，两者在本质上都追求经济发展与生态保护的平衡，目标都是促进可持续发展，具有经济和生态协同促进效应。同时，在区域层面，两者协同推进有利于区域之间实现优势互补。不同地区资源禀赋和发展基础不同，一些生态资源丰富但经济相对落后的地区，适合发展碳汇林业和生态旅游等生态产品第四产业，通过"双碳"行动和生态产品价值实现，与经济发达但生态资源相对匮乏的地区进行合作。发达地区可以购买山区的碳汇指标来抵消自身碳排放，同时投资山区的生态旅游项目，促进山区经济发展，实现区域间在生态和经济上的协调发展，进一步缩小区域发展差距。

3.2　战略思路

以生态产品价值实现的生态-经济-社会综合目标为发力点，以建立健全调查监测、价值评价、经营开发、保护补偿、保障以及推进机制"六大机制"为导向，系统设计"价值目标—基础制度—政策工具—产业支撑—配套保障"的生态产品价值实现运行机制。聚焦优质生态产品供给的生态目标，加强制度设计，健全自然资源资产产权制度，激发生态产品供给主体的活力；聚焦激活绿色增长潜在动能的经济目标，科学开展生态产品价值评价，深化评价结果应用，布局生态产品和经济产品空间分布匹配路径，培育具有竞争力的特色优质生态产品产业，建立和完善碳汇交易等生态产品市场机制，促进经济发达地区与欠发达地区的协同发展，打通生态产品从"定下来"到"算出来"再到"用起来"的通道；聚焦农村地区发挥生态优势形成良性发展机制的社会目标，结合乡村自然本底和经济条件，探索符合自身发展条件"生态高地"的产业发展路径，激活乡村要素，构建公平合理的利益分配体系，推进共同富裕[①]（图 3-4）。

---

① 于法稳，林珊，孙韩小雪. 共同富裕背景下生态产品价值实现的理论逻辑与推进策略[J]. 中国农村经济，2024（3）：126-141.

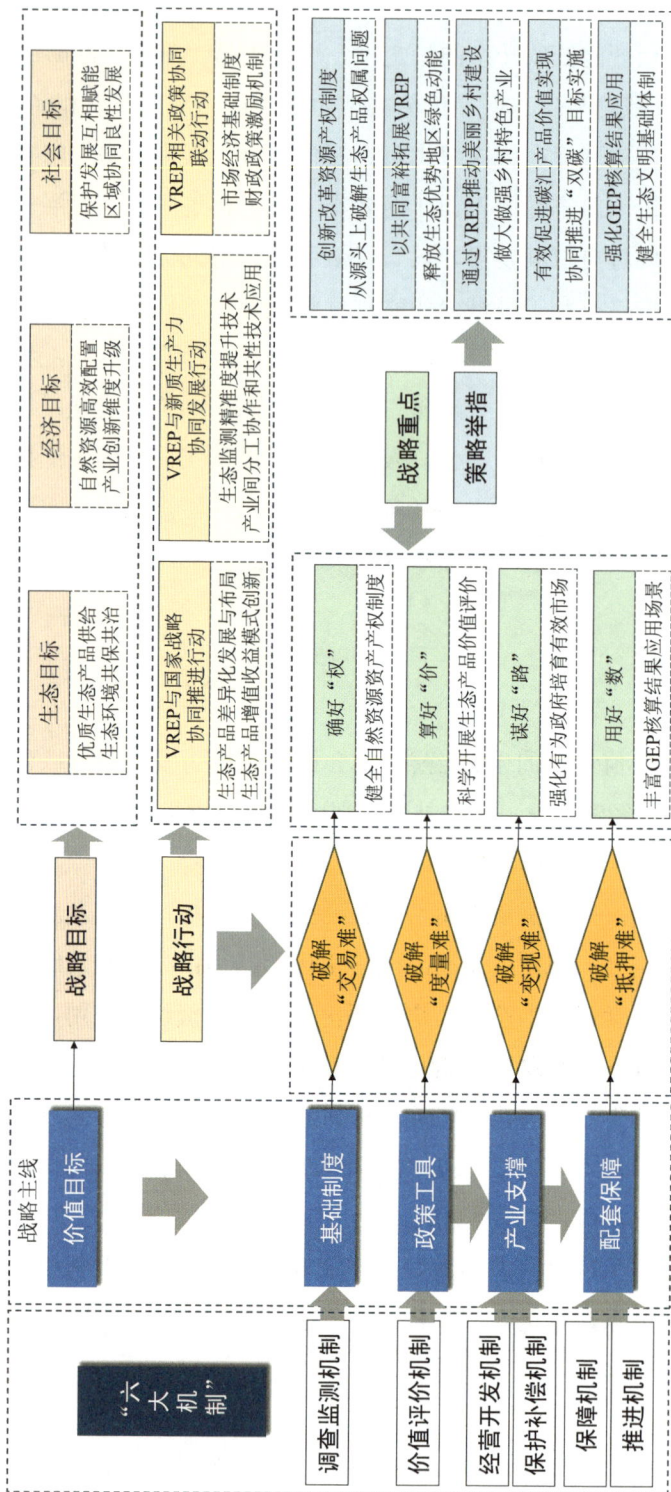

图 3-4　面向 2035 生态产品价值实现推进总体战略

3.3　战略目标

3.3.1　总体目标

生态环境共保共治、自然资源高效配置、保护发展互相赋能的生态产品价值实现格局全面构建，利益相关方之间的责任分担、利益协调、价值流闭环等问题基本解决，生态保护修复的要素可持续投入机制日益完善，资本、技术、人才等多元要素的投入渠道持续拓宽，区域之间、城乡之间协同体制机制障碍有效破解，生态产品的特性、品质与不同消费群体应用场景精准匹配，达成高效的生态产品供需衔接状态，生态产品价值得到市场充分认可，生态产品第四产业发展成为生态惠民、生态富民以及建设美丽中国的主要产业形态。

3.3.2　阶段目标

到 2027 年，"度量难""交易难""变现难""抵押难"等"四难"问题得到逐步破解，生态产品调查监测、价值评价、经营开发、保护补偿、保障以及推进机制系统化探索实践取得实效。

生态目标：形成全国自然资源资产"一张图"[①]，生态产品权责归属基本清晰，生态产品产权权能不断丰富；全面开展 GEP 核算及结果应用，反映生态保护成效的调节服务类生态产品价值评价技术体系不断完善，核算结果应用场景不断丰富，在区域生态文明建设中的引导作用显著增强。

经济目标：建立健全生态产品产业统计体系，在国民经济核算框架下，构建生态产品产业核算的卫星账户，实现生态产品产业可观、可感，生态优势转化为经济优势的能力明显增强。

社会目标：生态资源权益交易实践案例取得实效，与经济社会发展状况相适应的生态保护补偿制度基本完备，基本形成政府、企业、农民专业合作社、个人、金融资本和社会组织多元主体参与的价值实现体系。

---

① 自然资源部. 筑牢产权基石　激活"无价之宝"——自然资源系统深化自然资源资产产权制度改革述评. (2024-12-04) [2024-08-23]. https://mp. weixin. qq. com/s/mW20m94OFAQ5XuV6iblbsA.

到 2035 年，完善的生态产品价值实现机制全面建立，不同生态要素类型、不同经济社会发展阶段、不同主体功能定位的地区形成了各具特色的生态产品价值实现模式，为美丽中国目标基本实现、全体人民共同富裕取得更为明显的实质性进展、碳排放达峰后稳中有降等目标提供有力支撑。

生态目标：形成科学有效的 GEP 管理模式，满足生态产品价值实现差异化需求；GEP 及调节服务类生态产品价值评价结果全面应用于考核、评估、规划、项目、补偿、赔偿以及交易等场景，真正发挥出在区域生态文明建设中的引导作用。

经济目标：生态产品供需对接和交易精准高效，生态产品产业规模不断扩大，成为战略性新兴产业，物质供给、调节服务及文化服务不同类型生态产品产业多业态协同发展格局基本形成。

社会目标：乡村资源要素整合、发展模式创新、政策环境优化等方面问题基本解决，形成市场竞争有序、多元主体参与、信息交互共享的生态产品市场交易体系，提供生态产品的地区和提供农产品、工业产品、服务产品的地区同步基本实现现代化，人民群众享有基本相当的生活水平。

3.4　战略行动

3.4.1　生态产品价值实现与国家战略协同推进行动

围绕人与自然、保护与发展、环境与民生关系等问题，加强前瞻性、引领性的生态产品价值实现研究，强化生态产品价值实现与共同富裕、美丽乡村、"双碳"目标等战略的融合互促，在认识和把握区域发展阶段和功能定位的基础上，基于生态文明建设的战略目标和重点任务，开展全国生态产品价值实现适宜性评价，建立全国生态产品价值实现发展格局，形成生态产品价值实现分类指引。围绕生态系统固碳增汇能力提升、绿色转型发展、新业态发展、常态化长效化激励机制建设等重、难点，在实践探索中发现问题规律、寻找方法途径，以生态产品差异化发展和空间优化配置促进区域协调发展，以创新生态产品生产增值收益模式促进共同富裕，以丰富生态产品经营开发模式促进能源结构与产业布局优化，以科技创新赋能生态产品开发与利用效率，加快生态资源富集地区生态优势变为经济优势，挖掘生态资源匮乏地区生态产品生产潜力，实现生态产品价值机制在基本理论和探索实践上的延伸与深化。

3.4.2　生态产品价值实现与新质生产力协同发展行动

生态产品价值实现是新时代发展新质生产力的重要阵地[①]，依据现代科技前沿趋势与产业变革走向，深度剖析生态产品价值实现与人工智能、量子科技、生物技术等新兴领域的融合交汇点，突破生产和保护之间的技术壁垒，提升生态产品的开发利用效率和附加值。聚焦生态产品调查监测与评价技术瓶颈突破，依托"天空地一体化"生态质量监测网络，建立健全生态产品数据智能分析与精准管理制度，探索量子技术在生态监测精准度提升上的应用；聚焦生态产品经营开发模式拓展与创新，以数字化智能化手段重塑生态产品生产流程与经营模式，加强生态产业与传统产业在生产要素、产品研发、技术创新和市场开发等方面的交互融合，以跨领域协同创新挖掘生态产品在新质生产力赋能下的全新市场空间，推动产业间分工协作和共性技术应用，在现代产业体系中建立可持续发展的生态产业系统，实现传统生产要素与生态环境等新型生产要素的优化配置，实现生态产品价值实现相关产业创新维度的拓展与升级。

3.4.3　生态产品价值实现相关政策协同联动行动

基于国家整体战略布局与生态文明建设需求，系统梳理现有生态环境保护、自然资源管理、产业发展扶持、区域协调促进等领域政策，识别政策之间的潜在冲突，构建全方位、多层次的政策协同框架。完善产权保护、市场准入、社会信用等市场经济基础制度，在自然资源确权登记的基础上，探索建立跨区域生态产品产权协调机制，建立生态产品市场准入负面清单制度，简化生态产品市场准入审批程序，健全激励机制支持中小企业、农民合作社、家庭农场等各类主体进入生态产品市场，构建生态产品市场信用体系，生态环境、金融、税务、市场监管等部门联合开展生态产品信用评价与监管；完善生态产品政府回购等市场调节机制，通过专项基金、绿色债券等方式为经营主体提供退出机制，同时保障生态产品后续管护，为金融机构加大抵押贷款的支持力度、生态产品可持续经营开发提

[①] 郝海广，王志勇. 推进生态产品价值实现　促进新质生产力发展[N]. 中国环境报，2024-05-27.

供兜底保障。建立财力协调、标准合理、保障有力的激励机制，围绕生态产品价值评价、可持续经营开发、保护补偿、评估考核等重点领域和关键环节，加大资金、技术和政策支持力度，推动模式、业态、路径及体制机制创新，考虑调节类生态产品价值占比较大且消费者不明确的特点，加大对这类区域的生态保护补偿政策力度，加大对生态产品动态监测、生态保护修复项目、绿色产业研发等生态产品价值实现关键环节的资金投入，避免重复补贴和资金浪费。

3.5　战略重点

从生态产品调查监测、价值评价、经营开发、保护补偿、保障以及推进机制"六大机制"出发，围绕"价值目标—基础制度—政策工具—产业支撑—配套保障"的生态产品价值实现战略主线，战略重点聚焦四个方面：

（1）确好"权"：健全自然资源资产产权制度，激发生态产品供给主体的活力

自然资源资产产权制度作为生态产品调查监测机制的关键环节，是生态文明建设的基础性制度，是生态产品价值实现的基石和前提。森林、草原、水流等具有复杂空间结构特征，其产出的生态产品大多呈现交错或重叠现象，增加了自然资源产权界定的难度，影响了生态产品价值实现的充分挖掘。以完善自然资源资产产权体系为重点，以落实产权主体为关键，明晰农田、森林、水流、草地、湿地等各类自然资产产权关系，厘清所有权、经营权、管理权、使用权等权益链条，明确生态产品产权主体，加快构建分类科学、权利明晰、权能丰富的中国特色自然资源资产产权制度体系，确保各项权益得到有效保障[①]，通过合理配置及利用自然资源资产，有效激发生态产品供给主体的积极性，为生态产品进入市场创造条件。

（2）算好"价"：科学开展生态产品价值评价，明确生态产品价值转化的潜力

生态产品价值评价是将无价的生态系统服务进行"有价化"，形成区域生态台账，有助于科学认识生态产品的潜在价值，表征生态系统对人类福祉的贡献，是反映自然系统对经济社会系统的支撑作用的重要指标[②]，是生态产品价值实现的物

---

① 陈雨，袁广达，马梦岩. 乡村振兴战略下农业生态产品价值实现途径研究[J]. 商业会计，2023（23）：25-29.

② 宋昌素，欧阳志云. 生态产品总值（GEP）理论内涵与应用实践[J]. 人民论坛·学术前沿，2023（18）：92-95.

质基础，为生态产品的市场交易、政策制定和资源配置提供了科学依据。按照"边研究、边应用、边完善"的原则，深化生态产品价值评价理论、技术和应用研究，探索建立覆盖各级行政区域的生态产品总值统计制度和核算结果定期发布制度，在广泛探索中总结经验，逐步实现核算结果的可重复、可比较、可应用。

（3）谋好"路"：强化有为政府培育有效市场，增强生态产品价值实现竞争力

科学定位生态产品价值实现在美丽中国建设、促进共同富裕、落实"双碳"行动中的作用，依托主体功能定位，结合不同生态产品的生态价值、经济价值等属性特征，提出适应区域经济社会发展格局、城镇空间格局的生态产品和经济产品空间分布匹配路径，聚焦直接通过市场交易实现的物质供给类、文化服务类生态产品，推进生态产品价值实现主体创新、载体创新，探索形成符合经济规律和市场规律、有效增进社会福祉的生态产品经营开发新业态和增长模式[①]；聚焦调节服务类生态产品，重点关注对"双碳"目标实现发挥重要作用的碳汇产品价值实现，推动绿色技术创新、优化资源配置、增加碳汇供给、健全保护补偿、碳汇金融发展、碳汇产业化，强化政府在政策引导、需求创造和监督管理等方面的作用，打通生态产品供给、交易、消费通道。

（4）用好"数"：丰富 GEP 核算结果应用场景，提高多元主体生态产品消费能力

加强 GEP 核算结果应用。GEP 核算结果可以反映生态产品产出能力的特点，推动其成为制定生态保护补偿标准、探索异地开发补偿模式的重要依据；GEP 核算结果可以体现生态产品蕴含的经济价值特点，推动其为建立体现市场供求关系的价格形成机制、加强生态产品经营开发融资、推动生态资源权益交易提供技术支撑；GEP 核算结果特别是调节服务类生态产品价值评价结果可以反映区域生态保护成效的特点，推动其为开展区域高质量发展综合绩效评价、经济和生态产品价值"双考核"、重点项目规划及评估等提供支撑。通过不断拓展和丰富 GEP 核算结果应用场景，充分发挥 GEP 在生态文明建设中的引导作用，不断增加政府、市场、社会等不同利益相关者对生态产品的需求。

---

① 完善自然资源领域生态产品价值实现机制[EB/OL].（2024-12-04）.[2025-03-15]. https://mp. weixin. qq. com/s/sY5G6t8HZQ-ImAVDvZsLmg.

3.6 战略布局

围绕生态、农业、城镇三类空间的主体功能定位,基于各类空间的自然禀赋、地域特色和比较优势,提出生态产品价值实现的分区战略布局和差异化实现路径,培育形成生态效益和经济效益相统一的绿色发展新动能,推动区域协调均衡发展,全面推进美丽中国建设,加快推进人与自然和谐共生的现代化。

生态地区在筑牢生态安全屏障体系的同时,以优质生态产品价值实现为导向,协同推进深化落实"两山"转化体制机制改革创新,全面推进生态优势区做好生态利用工作。优化重点生态功能区格局,整合自然保护地体系,严守生态保护红线,统筹实施山水林田湖草沙一体化保护修复,持续提升水源涵养、水土保持、防风固沙和生物多样性维护功能,协同增强海岸防护、洪水调蓄、固碳增汇、调节气候等生态调节和供给服务功能,全方位守牢安全格局底线。依托高品质生态环境本底激活绿色发展动能,拓展与生态保护定位兼容、凸显生态比较优势的生物资源深加工、清洁能源生产、环境敏感型制造等复合功能,制定更精细化的"生态+旅游""生态+农业""生态+制造业""生态+服务业"生产功能布局,引导传统特色生产力补链、延链与绿色低碳转型,鼓励科技创新驱动新质生产力布局。增进生态系统文化服务功能,加强游憩空间内生态与文旅深度融合,根据生态环境容量细化管控分区,有序拓展科研、教育、游憩等综合功能,打造集多样化大尺度的自然体验、以绿色为本底的人与自然和谐共生的文体休闲、展示自然奥秘和人文魅力的地球人居环境、以自驾为主要交通方式且具有较长时间段的观光周游于一体的大旅游产业。采取更具公平性和可持续发展机会的包容性保护方式,实施精细化国家公园用途分类分区管制,激活并规范特许经营管理运营机制,营建净零排放绿色基础设施。因地制宜建立绿色能源与战略性矿产资源开发等三次产业融合的生态地区绿色经济体系。建立绿色发展综合考核及奖补机制,稳定提升生态地区中央财政转移支付力度,探索生态产品经营开发、抵押贷款、权益交易等市场化运营模式。健全受益地区与生态地区良性互动的横向补偿机制,探索建立生态补偿统筹制度,提高生态保护补偿整体性和综合效益。

农业地区要践行大食物观,优化农业生产结构和区域布局,保障粮食供给,全方位、多途径地开发食物资源，构建多元化食物供给体系，形成粮食生产时空配置合理、粮食供给远近结合和多种食物保障有力的大农业安全格局。根据资源禀赋、发展条件、提供农产品种类及供给能力等优化各类农业地区空间布局和功能定位，强化有机农副产品、种植产品、畜产品、水产品、林下产品等农产品供给，兼顾提供生态产品、服务产品和工业品。加强重点城市化地区现代都市农业布局，在城市地区周边具有优质的耕地资源和良好的农业发展基础的区域，发展特色农业，加强农产品加工、仓储保鲜和冷链物流设施建设，提高绿色农产品生产能力和生鲜农产品就近供给能力。分类推进宜居宜业和美丽乡村建设。根据不同地区乡村自然条件和发展现状，采取集聚提升、城郊融合、特色保护、搬迁撤并等措施，分类推进农业地区村庄建设。保障乡村新产业新业态培育、农产品加工流通业和现代乡村服务业等用途的生产空间。保护山清水秀生态空间，延续人和自然有机融合的乡村空间模式。积极推动旅游业与农业资源、文化资源、生态资源等的深度融合，促进农文旅产业协同发展。发展休闲农业，深入挖掘和整理乡村文化资源，形成特色产业及发展模式，打造农文旅特色项目，加强基础设施建设，推动农文旅智慧化发展，制定人才引进、培育和扶持政策，全面推进乡村振兴背景下农文旅融合发展。

城市地区要合理规划和保护城市生态空间，保障生态产品的持续供给和城市生态安全，依托城市生态和人文景观资源打造多元文化旅游场景，积极发展新一代信息技术等战略性新兴产业推动工业生态转型。保护湿地等生态系统和自然景观，增加休闲垂钓、水上观光活动空间，为城市居民提供优质生态产品。对城市中的废弃矿山、工业宗地等进行生态修复，将其改造为公园、绿地等生态空间，增加生态产品的供给。开展生态修复与治理，采取清淤、生态护坡建设、水生植物种植等措施，恢复河流的生态功能，提升生态产品质量。建设生态廊道，连接城市内部的各个生态斑块，促进生态系统完整性的提升和生态物种的交流，为城市居民创造亲近自然的空间。构筑中心城市与郊区新城之间的生态绿色廊道，加强城市之间绿化隔离带建设，构筑城市之间的生态安全屏障。推进城市内部生态空间修复与品质提升，连通绿环绿廊绿楔绿道空间，提高城市生态系统服务功能和自维持能力。以绿心、绿道、公园、名胜古迹等生态工程为载体，有机嵌入科研创新、科普教育、文化体验、体育赛事、娱乐消费等多元绿色消费场。以"绿心+"模式融合"文化+旅游+科技"等产业,吸引优质头部文旅资源集聚,形成在全球、全国或区域尺度具有张力与吸引力的文旅生态圈。加强产业园区循环化改造,加快能源清洁基础设施联网布局,推进一批超低能耗和近零能耗建筑建设。推动节能环保、新一代信息技术、生物制药、高端装备制造、新能源、新材料和新能源汽车等战略性新兴产业导入。

第 4 章
面向 VREP 的资源产权制度改革创新

本章聚焦与生态产品价值实现密切相关的自然资源资产产权制度，分析相关自然资源产权改革中存在的突出问题，以进一步完善自然资源产权体系、丰富自然资源产权权能、规范自然资源产权流转机制，不断健全归属清晰、权责明确、保护严格、流转顺畅、监管有效的自然资源产权制度，促进自然资源生态产品价值保值增值和有效转化为目标，提出进一步推进自然资源产权制度改革的总体框架、具体路径和对策建议。

4.1　资源产权制度改革的现实需求

生态产品价值实现是融合经济学和生态学的概念，是将生态产品供给中的利益相关者的分配关系，通过运用市场和政府手段进行制度安排，从而解决生态环境中的外部性问题、维持生态系统平衡的关键方式。成熟的生态市场是价值实现的关键，自然资源资产产权制度改革与生态产品价值实现高度关联，合理的资源产权制度与生态产品价值实现机制具有相互促进作用，是健全生态产品价值实现机制的重要前提和基础。产权明晰的生态产品更容易借助生态市场实现开发、交易、经营、管理以及资本运作等，在生态产品价值实现的五大环节（生产、交换、分配、消费、再生产）中起到促进作用。2015 年，中共中央、国务院印发的《生态文明体制改革总体方案》提出"构建归属清晰、权责明确、监管有效的自然资源资产产权制度，着力解决自然资源所有者不到位、所有权边界模糊等问题"，以期通过深化自然资源资产产权制度改革，发挥市场在产权配置中的决定性作用，解决过去我国对资源利用过度侧重其使用价值的问题，通过促进生态产品价值实现、提高自然资源利用效率等方式，实现生态经济协调可持续发展。

4.1.1 资源产权制度与 VREP 是紧密相关的改革任务

自然资源资产产权制度是加强生态保护、促进生态文明建设的重要基础性制度。2019 年 4 月，中共中央办公厅、国务院办公厅印发《关于统筹推进自然资源资产产权制度改革的指导意见》，提出加快构建系统完备、科学规范、运行高效的中国特色自然资源资产产权制度体系。一方面，将生态产品价值实现的要义融入其中，提出探索建立政府主导、企业和社会参与、市场化运作、可持续的生态保护补偿机制，对履行自然资源资产保护义务的权利主体给予合理补偿；健全自然保护地内自然资源资产特许经营权等制度，构建以产业生态化和生态产业化为主体的生态经济体系。另一方面，提出统筹推进相关试点，在国家公园体制试点地区、山水林田湖草生态保护修复工程试点区、国家级旅游业改革创新先行区、生态产品价值实现机制试点地区等区域，探索开展促进生态保护修复的产权激励机制试点，吸引社会资本参与生态保护修复。

2021 年 4 月，中共中央办公厅、国务院办公厅印发《关于建立健全生态产品价值实现机制的意见》，提出加快完善政府主导、企业和社会各界参与、市场化运作、可持续的生态产品价值实现路径。一方面，将推进自然资源确权登记作为建立生态产品调查监测机制的首要基础任务，提出健全自然资源确权登记制度规范，有序推进统一确权登记，清晰界定自然资源资产产权主体，划清所有权和使用权边界；丰富自然资源资产使用权类型，合理界定出让、转让、出租、抵押、入股等权责归属，依托自然资源统一确权登记明确生态产品权责归属。另一方面，将推动生态资源权益交易作为健全生态产品经营开发机制的重要内容，提出鼓励通过政府管控或设定限额，探索绿化增量责任指标交易、清水增量责任指标交易等方式，合法合规开展森林覆盖率等资源权益指标交易；健全碳排放权交易机制，探索碳汇权益交易试点；健全排污权有偿使用制度，拓展排污权交易的污染物交易种类和交易地区；探索建立用能权交易机制；探索在长江、黄河等重点流域创新完善水权交易机制。

这表明，自然资源资产产权制度改革与生态产品价值实现高度关联，自然资源资产产权制度改革是生态产品价值实现的重要前提和基础，而生态产品价值实现也是自然资源产权制度改革的重要目标和手段。

4.1.2　资源产权制度改革与 VREP 具有相互促进作用

4.1.2.1　资源产权制度改革促进生态产品价值实现

资源产权制度改革可以产生以下效应：促进资产保值增值效应、提升价值显化效率、实现嫁接金融资本。这三个方面的制度效应具有内在联系。明晰的资源产权制度可以通过界定清晰的产权使外部性内在化，减少市场失灵现象，利用和创建资源产权市场，由市场配置资源，同时利用市场的发现功能，提升开发利用资源的技术水平，更高效地配置和使用资源。资源产权的市场化交易可以提高自然资源资产的价值和收益，推动自然资源资本化，自然资源资本化收益反过来又可以推动生态环境治理，实现自然资源的生态服务价值[①]。

（1）资源产权制度改革促进自然资源资产保值增值的效应

资源产权不明晰导致所有者权益无法保障，资源开发者追逐私利缺乏长远利益考量，造成公有的自然资源被破坏性开发，以致"公地悲剧"[②]。相应的资源价值（租值）也会下降，乃至完全消失，导致产权经济学中的"租值耗散"现象发生[③]。资源产权明晰能提供将外部性成本内在化的动力，解决环境保护中的责任问题，可以将所有者的自我利益与资源管理联系起来，激励决策者对其行为的成本和收益负责，作出有效利用自然资源和投资的决策，将外部性内在化[④][⑤]。资源产权所有者会在保护自然资源和生态环境的过程中受益，这会促进他们更进一步地

① 卢现祥，李慧. 自然资源资产产权制度改革：理论依据、基本特征与制度效应[J]. 改革，2021（2）：14-28.

② 埃莉诺·奥斯特罗姆. 公共事物的治理之道：集体行动制度的演进[M]. 余逊达，译. 上海：上海译文出版社，2012.

③ CHEUNG S N S. The structure of a contract and the theory of a non-exclusive resource[J]. Journal of Law and Economics，1970，13（1）：49-70.

④ FUCHS D A. The environmental desirability of government intervention[M]. Springer Netherlands，2003.

⑤ ANDERSON T L，LEAL D R. Free market environmentalism for the next generation[M]. New York：Palgrave，2015.

采取保护行为[①]。

（2）资源产权制度改革提升生态产品价值显化效率的效应

利用和创建市场的行动可以将资源配置到价值最高的用途，提高自然资源利用效率，保护自然资源。科斯定理表明，产权明晰可以减少交易的不确定性，降低交易成本，促进市场交易，并提升资源配置效率。在产权明晰以及完全市场信号条件下，合理的市场价格机制使自然资源得到最佳配置与最佳利用。自然资源资产产权越明晰，资源的市场价值越能反映其真实价值，资源配置和使用效率也越高。

（3）资源产权制度改革促进生态产品价值实现嫁接金融资本的效应

资源产权界定清晰且可交易，是自然资源转化为资产并实现资本化的决定性条件。如果缺乏正式所有权法律的保障，资产不具有安全性，交易只限于局部的熟人圈子中，无法抵押投资，从而无法顺利转化成资本[②]。通过法律将资源产权界定清晰，并提供可靠的保障，配套高效率的处置市场，可为生态产品价值实现嫁接金融资本，解决融资难问题。

4.1.2.2　生态产品价值实现反哺资源产权制度改革

（1）经济收益的再投资

生态产品价值实现带来的经济收益，如生态权益交易收入、生态旅游收入等，激励资源产权所有者持续投入生态经营，形成正向循环。随着生态产品市场的发展，新的商业模式和产业链条逐步形成，为资源产权所有者提供更多元化的收入来源，促进生态地区经济的多元化发展。

（2）社会环境效益提升

生态产品价值实现有助于改善乡村社区的生态环境，提升居民的生活质量，增强社区凝聚力，为资源产权制度改革创造更加稳定和谐的社会环境。生态产品的市场价值逐渐被社会广泛认知，促进了生态教育的普及，提高了公众的环保意识，为资源产权制度改革的顺利推进营造良好的舆论氛围。

---

① 卢现祥，李慧. 自然资源资产产权制度改革：理论依据、基本特征与制度效应[J]. 改革，2021（2）：14-28.
② 赫尔南多·德·索托. 资本的秘密[M]. 王晓东，译. 南京：江苏人民出版社，2005.

（3）政策与技术创新

生态产品价值实现过程中的成功案例和现实实践，为政策制定者提供宝贵的参考，推动资源产权制度改革相关政策的不断完善和创新。在实践中，探索相关方法为资源产权制度改革积累技术经验。

4.1.3　资源产权制度改革滞后对 VREP 的影响

从促进生态产品价值实现的角度来看，我国各类自然资源资产产权制度改革中存在产权界定不细、权益归属不清、行使主体多元等共性问题，特别是林、水、草等自然资源产权还存在相关特性问题，影响了生态产品价值实现机制正向作用的有效发挥。

4.1.3.1　林权改革问题

我国林地"三权分置"改革虽已取得显著成效，但在落地应用中存在权属落实不彻底，特定权属功能发挥不充分，林权流转监管、审查、服务环节有待强化等问题。从生态产品价值实现来看，主要存在公益林划定管理缺乏规范和补偿总体偏低、碳汇交易中产权界定及权益归属不清晰、林木所有权独立性弱阻碍林业产业化发展等问题。

（1）林业碳汇交易中产权界定及权益归属不清晰

林业碳汇交易不仅牵涉林权流转，更涉及碳汇权的归属与转移这一复杂问题。依据《中华人民共和国民法典》，碳汇权可被视为一种类比于用益物权的权利形态。在实际的林业碳汇交易契约关系中，涉及林木所有权、使用权、经营权，以及碳汇权本身，还包括与之相关的土地资质确认、林权流转、经核证碳汇权的转移等多个环节。同时，林业碳汇交易还涉及多个主体，如村集体、林木专业合作社、林业代理公司、林木所有权人、承包经营权人、林木管理者等，实践中这些权利的界定与归属往往不够明确。而从立法到地方政策等层面，对林业碳汇供给利益主体间的权利与义务缺乏明确法律规定，对相关法律关系的表述较为模糊。政府、企业、公民在林业碳汇供给中应扮演何种角色，各自应承担哪些义务，这些内容均未在现行法律条文中得到明确体现。法律制度对林业碳汇供给属性的定义不明，导致各主体在生态环境资源保护利用及生态补偿工作中难以找准自身定位，参与积极性受到影响。目前，国家层面的林业碳汇交易制度，如《温室气体自愿减排交易管理办法（试行）》《碳排放权交易管理办法（试行）》等，对于碳汇权归属、转移等关键问题未作出具体规定，这也是当前林业碳汇交易领域法律制度亟待完善之处。除此之外，林权改革在各地的政策制定中也存在不一致性，对相关林权主体的权利与义务规定往往较为模糊。

（2）林木所有权独立性弱阻碍林业产业化发展

林木因其相对于耕地或草地等附着物更强的独立性，具备成为相对独立的林木所有权的条件。《中华人民共和国森林法》《中华人民共和国森林法实施条例》等法律法规均确立了林木所有权的概念，并允许其作为抵押物。然而，现行林权登记体系采用"林地一体""四权合一"的模式，"四权合一"即林地所有权、使用权与林木所有权、使用权共同登记。并且，林木所有权在实际运用仍紧密依附于土地承包经营权或土地经营权。然而，在特定情形下，坚持林地一体化的权属模式并非最佳方案，应允许林木所有权脱离林地使用权而独立存在。例如，民间广泛存在的"判青山"交易，其本质在于购买方获取林木所有权后短期内进行采伐以获取木材，此种情况下，对林地的依赖程度较低，理应承认独立的林木所有权。此外，独立的林木所有权具有可独立抵押的特性，这为林业生产开辟了更多融资渠道，有助于推动林业经济的发展。综上所述，适当松开林木与林地的捆绑关系，承认并支持独立林木所有权的存在，不仅顺应特定林业活动的需求，也有利于激发林业产业的活力与潜力。

（3）公益林划定管理缺乏规范和补偿总体偏低

一是公益林划定后，缺乏灵活的调整机制和自愿退出途径。当前，各地公益林的划定主要为政府强制性指派，甚至在某些地区出现村级组织擅自决定公益林分配的现象。部分地方甚至将原本属于农民个体所有的用材林强行划为公益林，导致同样面积的林地在公益林与用材林两种身份下，收益差异悬殊，引发了农民的强烈不满。二是在森林生态效益补偿经费的分配方面，普遍存在由村集体集中管理，发放缺乏规范的现象。或是将公益林补偿款当作普惠性补贴，不论农户是否承担公益林管护职责，一律按人口或户数平均分配；或将补偿款全部作为护林人员的报酬；更有甚者，将补偿经费挪作他用，未能专款专用。三是当前公益林补偿标准虽已由早期试点阶段的每亩[①]5 元上调至 15 元，但相较于林地管护所需的劳动力投入、资金成本以及林地资源本身的价值，这一标准显然仍处于较低水平，未能充分反映公益林管护的真实成本和应得收益。四是林业信贷领域存在显著的期限错配问题，即林木采伐收益实现的时间与林业信贷偿还周期之间存在显著的时间差。具体来说，林木从种植到成熟可供采伐时间通常需要长达 10 年甚至更久，然而，当前我国的林业信贷产品期限往往设定在短短 1～3 年，与林农实际获得林木收益所需的时间严重不符。

4.1.3.2　水权改革问题

（1）环境水权进展严重滞后于经济水权[②]

水本身既是一种资源要素，也是一种环境要素，兼具经济和生态双重利益属性。前者以《中华人民共和国水法》为基本法律依据，以水利部门为主要管理主体；后者以《中华人民共和国水污染防治法》为基本法律依据，以生态环境部门为主要管理主体。根据《水权交易管理暂行办法》，水权交易分为区域水权交易、取水权交易和灌用水户水权交易 3 种类型。水权制度建设一直都以水资源的开发利用为主要关注点，其利益指向主要为水资源的经济利益，缺乏对水生态利益的考量。水环境容量可视为一种资源，排污行为则可视为是对水环境容量资源的利用行为，对水资源环境容量的利用权也是对水资源的一种利用权。既然以经济利益为导向的水资源利用权可以成为水权制度的一部分，那么以生态利益为导向的水资源利用权同样也应该成为水权制度的一部分。当前未能将由环境管制所建构的以生态利益为导向的水资源权利类型纳入水权制度范畴，人为地将作为整体的水资源权利进行割裂，无法实现对水权制度进行科学、全面的把握。

（2）水资源所有权主体虚置导致水生态产品经营开发失序

《中华人民共和国宪法》《中华人民共和国水法》《中华人民共和国物权法》先后对水资源国家所有权予以确认，并规定水资源国家所有权由国务院代表国家行使。根据传统所有权理论，所有权主体需要具体明确，而"国家""全民"皆为抽

---

① 1 亩≈666.67 m^2。

② 梁忠. 新中国成立 70 年来中国水权制度建设的回顾与展望[J]. 中国矿业大学学报（社会科学版），2019，21（5）：68-81.

象主体,无法进行民事行为。由于水权涉及面广、内容复杂,在实践中不可能由国务院亲自行使水资源所有权[①]。实践中,水资源国家所有权往往由地方政府或流域管理机构实际行使,而这在法律上并无明确授权,目前仅有一份试点文件支持[②],致使作为所有权行使主体的中央政府和地方政府的各种权益与责任边界无法划清,加之缺乏制度性监督体系,委托代理机制的效能大幅降低[③④]。尽管国务院授权自然资源部门代表行使自然资源所有权,却无一定的能力和动力[⑤]。由于行政部门条块分割、职能交叉重叠,相互推诿扯皮,造成实际履职部门缺位,造成资源管理的综合效益难以有效发挥,影响了自然资源管理的效率和效果[⑥]。这导致水资源国家所有权的行使机制不全,一些河流水资源开发利用过度,围垦湖泊、挤占河道、侵占岸线、污染水体等问题较为突出。

（3）水权界定不清导致参与主体动力不足

水是可再生的、流动的,不仅有物质属性,还有时空属性。水的自然流动性决定了水权主体、客体随时空变化而转换,水的时空属性决定了水权主体、客体的不确定性,水的多功能性决定了水权非排他性[⑦]。这导致不同类型使用权之间的权利边界不清、同种类型但为不同主体享有的使用权之间的权利边界不清[⑧]。同时,水权与地权高度关联,但又由于水的流动性,而不完全重合,水资源依附于土地,使得水权必然受到地权的制约,进而导致了长期的产权矛盾纠纷。另外,目前除了流域层面的年度水量调度计划制订原则比较清晰以外,取水计划以及灌区年度/

① 黄萍. 大保护背景下的长江水权问题探讨[J]. 南京工业大学学报（社会科学版）,2019,18（6）:1-10,111.

② 新华网. 中办国办印发《全民所有自然资源资产所有权委托代理机制试点方案》[EB/OL].（2022-03-17）[2024-11-12]. http://www.news.cn/politics/zywj/2022-03/17/c_1128480085.htm.

③ 郭贯成,崔久富,李学增. 全民所有自然资源资产"三权分置"产权体系研究——基于委托代理理论的视角[J]. 自然资源学报,2021,36（10）:2684-2693.

④ 郭恩泽,曲福田,马贤磊. 自然资源资产产权体系改革现状与政策取向——基于国家治理结构的视角[J]. 自然资源学报,2023,38（9）:2372-2385.

⑤ 陈德敏,郑阳华. 自然资源资产产权制度的反思与重构[J]. 重庆大学学报（社会科学版）,2017,23（5）:68-73.

⑥ 马永欢,吴初国,苏利阳,等. 重构自然资源管理制度体系[J]. 中国科学院院刊,2017,32（7）:757-765.

⑦ 黎刚,郭露洁,黎喆汇,等. 贯彻落实《长江保护法》健全水权概念体系[J]. 长江流域资源与环境,2021,30（12）:3038-3045.

⑧ 梁忠. 新中国成立 70 年来中国水权制度建设的回顾与展望[J]. 中国矿业大学学报（社会科学版）,2019,21（5）:68-81.

季节用水计划的原则不明确,管理机构的随意性较大,将可能损害水权人的权益[①]。水权在不同行政区间界定不清,究竟是下游享有净水权,还是上游享有排放权,导致目前的流域横向生态补偿开展动力不足,象征性的意味更强。现阶段补偿试点本质上是一种基于上下游水质达标的"对赌协议",不是真正意义上的"补偿机制",且更多的是上级政府财政出大头,只是在一定程度上对水资源保护行为进行了鼓励引导,但未能形成持续的正向反馈机制,使得生态补偿效率偏低[②]。

4.1.3.3　草原产权改革问题

当前草原产权体系面临三大递进性挑战,分别是产权主体单一化、产权边界不明晰,以及权属不清引发的流转不畅问题,影响了市场力量在促进草原保护与发展中的积极作用,限制了草原资源的高效配置,对草原生态产品价值实现的生产、交换、分配、消费和再生产五大关键环节均产生了不利影响。

（1）生产环节,影响草原生态产品可持续生产

草原承包经营责任制施行后,在产权不清晰、权能不充分阶段,交替产生"公地悲剧"和"私地悲剧",引起草原破碎化和草原退化等系列问题,不利于草原生态产品的可持续生产。首先,它限制了草原资源的有效整合与优化配置,使得牧民难以根据市场需求和生态承载力灵活调整放牧规模和生产结构,进而制约了草原生态产品的生产能力,并可能加剧过度放牧和草原退化问题,对生态产品的供给质量和可持续性构成威胁。其次,产权不明晰和流转不畅降低了牧民及投资者在草原生态保护与生产上的长期投入意愿,阻碍了科技创新和技术推广的步伐,导致草原管理和保护技术滞后,难以有效提升草原生态产品的生产效率和质量。

（2）交换环节,对草原生态产品市场流通和交易成本产生不利影响

确权颁证不到位,草原使用证和草原承包经营证不到户的情况下,不利于转让交换,实现规模效益。一方面,由于流转市场不规范和交易平台缺乏,草原生态产品的市场流通受到限制,其市场价值难以得到充分展现,进而扰乱了市场供求关系的平衡,削弱了价格机制的有效性。另一方面,不规范的流转方式和法律

---

① 沈大军,阿丽古娜,陈琛. 黄河流域水权制度的问题、挑战和对策[J]. 资源科学,2020,42（1）: 46-56.
② 曾维华,解钰茜,陈岩. 整合水权和排污权促进黄河流域横向生态补偿机制建设[J]. 环境保护,2022,50（14）: 29-31.

保障缺失的交易环境，使得牧民在流转过程中需承担巨大的谈判、信息及法律风险，这无疑增加了交易成本，抑制了牧民参与流转的积极性与动力。

（3）分配环节，产权不明晰导致联户生产的收益分配不明确

一方面，由于流转不规范和价格机制扭曲，草原生态产品的收益分配难以实现公平合理，部分牧民可能因信息不对称或权利不平等而遭受损失，进而削弱其参与草原生态保护的积极性。另一方面，产权流转不畅还导致了草原资源的低效利用和浪费现象，由于缺乏有效的市场激励和监管机制，部分牧民可能采取过度放牧等掠夺性经营方式，对草原生态系统造成不可逆的损害，严重影响了其整体功能和价值。

（4）消费环节，制约草原生态产品的市场接受度和品牌影响力

一方面，产权流转的障碍导致大规模的集群化生产难以实现，资金无法进入，市场化进程受阻从而难以实现从商品到价值实现的跨越。同时，品牌建设和市场推广的进程也受到一定阻碍，缺乏统一的品牌标识和有效的市场推广渠道，使得草原生态产品在市场竞争中难以脱颖而出，难以在消费者心中树立起良好的品牌形象和口碑。另一方面，供给的不稳定和质量差异限制了消费者的购买信心和需求，加之信息不对称，消费者难以建立对草原生态产品的稳定消费习惯和偏好。

（5）再生产环节，不利于形成草原生态产品价值实现长效机制

以上环节缺失导致的"三牧问题"，使得草原破碎化、生态退化、生产力降低、牧业成本攀升等问题加剧，不利于促进再生产，从而不利于形成草原生态产品价值实现的长效机制。此外，草原产权流转不畅对草原生态产品的再生产能力和技术创新构成了显著制约。首先，产权不明晰和流转不畅限制了投资者与牧民对草原生态产品再生产的长期稳定投入，阻碍了再生产能力的提升与持续发展。其次，不稳定的产权关系和流转机制增加了再生产预期收益的不确定性，削弱了投资者与牧民进行再生产投入的动力与积极性，进而影响了再生产效率和可持续性。最后，草原产权流转不畅还可能限制再生产技术创新的应用与推广，由于缺乏稳定的产权保障和有效的市场激励机制，再生产技术创新在资金、人才和技术等方面面临诸多瓶颈，难以有效推动草原生态产品价值的提升。

4.2　面向 VREP 的资源产权制度改革框架

4.2.1　基本原则

（1）产权明晰原则

明确资源产权归属，确保自然资源的所有权、使用权、收益权、处分权等权能清晰、可追溯，为自然资源产权流转、抵押、租赁等市场行为提供法律保障，奠定生态产品价值实现的产权基础。

（2）市场导向原则

充分发挥市场在资源配置中的决定性作用，通过建立和完善资源产权交易市场、生态权益交易市场、生态补偿市场等，实现生态产品的市场化定价和交易，促使生态产品价值在市场机制下得到充分实现。

（3）公平公正原则

确保在资源产权改革过程中，各方利益关系得到公平对待，特别是保障农民和农村集体作为资源产权主体的合法权益。在生态产品价值实现过程中，应确保收益分配的公正性，让资源产权所有者、经营者、保护者等各利益相关方都能合理分享生态产品价值。

（4）生态优先原则

在追求经济价值的同时，始终坚守生态保护底线，确保资源产权改革和生态产品价值实现不影响生态系统的健康稳定，不损害生物多样性，不加剧气候变化等环境问题，应将生态效益作为衡量资源产权改革和生态产品价值实现成功与否的重要标准。

（5）科技创新驱动原则

运用现代科技手段，如遥感监测、大数据分析、物联网技术等，提升资源产权管理和生态产品价值评估的科学性、精准性。鼓励绿色技术、生态修复技术、生态产品计量与监测技术等的研发与应用，为资源产权改革和生态产品价值实现提供技术支持。

（6）多元参与原则

鼓励政府、企业、社会组织、农民等多元主体参与资源产权改革和生态产品价值实现，形成政府引导、市场主导、社会参与、农民受益的多元化发展格局。通过合作、协商、监督等机制，实现各方利益的协调与共赢。

（7）持续发展原则

坚持长期视角，注重资源产权改革和生态产品价值实现的可持续性，避免短视行为和过度开发。通过科学规划、合理布局、适度开发、严格监管等手段，确保资源产权改革、生态产品价值实现与经济社会发展、生态环境保护相协调，实现人与自然和谐共生。

4.2.2　总体思路

坚持绿水青山就是金山银山理念，以体制机制改革创新为核心，以充分发挥自然资源产权制度改革与生态产品价值实现相互促进作用为目标，针对自然资源产权制度改革中存在的产权界定不细、权益归属不清、行使主体多元等共性问题，以及各类自然资源产权改革中的特性问题，进一步完善自然资源产权体系、丰富自然资源产权权能、规范自然资源产权流转机制，不断健全归属清晰、权责明确、保护严格、流转顺畅、监管有效的自然资源产权制度，激励和约束相关自然资源产权主体保护和利用好自然资源，促进自然资源生态产品价值保值增值和有效转化，为建立健全生态产品价值实现机制、推动形成具有中国特色的生态文明建设新模式提供有力支撑（图 4-1）。

4.2.3　重点任务

4.2.3.1　健全资源产权和权能体系

适应自然资源多种属性以及生态产品价值实现需要，推动自然资源资产所有权与使用权分离，构建分类科学的自然资源资产产权体系，着力解决权力交叉、缺位等问题。丰富自然资源资产使用权类型，合理界定出让、转让、出租、抵押、入股等权责归属。处理好自然资源资产所有权、使用权与生态收益权的关系，创新自然资源资产全民所有权和集体所有权的实现形式。加快推进林地所有权、承

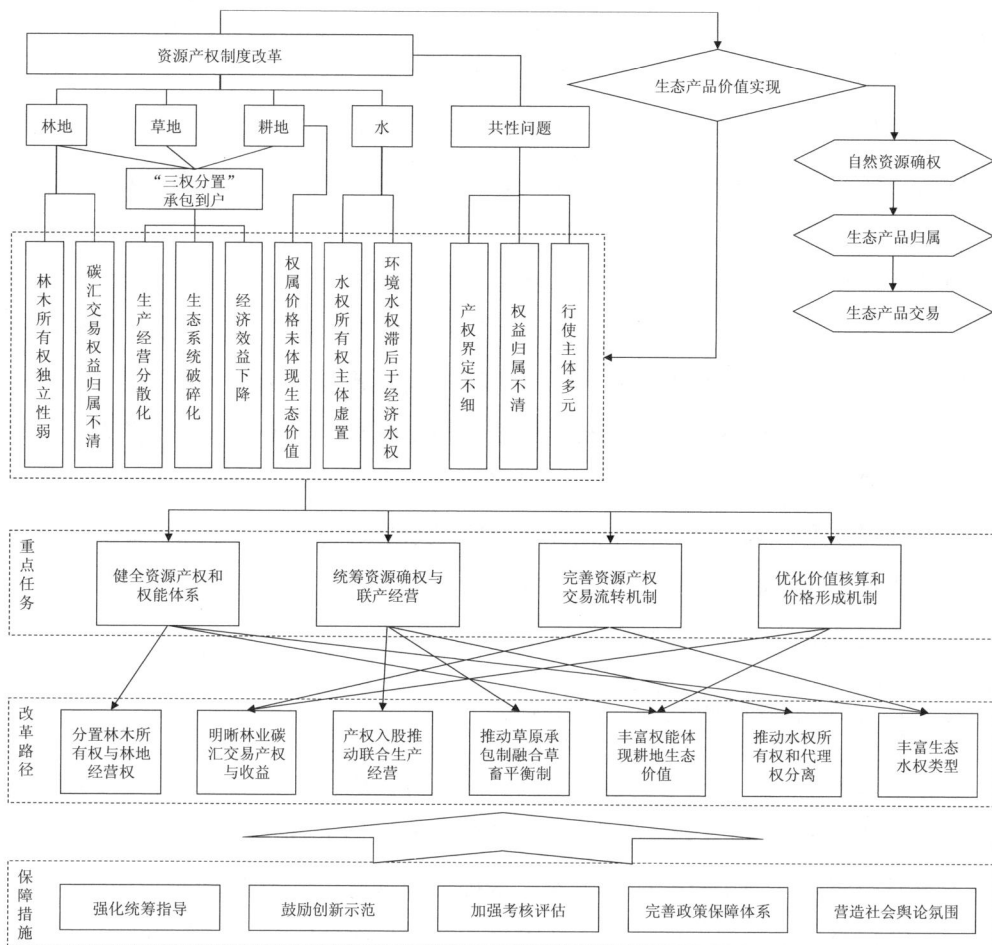

图 4-1　面向 VREP 的资源产权制度改革框架

包权、经营权分置，进一步落实所有权、稳定承包权、放活经营权、保障林木所有权权能。统筹经济水权和生态水权，综合考量和平衡水资源的经济和生态两种属性、两种价值，创新水域使用权配置方式。深化草原产权制度改革，推动草原承包权、经营权、放牧权分置与有机结合。依托耕地生态产品价值，进一步丰富和明确耕地集体所有权、农户承包权、土地经营权权能。

4.2.3.2　统筹资源确权与联产经营

健全自然资源确权登记制度规范，有序推进统一确权登记，逐步实现自然资源确权登记全覆盖,清晰界定自然资源资产产权主体,划清所有权和使用权边界,依托自然资源统一确权登记明确生态产品权责归属。推进农村集体所有的自然资源资产所有权确权,依法落实农村集体经济组织特别法人地位,明确农村集体所有自然资源资产由农村集体经济组织代表集体行使所有权。在统一确权登记的基础上,针对不适宜分散经营的自然资源,通过政府引导与村民自发相结合,采取资源产权入股等形式推动形成新的联合生产经营模式,增强村集体和合作社等对自然资源资产的管理和经营能力。在全民所有自然资源资产所有权委托代理机制框架下,明确中央政府和地方政府在水资源管理领域的行权清单,合理分配中央政府和地方政府对水资源的处置权、管理权和收益权,平衡地方政府作为水资源所有权代理人在负责水资源实际管护职责与资产收益之间的关系。在进一步明晰产权、确权颁证的基础上,基于森林和草原生态系统的共享性资源特征,创新共享产权体系,建立健全兼顾"生态—经济—社会"效益的开放性林地、草地联产承包制,统筹推动森林、草原确权登记与联产经营。

4.2.3.3　完善资源产权交易流转机制

完善基于生态产品价值的自然资源资产分等定级价格评估制度和资产审核制度,扩大竞争性出让,发挥市场配置资源的决定性作用,更好发挥政府管控作用。完善自然资源资产使用权转让、出租、抵押市场规则,规范市场建设,明确受让人开发利用自然资源资产的要求。统筹推进自然资源资产交易平台和服务体系建设,健全市场监测监管和调控机制,建立自然资源资产市场信用体系。推动生态资源权益交易。鼓励通过政府管控或设定限额,探索绿化增量责任指标交易、清水增量责任指标交易等方式,合法合规开展森林覆盖率等资源权益指标交易。健全碳排放权交易机制,探索碳汇权益交易试点。健全排污权有偿使用制度,拓展排污权交易的污染物交易种类和交易地区。鼓励发展资产评估、法律咨询、信息服务等中介服务,为资源产权流转、生态产品交易提供专业化服务。吸引社会资本、金融机构、公益组织等多元主体参与,通过股权合作、项目融资、公益捐赠等方式,拓宽生态产品价值实现的资金来源。

4.2.3.4　优化价值核算和价格形成机制

建立健全自然资源资产核算评价制度，开展实物量统计，探索价值量核算，编制自然资源资产负债表。建立自然资源动态监测制度，及时跟踪掌握各类自然资源变化情况。建立统一权威的自然资源调查监测评价信息发布和共享机制。考虑不同类型自然资源特点及其生态产品商品属性，建立反映生态产品保护和开发成本的自然资源资产价值核算方法，探索建立体现生态产品价值的自然资源资产产权价格形成机制。推进利益共享与公平分配，通过合理的利益分配机制，确保农民在自然资源产权流转、生态产品交易中获得合理收益，激发其参与生态保护的积极性。建立和完善生态补偿机制，对因生态保护而遭受经济损失的地区和群体进行补偿，平衡生态保护与经济发展关系。

4.3　面向 VREP 的资源产权制度改革路径

针对各类自然资源产权制度改革中的共性问题和特性问题，分类制定资源产权制度改革路径，促进生态产品价值实现。

4.3.1　深化林权改革促进生态产品价值实现

4.3.1.1　强化相关权属的实际落地与保障

构建合理、透明、安全的土地经营权融资担保环境，推动林业经济稳健发展，切实保障相关各方权益。规范土地融资担保行为，在土地经营权进行抵押担保时，家庭承包经营权所设定的抵押权应当得到清偿。强化林地经营权登记管理，明确披露其是否包含林木所有权，为抵押权人提供决策参考。对于林木价值显著的情况，探讨并推广创新利用模式，如设立"时间林"，承认每株林木的所有权，将其经营、管理、处置权交予林地权利人，鼓励林木所有权人的收益模式从种树—经营—砍伐转向投资收益及证券化交易。细化林地承包经营权等权益结构，审慎调整林地，增强农户对林权关系稳定的预期，提升安全感。借鉴草原确权经验，结合防火林带项目建设，鼓励地方和农户探索建设森林防护栏/网，清晰界定林权边界，强化林地保护。

专栏 4-1　澳大利亚林木所有权与土地所有权分置模式

澳大利亚的森林 70% 为私有或私人承租的林地，各州和地区政府主要负责森林资源经营管理，而联邦政府协调各种环境与工业发展问题。澳大利亚人工林发展规划《2020 年展望》（*The 2020 Vision*）提出人工林发展规划，反映了联邦政府与各州或地区政府、人工林种植业和木材加工企业联合致力于发展人工林业的伙伴关系，创造一种吸引私人投资的环境。各州政府使人工造林私有化，给予私营投资更多的机会，同时将树木所有权与土地所有权分开，保证造林者的收获权。各州均设有不同形式的林业管理机构，最近的发展趋势是将政府内部的农业与林业机构合并，多数州政府致力于人工林的私有化。

4.3.1.2　创新林业金融体系

推出森林碳汇储蓄产品、森林碳汇债券、森林碳汇基金等多元化金融工具，丰富林业投融资选择。研究将林业贷款转化为证券化产品，构建林业收益抵押贷款证券化市场，拉长信贷链条，分散金融机构风险，同时满足林农的流动性需求。研发森林碳汇远期、期货、期权等衍生产品，引入信用结构性产品和互换工具，为金融机构提供风险对冲手段。探索建立林业抵押信贷产品交易平台，允许产品提前流转、二次抵押，提升流动性，降低信贷风险。丰富林业保险品种，扩大保险覆盖区域，创新担保模式，如基地担保、联合担保及财政担保等，增强风险保障能力。鼓励地方政府制定林业信贷风险补偿标准与操作程序。组织林业部门、金融机构、保险机构及担保公司共同参与风险评估，对确认风险与损失及时进行补偿。

4.3.1.3　优化森林生态效益补偿机制

在确保公益林总量稳中有增、连片分布的前提下，对因违规操作、群众强烈要求退出的承包后划入公益林的林地，依法依规予以批准退出。按照先试点、后推广的思路，学习借鉴国际先进经验，研究国家和地方公益林由政府赎买并收归国有的可行性，统一由国家进行管理。赎买资金按林地权属分别由中央与省、市、县财政共同承担。根据财政状况与支付能力，参照商品林估值及主伐期，制定逐年支付赎买资金的实施方案。在现有条件下，建立健全国家与地方公益林补偿标准的动态调整制度，逐步调高森林生态效益补偿标准，确保补偿水平与生态价值相匹配。

4.3.1.4　明晰林业碳汇交易的产权与收益

界定集体、林农、林业代理公司等在林业碳汇项目开发中的权利与义务，确定林业碳汇权利的归属及利益分配规则。例如，农户直接经营项目时，拥有林业碳汇经营权和收益权；代理公司代为经营时，享有经营权，但收益权与农户共享；针对村集体、林木专业合作社、林业代理公司、林木所有权人、承包经营权人、林木管理者等多方参与的碳汇交易，明确各自碳汇权归属及收益分配。在林地使用方式变更时，规定第三方主体须维护碳汇林权。确保林农与集体在碳汇项目计划与设计阶段享有知情权、表达权，谈判阶段充分参与，保护其权益。碳汇权需经第三方核证机构认定后取得法律效力，通过国内立法框架实现权益法律保障。在交易制度中设立清晰的司法管辖界限和纠纷解决途径，确保农户权益在纠纷发生后能得到及时救济，同时防止农户因不了解规则而进行投机获利。

4.3.2　深化水权改革促进生态产品价值实现

4.3.2.1　丰富生态水权类型

当前水权实践和水权理论所涉及的水资源使用权主要限于经济性使用权，如取水权、排水权等。《福建省自然资源产权制度改革实施方案》将水资源权利类型划分为所有权（全民所有权）、用益物权（取水权、养殖权、捕捞权）、担保物权（抵押权）和其他权益（水能资源开发使用权等），这是在梳理用水产权体系基础上进行的有益探索，但仅此还不够，亟待完善与深入之处包括以下方面：第一，对水资源权利体系梳理需结合《中华人民共和国水法》等规定进一步具体细致化。《中华人民共和国水法》第二十一条规定："开发、利用水资源，应当首先满足城乡居民生活用水，并兼顾农业、工业、生态环境用水以及航运等需要。在干旱和半干旱地区开发、利用水资源，应当充分考虑生态环境用水需要。"这一规定实际上确立了水权体系及其位序。第二，结合取水许可证的相关规定进一步类型化确定每种水权权能[①]。

应扩充水权制度的内容，将水资源的生态性利用权纳入水权体系进行统一建设。水资源生态性使用权主要包括水体排污权和水环境权。水体排污权是对水环境容量的利用权，向水体排放污染物不得超出水环境容量的限度。水环境权是对水资源生态利益的积极主张，要求对水质和水量进行保护，以维护良好的水生态环境。水环境权仅指以水环境为权利对象、以享有良好环境为权利内容的实体性权利，不包括以水资源为权利对象、以开发利用水资源为权利内容的资源权和以水体环境容量为权利对象、以排放污染物质为权利内容的水体排污权等实体性权利。对于已初步成型的生态性利用权，如水体排污权，应进一步完善权利的构造，明确排污权的主体、客体、内容以及取得和行使机制，并将排污权制度纳入水权制度体系。增加水域经营权、净水权、水景观权、生态流量水权等权利类型。

专栏 4-2　相关国家的排污权交易制度

排污权交易制度始于美国，此后在加拿大、德国、荷兰、澳大利亚、韩国、新加坡等国广泛应用。美国较为典型的流域污染物排放权交易项目有流域内的长岛湾氮排放权交易项目（康涅狄格州和纽约州）、宾夕法尼亚州流域污染物排污权交易项目。

（1）排污权交易模式。现行排污权交易体系以"总量—交易"模式为主，以及主要的水污染物包括氮、磷、沉积物等。环保部门（或自然资源部门）根据减少污染物排放目标或污染物排放限额，确定某个地区受管控污染源的污染物排放总量，通常以排放许可证的形式确定这一排放权益并免费发放或通过拍卖给各个污染源。这些排放许可证可用于交易，以确保污染源所持有的排放许可证代表的排污权益不低于该污染源本期所排放的污染量。在流域排污权交易中，则存在点源（如污水处理厂）和非点源（如农田排水）之间的交易方式。水污染物排污权交易除允许受管

---

① 刘超. 自然资源产权制度改革的地方实践与制度创新[J]. 改革，2018（11）：77-87.

控的点源之间进行交易外，也允许受管控的点源与（不）受管控的非点源之间（至少有一方受管控）的交易。在大多数情况下，点源受排污许可证的管控限制。

（2）污染物管控范围。流域排污权交易体系随流域分布由州或省主导，涵盖主要的水污染物包括氮、磷、沉积物等。全球范围内水体富营养化、水体缺氧状况严重，水污染物排放权交易也往往应用于营养物（如氮和磷）的控制，也可应用于温度、硒和沉积物等方面。例如，美国长岛湾交易项目的交易污染物为氮，博伊西河下游为磷，格拉斯兰地区为硒，帕塞伊克谷为重金属，明尼苏达河为营养物质和固体溶解物等。加拿大南国河流域控制磷排放总量，新西兰怀卡托陶波湖实施氮排放交易项目。

4.3.2.2 推动水权的所有权和代理权相分离

根据目前的政策文件，水权包含所有权和使用权，但事实上水作为自然资源资产的一种，已经形成了一定的委托代理机制。优化现行的所有权委托代理的治理体系，是水权等国有自然资源资产产权制度的共性问题。当国家作为水资源所有者无法直接参与资源处分或无法有效地处分资源时，可以委托代理人（地方政府、专门部门、专业机构、企业或个人）来代表行使代理所有权职责[①]。由于代理权的权能来源于所有权部分权能的让渡，因而在委托代理过程中，首先需要以委托代理契约明确水资源国家所有权的行使主体，处理好国务院与省市地方政府、自然资源部门的代理关系，通过厘清编制中央和地方政府水权权责清单，明确所有权和代理权主体，进一步明确划分各级委托代理主体所具有的对水资源占有、使用、处分和收益的差异化权利、权限、责任和义务[②]。对水权所有权和代理权主体完善行使机制，建立能够主张水资源占有权的执行机制。国有水资源受到侵害时，各级委托代理主体必须行使损害赔偿请求权[③]。构建沟通和交流机制，减少所有者和代理人、不同级别的代理人之间可能存在的信息不对称，让委托方尽可能

① 汪志刚. 自然资源资产国家所有权委托代理的法律性质[J]. 法学研究，2023，45（2）：136-153.
② 严金明，潘瑜鑫，夏方舟. 全民所有自然资源资产"四权分治"改革探析[J]. 改革，2023（11）：144-155.
③ 黄萍. 生态环境损害索赔主体适格性及其实现——以自然资源国家所有权为理论基础[J]. 社会科学辑刊，2018（3）：123-130.

了解代理人的行为和决策过程[①]。强化水权的激励和约束功能，转变"唯 GDP 论政绩"的激励观，实行"水资源管理包干制"，建立自然资源经济效益、社会效益和生态效益并重的评价机制，引导地方政府规范和纠偏水资源管理过程中的错位、越位与失位等乱象，切实提高地方政府的治理能力。完善收益分配机制，理顺中央、地方之间所有权和代理权收益分配关系，其中，尤其要注意加大对欠发达地区的收益分配倾斜力度，重点补偿承担生态保护等大量社会公共责任的区域。同时，健全水资源监管体系，发挥政府内部审计和人大、司法以及社会公众的监督作用，并积极开展领导干部自然资源资产离任审计工作，建立和完善党政领导干部自然资源资产损害责任追究制度[②]。

4.3.2.3　明确界定水权的产权边界

（1）明确水权的权利主体

理顺水利部和自然资源部的关系，由自然资源部代表国务院统一行使水权所有权主体的职责，由水利部行使水权的行政管理职责。加快水流自然资源确权登记。通过委托代理清单明确作为代理权主体的各级政府。厘清水权各类使用权之间的权利边界，以及同种类型但为不同主体享有的使用权之间的权利边界。对水流自然资源使用权进行统一的确权登记管理，避免各类水权的交叉错位、重叠"打架"，建立以登记制度对抗第三人的法律机制，保障使用权权利主体、内容和形式上的稳定性，规避权利流转中的各类风险。从各国（地区）法律规定来看，水权取得一般需经行政许可，但有些国家（地区）的水法还规定法律另有规定的除外，如我国台湾地区将水权视为物权，准用民法物权的规定，台湾地区的所谓"水利法"第二十七条第一款规定，"水权之取得、设定、移转、变更或消灭，非依本法登记不生效力"。水权登记是物权变动的生效要件，未来的水权立法应进一步明确水权的性质及登记的效力[③]。

① 严金明，潘瑜鑫，夏方舟. 全民所有自然资源资产"四权分治"改革探析[J]. 改革，2023（11）：144-155.
② 郭贯成，崔久富，李学增. 全民所有自然资源资产"三权分置"产权体系研究——基于委托代理理论的视角[J]. 自然资源学报，2021，36（10）：2684-2693.
③ 黄萍. 大保护背景下的长江水权问题探讨[J]. 南京工业大学学报（社会科学版），2019，18（6）：1-10，111.

（2）明确水资源使用权权利客体

水资源的类型不同，水资源使用权的客体也不同，但大致可分为两类：一是一定数量的水，如取水权、取水权客体受用水规划和水资源总量控制限制；二是一定区域的水，如航运权、娱乐水权、排污权、水能水权等水域使用权。水域使用权客体的确定需要通过地理位置或技术手段确定[①]。发展高新技术，进一步完善黄河水域岸线管理中水资源检测、水量计量和水量管理系统建设等[②]。加快推进排污权的权属认定，并制定相关的监测技术标准，推广污染物排放源的连续实时监测[③]。利用水资源的多用性，设立立体性水资源使用权，以达到合理利用的目的，如在同一水域，可以设立取水权、娱乐水权、航运权等。明确水流自然资源资产保护和利用的客体边界，加强用水规划，严格实施水资源总量控制制度，划定水生态安全红线，科学进行水权初始分配。适时监控流域水质、水量变化并及时进行调整，确保水生态安全。除生活水等民生保障用水外，水资源超载地区不得新增取水许可[④]。禁止或限制在生态保护区内设立水资源使用权，如在三江源国家保护区段禁止设立经济性水权，重点协调并利用好财政转移支付、生态补偿和生态产品价值实现机制彰显区域生态价值，对水资源中的生态流量进行严格的保护，限制使用权证的发放。以自然资源承载力和适宜性评价为基础，依据水流自然资源的动态演变规律和长期发展趋势，因时制宜调整其的利用范围和强度，保障水流自然资源的开发利用与资源的再生产、更新相协调，实现长期价值稳定显化[⑤]。

（3）明确水权权利人的权利和义务

水资源的使用目的和使用方式不同，水资源使用权的类型不同，权利人的权利和义务内容也不同。法律应详细规定各类水资源使用权的权利和义务内容，用水许可证审批机构应依法认真审查用水申请是否符合法律规定，并将水资源使用

---

① 黄萍. 大保护背景下的长江水权问题探讨[J]. 南京工业大学学报（社会科学版），2019，18（6）：1-10，111.

② 张瑞萍. 黄河流域水权交易的现实困境与制度构建[J]. 烟台大学学报（哲学社会科学版），2023，36（1）：31-41.

③ 郭敏平. 我国排污权交易市场的最新进展、现存问题与建议展望[EB/OL].（2022-06-21）[2024-10-25]. http://iigf.cufe.edu.cn/info/1012/5414.htm.

④ 同②。

⑤ 严金明，潘瑜鑫，夏方舟. 全民所有自然资源资产"四权分治"改革探析[J]. 改革，2023（11）：144-155.

权人的主要权利义务记载于用水许可证和确权登记簿上①。

4.3.2.4 完善水权一级、二级市场交易体系

由于我国法律规定水流属于国家所有，由此决定了水资源只能从所有者或者委托代理主体一方，以招标、拍卖和挂牌等出让方式把一定年限的使用权出让给使用主体，从而形成水权交易的一级市场；二级市场是取得使用权的企业或个人把资源使用权转让给其他使用主体而形成的市场，是使用主体之间产权的再转移。因此，提高水权的配置效率需要健全一级、二级产权交易市场。其中，一级产权交易市场建设要更加强调和规范水资源有偿使用制度，合理确定水资源使用费，充分体现水资源的市场价值，推动以招标、拍卖和挂牌等方式取代协议出让，并以法律法规的形式限定出让年限，避免使用主体发生过度开发利用的短视行为，在收益分配上，则应制定合理的收益分配比例，保证各使用主体的合法财产权益；二级产权交易市场建设要更加注重和发挥供求机制、价格机制、竞争机制的引导与调节作用，进一步完善抵押、转让、租赁等交易方式，还需要制定规范化、标准化的科学定价方法，开展价值核算，为使用权的交易提供合理的价格参考②。

（1）完善初始产权的分配

在确定江河湖水库的最低水位或最低流量，以及本流域或区域的用水许可总量的基础上，以流域或行政区为单元控制取水许可证发放的数量界限（同时应该注意保留适当数量的取水许可证取水量备用）。在取水许可证中的取水总量没有达到流域或区域的用水许可总量时，可以继续发放取水许可证（同时发给国有水资源使用权证）；当取水许可证中的取水总量接近或达到流域或区域的用水许可总量时，停止发放新的用水许可证（同时停止发给新的国有水资源使用权证）。在决定停止发放新的用水许可证和新的国有水资源使用权证后，启动国有水资源使用权出让、转让程序，新的用水户或新增用水量通过水市场或水资源储蓄银行获得所需水资源。目前正在试点的水流产权确权，要求充分考虑水资源作为自然资源资产的特殊性和属性，研究水资源使用权物权登记途径和方式。建议在完善现有取

---

① 黄萍. 大保护背景下的长江水权问题探讨[J]. 南京工业大学学报（社会科学版），2019，18（6）：1-10，111.

② 郭贯成，崔久富，李学增. 全民所有自然资源资产"三权分置"产权体系研究——基于委托代理理论的视角[J]. 自然资源学报，2021，36（10）：2684-2693.

水许可制度的基础上，试点实行水资源合同取得制，将行政许可转化为财产权，以提高水资源的配置效率[①]。

专栏 4-3　澳大利亚昆士兰州的供水改革经验

　　排污权交易制度始于美国，此后在加拿大、德国、荷兰、澳大利亚、韩国、新加坡等国广泛应用。美国较为典型的流域污染物排放权交易项目有流域内的长岛湾氮排放权交易项目（康涅狄格州和纽约州）、宾夕法尼亚州流域污染物排污权交易项目。

　　昆士兰州于 20 世纪初制定了《水管理法》（*Acts Regulating Water*）。根据该法，在昆士兰州的所有水资源（包括江河、湖泊中的淡水和地下水）属于州政府所有，州政府向用水户（包括水利工程供水用户和不通过水利工程直接从河段取水的用户）发放许可证，用水户借此可以取水。根据《水管理法》建立的供水机制是：该州的水利设施（如大坝）建设和向用户供水主要由州政府负责，即由州政府建设水利工程、由州政府向灌溉农业供水、由州政府向灌区农户发放取水许可证、由州政府建设供水设施向居民供水、由州政府制定向农业灌溉用水予以补贴的政策，即把供水视为一种行政行为。根据这种认识建立的取水许可证制度和相应的登记制度的主要特点是相当纯粹的行政性管理。由于州政府拥有所有水资源，直接管理所有供水设施，州政府在建设水利设施时主要考虑政治利益而不是从商业、经济观点出发，几乎不考虑水利投资必须获得的正回报率，因而不太关心水价问题，也不需要对水权问题作出明确规定。这种供水机制产生了以下一系列问题：第一，由于供水不计成本或低成本，政府因供水产生的财政负担过重，用于供水设施的财政预算压力过大；第二，实行行政许可证制度条件下的供水只承认许可证发放者与许可证持有者之间的行政管理关系，不承认水利设施经营管理者和取水许可证持有者之间的经济关系，这使得水利工程或供水公司的经营管理者缺乏改进经营管理、提高效益效率的积极性；第三，由政府包管供水，不利于民间经济或私营经济企业参与供水活动；第四，不利于在水资源领域建立市场机制。

[①] 裴丽萍，王军权. 水资源配置管理的行政许可与行政合同模式比较[J]. 郑州大学学报（哲学社会科学版），2016，49（3）：25-29.

随着州政府日益关心以成本为基础确定水价问题，民间经济或私营经济实体越来越多地卷入对水利工程特别是供水设施工程的参与，因而产生了供水成本、价格、获利等供水的利益机制问题。单纯依赖政府的行政供水机制不利于通过市场机制促进节约用水，容易产生类似于"公有地"的悲剧。为了克服单纯依赖行政建设水利设施、行政管水、行政供水等水资源行政机制的弊病，2000 年制定的新《水法》（Water Act 2000）在保留州政府（通过自然资源部）负责州水利规划和水分配事务等政府职能的前提下，设计了一套把水资源行政管理机制改革（水分配和资产维护等问题）、水公司机构改革（建立"Sun Water"公司和其他水资源法人机构）和水价改革相结合的综合机制，对原水行政机制作了根本性的创新。新《水法》较好地处理了政府部门的管理职能、水公司的经营职能和用水户的权益之间的关系，允许水权在市场进行交易，允许私营经济以竞争的方式参与水资源开发。

（2）提高有偿使用定价机制的市场化程度[1]

自然资源资产租值耗散规制的核心是处理政府与市场关系，政府作为水流自然资源交易维护者的角色，应构建水权交易市场，确保市场在水流自然资源配置中的主导作用。对于不具有经营性质的用水采取交易双方协商定价方式有偿转让，对于经营性质的用水以挂牌交易或拍卖等方式转让水资源使用权[2]。而定价是市场配置水流自然资源的关键，遵循市场定价为主，限缩价格管制边界，充分利用市场手段，通过合理定价反映水流自然资源的真实成本，借助市场手段将产权明晰的水流自然资源资产投入市场，利用市场定价机制实现水流自然资源资产化[3]。

（3）健全二级水权交易市场，促进水权交易

建立一个综合的、全流域的、跨区域的、多机制的、多水源的水权交易平台，从而实现流域范围水资源的有序配置和高效流转，并及时对各种变化作出响应。《水权交易管理暂行办法》按照确权类型、交易主体和范围划分，把水权交易分为

① 谭荣. 自然资源资产产权制度改革和体系建设思考[J]. 中国土地科学，2021，35（1）：1-9.

② 石玉波，王寅，邓延利. 培育黄河流域水权交易市场助力生态保护和高质量发展[J]. 水利发展研究，2021，21（2）：12-14.

③ 陈德敏，郑阳华. 自然资源资产产权制度的反思与重构[J]. 重庆大学学报（社会科学版），2017，23（5）：68-73.

区域水权交易、取水权交易、灌溉用水户水权交易。上述交易均是水权在不同主体之间进行的转让，交易形式比较单一，应充分发挥水权价值属性，除水权转让外，还应发展其他交易形式，如出租、抵押、入股等。目前国内的水权交易平台主要有两种，一种是专门开展水权交易业务的水权交易所，如中国水权交易所；另一种是由水利部门或农村用水合作社搭建的各类水权交易平台。由于水权交易的流域空间性较强，可考虑建立流域性的水权交易平台[①]。

（4）探索建立适合少量大型购买者和众多小型出售者的水银行

将不同区域碎片化、分散化的水资源打包成"资源资产包"，形成规模效应，吸引社会资本[②]。

4.3.3　深化草原产权改革促进生态产品价值实现

4.3.3.1　优化草原产权制度和管理制度

继续深化草原产权制度改革，促进确权颁证，进一步明晰产权，明确草原产权权能（草原使用权证应包括排他性占有权、开发权、收益权、转让权、租赁权和继承权等内容）；在此基础上，突破生态产品价值实现五大关键环节（生产、交换、分配、消费和再生产），进一步完善"牧民自发、政府引导和多方协作"的草原生态产品价值实现路径。

（1）建立健全清晰明确的权责制度，深化草原"三权分置"思想

草原产权制度改革不应局限于特定所有制形式，应渐进地推动土地产权结构细分。同时不仅要强调规范的草场流转，也应在"三权分置"的背景下灵活运用土地经营权，鼓励社区合作制度，并通过地方政府与其他"第三方"实现管理模式的规范化，保障牧民在草地资源利用与管理过程中的相关权益。

（2）改进围栏方式，保护草原生态系统完整性

围栏是消除草地产权纠纷的重要举措。然而，为了保护草原生态系统完整性，需要确保围栏的正面影响显著大于其负面影响，一方面应优先用协调措施替代围

① 黄萍. 大保护背景下的长江水权问题探讨[J]. 南京工业大学学报（社会科学版），2019，18（6）：1-10，111.

② 唐方成，顾世玲，辛璐. 绿色发展视角下我国自然资源资产产权制度的创新机制[J]. 环境保护，2023，51（16）：59-61.

栏措施，以尽量降低围栏的密度；另一方面要引导放牧权流转，使牧户的草地经营面积达到围栏的最低要求。

（3）下放社区自主管理权，完善社区自主治理机制

进一步明确牧户草地承包权，在确权到户的基础上，鼓励牧民以社区或小组为单位进行合作经营；将草地资源管理和放牧监督权力下放至社区，充分调动社区成员合理利用草地资源的积极性，保障社区自主治理的制度供给；充分利用社区非正式制度，如村规民约、熟人网络等，有效监督过度放牧行为，发挥社区自主治理在促进牧区草地可持续发展中的作用。

4.3.3.2　推动草原承包制度与草畜平衡制度相融合

基于草原生态系统的共享性资源特征和我国牧区生态文明"天人合一"文化价值，建立健全兼顾"生态-经济-社会"效益的开放性草原承包制，创新中国特色的共享产权体系（草原承包制度融合草畜平衡制度），推动草原共同治理，促进可持续的草原生态产品价值实现。

（1）加强产权制度变革与草原可持续发展研究，设计制定多样化产权制度框架

尊重牧民的首创精神，以各地牧区探索牧区可持续发展模式为基础，总结经验教训，设计制定适应于我国牧区生态系统特点的草原可持续放牧，草场可持续利用，文化可持续传承，且符合市场经济明晰产权要求的多样化产权制度框架，并将专注于经济增长转变为同时注重环保、减贫以及当地本土文化保护等方面，推进牧区未来产权制度的创新、调整与完善。

（2）优化产权界定方式，开展放牧权试点

草原放牧权优势在于：一是控制社区的放牧总量要比控制每个牧户的放牧总量简单；二是放牧权流转比草地流转更灵活；三是有利于解决围栏过密化导致的草地生态破碎化问题；四是放牧权管理便于同草地资源的红线管理相协调[①]。生态红线约束下的放牧权和实际放牧权之差是要削减的放牧权。政府（包括社会组织、企业和个人）可以生态补偿的方式将拟削减的放牧权买下来并不再使用，进而将过牧对草地生态系统的压力消除掉。

---

① 李周. 完善草地管理体系，扭转草地退化趋势[J]. 中国经济学人，2017（1）：100-119.

（3）支持草权制度创新和牧业社区在资源管理中的合作，加强社区自我管理能力建设

如在有条件的地区实行草场共有共管，建立社区内和社区间合作与协商机制，同时满足草原权属稳定性和放牧地有弹性这两个要求，确保牧户行为不损害社会利益和其他牧户利益。确立当地牧民作为草原生态保护主体的地位，逐步建立以行政村（嘎查）为单位，通过社区牧民参与式草场资源利用方式的共管与草原生态保护相应机制的建设，切实推进牧民参与实施、政府监管验收相结合，形成共同保护草原生态的长效机制，提升社区自我管理能力。

专栏 4-4　草原承包到户背景下的三种联产经营模式

（1）草原流转：基于市场机制的产权交易（牧民自发型）

以围栏为标志的草原承包到户被认为是可以明晰产权，使牧民能从更长远的角度自主安排生产，从而激励牧民保护草原积极性的制度安排。但在实际实施过程中，这种正式的制度安排与草原民族创造的传统轮牧、游牧的非正式制度存在一定冲突，并未获得预期成功。因此，联户放牧形式在许多地区的牧民中自发而生，少至两户，多至 80 多户联成一体。以内蒙古锡林郭勒草原为例，牧民自发联户经营也已形成以下两种模式。

一是在一个嘎查或浩特范围内，相邻几家牧户或亲属自愿联合，将放牧场划成二季、三季或四季牧场，共同有计划地利用。例如，镶黄旗文贡乌拉苏木奔红郭勒嘎查某浩特 6 户牧民，均有一定亲缘关系，在 1995 年草原承包到户后，考虑到每户围栏经营后投入大，草场面积小（人均仅 440 亩），围栏后羊群走的路多，踩坏的草场也多，因此没有实行分户经营，而是对 12 800 亩草场基于地缘关系自发实行联户经营。仅对草场外围进行围栏，内部只有打草场围栏，草场分为冬季和夏季两个放牧场，进行划区轮牧。每户在草畜平衡的前提下，按照承包草场的比例饲养基础牲畜，再以牲畜头数为基础，轮流放牧。打草、放牧两项生产活动由浩特集体统一经营（其中打草场收入按承包打草场面积投入比例分配），另外的饲料基地劳作、接羔和种畜购买则是分户各自经营。每户载畜量的控制由外部监督（草原监理定期、不定期抽查）和内部（6 户牧民）自发监督，共同控制。

二是在一个嘎查或浩特范围内的牧户自愿联合，共同投资围栏建设打草场，并明确规定各牧户放牧的牲畜头数和进出围栏的时间。如东乌珠穆沁旗嘎达布旗镇布林荫嘎查：全嘎查共有草场 71.7 万亩，其中无水源草场 13 万亩。全嘎查共有牧户 44 户，人均占有无水草场约 440 亩，人均占有有水源草场约 1 950 亩。1984 年草场承包到户后，无水草场利用率极低，且分户经营使草场退化加快。2005 年 6 月特木勒借鉴出国考察经验，动员大家将各自家中的无水草场 13 万亩整合到一起，作为集体的打草场，丰年草势若好就打草，草势一般就禁牧，而灾年则作为全嘎查的冬季牧场。打草时，集体统一劳动，打草收入按牧户投入的草场面积比例分摊，扣除打草成本后分给牧户。

（2）宏观调节：行政力量与地方文化（政府主导型）

政府主导带动牧民进行草原生态产品价值实现，主要源于草原生态系统的脆弱性和公共性，以及牧民个体在生态保护与经济发展之间的平衡难题。政府通过政策引导、资金扶持和项目管理等手段，旨在通过保护草原生态系统，提升草原生态产品价值，从而保障牧民的生计与福祉，促进草原资源的可持续利用，实现生态、经济、社会的协调发展。以四川省阿坝藏族羌族自治州红原县龙日乡为例。龙日乡乡党委政府以"转型发展，提质增量"为发展思路，积极引导村两委、牧户，以产业项目带动、加强畜牧业基础设施完善等方式，积极壮大集体经济，充分发挥牧民的主动性和能动性，成为实现草原生态价值的动力源。主要做法包括以下几个方面。

一是积极培育养殖专业合作社。采取修建专业合作社基础设施、购进酸奶生产线、牧户自筹牦牛 136 头和自筹资金 260 万元等方式，先后发展了壤夺、龙日、格玛、伦清 4 个牦牛养殖专业合作社。以壤夺合作社的酸奶生产为主要带动，2013 年实现经济收入 40 万元，带动全村 226 户 1 032 人人均增收 387 元。

二是以基础设施建设实现提质增量发展。2013 年全乡建设通村道路 24 km、牧道 21 km、板涵桥 3 座、牲畜巷道圈 2 个、大桥 2 座；建设暖棚 39 户 5 376 m²。畜牧业基础设施的完善将加快畜牧业产业化发展进程。

三是以科学养殖基地实现健康养殖发展。建设 1 000 m² 棚圈，1 500 m² 畜圈，100 m² 生产用房，70 m² 工具房，购置相应机具。通过基地建设，调整畜牧业产业结构，推广和普及先进实用技术发展牧区支柱产业，带动牧民群众逐步走上半舍饲生产经营道路，有利于草地生态保护和可持续发展。

四是以草原生态补奖项目实现草畜平衡发展。引导牧户以割草基地建设、卧圈种草、补播草种等方式积极开展种草贮草。2013 年户营种草 80 户 266.7 hm²，禁牧面积 14 252.27 hm²，草畜平衡面积 19 258.4 hm²，有效合理地利用草场、保护草场调节草场综合利用价值，实现畜牧业生态功能效益。

（3）股份合作社：草场经营权入股（多方协作型）

股份合作社是一种新型的生产经营主体，牧民将其持有的承包草场、牲畜等生产资料按照一定比例集中整合形成草场合作经营组织。2006 年，《中华人民共和国农民专业合作社法》颁布，在 2018 年新的修订版中，允许农民用土地经营权等可以用货币估价并可以依法转让的非货币财产出资。在草原牧区出现了以草场、牲畜折价入股建立的畜牧业股份合作社。以青海省为例，截至 2018 年，青海省生态畜牧业股份合作社数量达到 961 个，牧户入社率达到 72.5%，牲畜整合率达到 67.8%，草场整合率达到 66.9%。

牧民加入股份合作社是将其持有的草场经营权以股份资产形式转给合作社，使得牧民与承包草场的关系间接化，从而实现草场经营权向合作社的集中。这类合作社通常具有如下特征：第一，以草畜等实物折价入股实现了生产要素的高度整合，入股牲畜一般按照草畜平衡标准计算。例如，青海泽库县拉格日村合作社规定每 4 亩草场+1 只羊单位为 1 股，每股 500 元。第二，按劳取酬和按股份分红相结合。第三，实行划区轮牧。畜牧业股份合作社被视为当前实现草原生态保护和传统畜牧业转型发展的有效形式。如内蒙古新巴尔虎右旗芒赉嘎查成立了畜牧业股份合作社，2019 年合作社整合了嘎查 39 万亩草场和 5 800 多头（只）牲畜，共合并成 9 个羊群、1 个马群和 1 个牛群。为了实现大规模的移动放牧和划区轮牧，芒赉嘎查率先拆除网围栏 70 km，将草场划分为春、夏、秋、冬营地和打草场五大生产区块，缓解了草场破碎化问题，实现了划区轮牧与合作经营。

4.3.4　深化耕地产权改革促进生态产品价值实现

4.3.4.1　进一步丰富和明确耕地产权权能

现有的耕地产权体系和产权权能是依托于耕地的生产价值而形成的，要实现耕地的生态产品价值，需要依托耕地的生产和生态双重价值来丰富和完善耕地产权体系与权能。从现有耕地产权制度框架来看，集体所有权人、农户承包权人、土地经营权人均有完全或部分占有、使用、收益、处分的权利，具体权能形式、范围各有不同，这就需要结合耕地生态产品价值构成，在农村土地"三权分置"产权制度框架下，依托耕地生态产品价值构成，进一步丰富和明确集体所有权、农户承包权、土地经营权的权能。一要强化农村集体对耕地资源生态破坏的监督权能，一旦发现破坏耕地资源生态的行为，农村集体有权通过调整、收回等进行防止和纠正。二要严格保护农户对承包地生态产品价值的占有、使用、收益权能，农户有权依法依规就承包土地生态产品收益权设定抵押。三要依法维护经营主体促进耕地生态产品价值实现所需的各项权利，使土地资源得到更有效合理的保护和利用。经营主体有权通过依法依规改良土壤、提升地力等提升耕地生态产品价值并获得相应收益。经承包农户同意，可依法依规就承包土地生态产品收益权设定抵押。流转土地被征收的，除地上附着物、青苗补偿费外，经营主体有权获得耕地生态产品价值补偿。

4.3.4.2　修订农田生态产品价值核算规范

结合地方市场交易、经济补偿等手段，先行探索开展耕地生态产品价值核算，并在国家发展改革委、国家统计局制定的《生态产品总值核算规范（试行）》基础上，进一步优化核算规范标准，尤其是核算结果、核算内容、核算方法要更加注重实用性、可操作性。一方面，要进一步优化核算方法，让 GEP 核算不仅关注耕地生态系统家底"存量"的增减，更应体现人类探索通过改良土壤、优化培肥等促进耕地生态产品供给能力提升并将其转化为经济价值的"增量"，提高地方推动耕地生态产品价值实现工作积极性。另一方面，要加强粮食主产区特别是粮食大县等特定地域单元耕地生态产品价值核算及其应用，特定地域单元的耕地生态产品价值核算主要用于生态补偿、担保信贷、权益交易等市场发挥作用的生态产品价值实现领域。尽快出台特定地域单元的耕地生态产品价值核算相关标准规范，做到核算方法以市场应用为导向，核算结果紧扣市场需求，以充分发挥市场配置资源的作用。推动耕地生态产品价值核算结果在耕地生态保护补偿、耕地资源损害赔偿、经营开发融资、生态资源权益交易等方面的应用。

4.3.4.3　健全耕地生态产品和资产权益交易机制

搭建功能完整、机制健全、交易高效的耕地等生态产品交易平台，促进生态资产权益交易和生态经营性产品市场化交易，是促进生态产品供需精准匹配的重要途径，也是破解"交易难"问题的基本任务要求。一是搭建多层次耕地等生态产品交易平台。加快建设全国性的生态资源权益交易平台，依托北京城市副中心加快打造国家级绿色交易所，建立全国统一的耕地等生态产品注册登记和交易系统，推动建立企业和项目碳账户体系，以及实现全国性的农田碳汇市场交易。同时，鼓励各地探索搭建耕地等生态产品交易平台。积极重组、整合地方交易所成立区域性生态产品交易中心，不断完善耕地土壤碳汇等生态产品交易种类，打造全域协同、全流程覆盖的生态产品市场交易服务体系。二是降低交易成本、提高交易效率，促进耕地等生态产品供需精准对接。建立政府、企业、社会组织等多元主体参与的耕地等生态产品推广协同合作机制，整合资源，定期发布区域性生态产品分布地图，利用现代信息技术开展云招商、电商直播和电商平台推介等，促进更多市场主体了解地方性特色的农耕文化等生态产品相关信息。加强区域性公共品牌塑造，打造地方特色生态产品品牌矩阵，提升生态产品市场溢价能力和品牌知名度。

4.3.4.4　加快构建市场化、多元化的耕地生态补偿机制

按照受益者付费、保护者受偿的原则，通过市场化、多元化方式，促进生态保护者利益得到有效补偿，激发全社会参与生态保护的积极性。一是优先推进健全耕地生态损害赔偿机制，尤其是对占补平衡中生态损失实施资金补偿。构建田长制和耕地损害发现赔偿协同体系。要建立权威的鉴定平台，严格鉴定机构认定、制定相对一致的包含生态损失的鉴定标准，并适时将耕地破坏鉴定纳入司法鉴定体系。推进将生态要素纳入耕地损害赔偿和占补平衡，当前可侧重对耕地碳损失和生物多样性损失进行评估和补偿。耕地生态功能占补平衡达到生态功能"零净损失"困难较大，可主要通过资金补偿方式开展。二是对耕地生态保护成本进行补偿。鼓励耕地生态保护，重点对耕地生态建设措施、耕地生态保护导致的发展权损失给予补偿，主要通过中央下达给地方的补偿资金和地方配套资金实施。其

中，对耕地生态建设措施补偿，包括高标准农田建设、保护性耕作补偿等。对耕地生态保护导致的发展权损失进行补偿，包括耕地用途管制导致的发展权补偿和生态保护限制耕地耕作方式和耕作过程的补偿。三是对耕地生态价值进行补偿。生态价值补偿是耕地生态补偿的中远期目标，是耕地生态产品价值实现的有效方式。耕地生产服务主要是作物生产，通过市场实现价值；文化服务主要是农业旅游观光和农业教育等，主要依靠产业经营实现；调节服务包括固碳、温度调节、水调节等，主要通过生态价值补偿实现。因此，基于生态价值核算的认可度和发展阶段性，应从市场定价相对成熟的碳汇补偿开始，后期再根据生态价值核算技术的发展和生态价值补偿的推广，稳步推进其他功能的补偿。四是探索市场化、多元化的耕地生态补偿机制。探索利用碳税开展作物固碳补偿和市场化土壤碳汇交易。从固碳角度，作物固碳补偿资金可以来自碳税收入，应探索碳税和生态补偿的相互结合。同时，探索推进土壤碳汇项目，开展市场化补偿。

4.3.4.5　拓展耕地生态产品价值变现模式

一是健全绿色优质农产品质量追溯和认定制度。加快推进建设国家统一的食用农产品追溯平台，建立食用农产品追溯标准和规范，完善全程追溯协作机制。支持各地推广应用先进适用的物联网、车联网、5G 等现代追溯技术和设备，探索不同品种、不同场景下的农产品全程追溯技术和模式。实施绿色优质农产品供给端、加工端、流通端全过程质量监管，提升市场认可度和信任度。支持社会力量参与农产品质量安全追溯体系建设和运行管理，探索市场化推动机制。二是创新耕地生态产业经营模式。推动由原来单纯的休闲旅游逐步拓展到文化传承、涵养生态、农业科普等多个方面，更加注重开发"好山好水好风光"的农业农村资源，发掘资源潜在价值。通过拓展科普教育、农事体验的功能，让人们近距离参与农业生产，了解乡村民俗；通过拓展养生养老、健身运动等功能，让城市居民到乡村居住，感受田园和农耕生活。要丰富农耕文化旅游的特色场景，结合资源禀赋、人文历史和产业特色，挖掘农村文化，讲好自然和人文故事，建设有温度的美丽乡村，书写记得住的动人乡愁，提升休闲农业和乡村旅游的文化软实力和持续竞争力。三是探索形式多样的生态富民利益联结机制。根据公司股东、农民专业合作社成员等各方的意愿和要求，探索形式多样的股份合作模式，培育一批土地经营权出资发展农业产业化经营的公司、农民专业合作社，形成基于股份合作、折股分红的"社会资本、集体经济组织、农户"一体化发展模式，发展集体生态经济和生态产业，建立长效利益联结机制，促进共同富裕。

4.4　促进 VREP 的资源产权制度改革建议

4.4.1　强化统筹指导

各级党委和政府应充分认识资源产权制度改革在推动生态产品价值实现中的关键作用，将其纳入生态文明建设重点任务清单，明确由各级政府领导亲自挂帅，全程跟踪改革进展，及时协调解决改革进程中遇到的困难与挑战，积极提炼并广泛传播改革实践中的成功案例与创新模式。各地需结合本地实际，制定针对性强、操作性强的实施方案，明确各级各部门职责分工，细化改革任务与进度安排，对执行不力、进展滞后的单位和个人，依法依规严肃追责，确保改革举措扎实落地、生态价值有效转化。相关主管部门应协调各方力量，全力推进资源产权制度改革与生态产品价值实现各项任务的落地实施。涉及对现行法律法规调整的事项，应依法依规履行相关程序，报请相应权力机关授权后执行。

4.4.2　鼓励创新示范

积极支持创建资源产权制度改革与生态产品价值实现试点示范，充分发挥其示范引领效应，为全国范围内深入推进资源产权制度改革、有效实现生态产品价值提供借鉴样板。各地应结合地域特点和资源禀赋，主动探索创新，在生态产品价值评估与核算、生态补偿机制构建、资源产权金融产品开发、生态经济模式创新、生态权益交易、生态旅游资源开发、资源产权流转与抵押担保、生态产品市场体系建设、生态保护与农民增收互促机制等方面，创造出一批具有地方特色且可推广复制的成功模式与实践经验。上级部门要加强跟踪指导与监督，对改革过程中出现的偏离生态导向、以生态名义进行违规开发等行为，及时发现、果断纠正，确保资源产权制度改革与生态产品价值实现工作沿着正确轨道推进。

4.4.3　加强考核评估

将资源产权制度改革对生态产品价值实现的推动效果纳入地方各级政府生态文明建设考核评价体系，作为衡量领导干部政绩的重要指标。明确要求各地围绕生态产品价值评估与定价、生态产品市场交易机制构建、生态补偿与收益分配、绿色金融支持、资源产权流转与抵押、生态产业结构优化、生态保护与社区发展融合等方面，设定具体、量化的工作目标与任务，并对其完成情况进行定期评估与通报。对在资源产权制度改革与生态产品价值实现工作中表现突出、成效显著的地区和单位，给予表彰奖励；对工作推进不力、目标未达成的，依规依纪严肃追究责任。通过严格的考核评价机制，确保资源产权制度改革与生态产品价值实现工作落到实处、见到实效，真正实现绿水青山向金山银山的高效转化。

4.4.4　完善政策保障体系

各级政府应将资源产权制度改革对生态产品价值实现的支持政策纳入财政预算，设立专项基金，加大对资源产权制度改革与生态产品价值实现工作的资金支持力度。研究制定税收优惠政策，如减免资源产权流转税费、提供生态产品交易税收优惠、设立生态补偿基金等，降低改革成本，激发市场活力。引导金融机构创新绿色金融产品，拓宽资源产权制度改革与生态产品价值实现的融资渠道。强化科技支撑，支持科研机构和企业研发生态产品价值评估、生态修复、碳汇计量等关键技术，提升生态产品价值实现的科技含量。加强人才培养，设立专项培训项目，培养一批懂生态、懂经济、懂市场的复合型人才，为资源产权制度改革与生态产品价值实现提供智力支持。通过全方位、多层次的政策支持，为资源产权制度改革与生态产品价值实现提供坚实保障。

4.4.5　营造社会舆论氛围

充分利用各类媒体平台，广泛宣传资源产权制度改革对生态产品价值实现的重大意义，提升社会各界对资源产权制度改革与生态产品价值实现工作的认知度与关注度。定期发布改革进展报告，公开改革成果，树立典型示范，引导公众正确认识和评价资源产权制度改革对生态产品价值实现的积极作用。鼓励学术界、企业界、社会组织等多元主体参与资源产权制度改革与生态产品价值实现的研讨交流，形成多元参与、集思广益的良好氛围。加强对生态产品价值实现相关法律法规、政策规定的解读与宣传，提高公众的法治观念和参与意识。通过持续、深入、广泛的宣传引导，营造全社会关心、支持、参与资源产权制度改革与生态产品价值实现的良好氛围。

第5章
以共同富裕拓展生态产品价值实现

面向 2035 年共同富裕的战略目标，在共同富裕与生态产品生产供给之间关系的基础上，本章针对当前全国生态产品和经济产品之间存在生态产业—区域经济—生态环境系统空间协同联动不足、生态产品供需空间失衡等空间错配问题，以"化解区域矛盾—促进区域合作—平衡区域利益"为主线，从"功能区生产供给—动力源地区消费—区域间功能调控"的角度，提出以共同富裕拓展生态产品价值实现的路径及政策建议。

5.1 共同富裕是对生态产品价值实现的内在要求

共同富裕包括两个方面的内涵，一是"富裕"，二是"共同"。"富裕"侧重经济效率，强调"做大蛋糕"，要求我国经济发展和人民生活达到一定水平之上，进入较为发达国家行列。"共同"侧重社会公平，强调"分好蛋糕"，要求我国不同区域、群体和城乡之间的居民收入差距降到一定水平之下，进入收入差距较为合理国家行列。习近平总书记在谈到共同富裕时指出，我们要以经济建设为中心、以科学发展为主题、以造福人民为根本目的，全面推动经济建设、政治建设、文化建设、社会建设、生态文明建设，不断开拓生产发展、生活富裕、生态良好的文明发展道路，为实现全体人民的共同富裕而不懈努力。可见，我国的共同富裕绝不仅是经济上的共同富裕，而是社会和生态全面发展后的新时代共同富裕。新时代共同富裕是一个内涵丰富且极具中国特色的概念，它不仅是物质富足和精神富有层面的共同富裕，更是生产生活方式全面低碳基础上的"生态"的、"绿色"

的、可持续的共同富裕。地区要充分考虑各地的资源禀赋、生态环境、经济条件等因素，制定差异化的生态保护和修复策略，鼓励创新，探索符合当地实际情况的生态产业发展模式，推动生态致富发展模式的多元化和可持续性。

因此，共同富裕内涵包含充分的生态概念，即共同富裕是在保护生态环境、挖掘生态资源价值的基础上，实现经济与生态的双赢，推动社会的整体繁荣和全面发展。其具体要求主要体现在以下两个方面：

生态产品价值转化成果合理分配。实现共同富裕，首先要把"蛋糕"做大做好，然后通过合理的收益分配制度安排正确处理增长和分配的关系，把"蛋糕"切好分好。因此，在生态产品价值实现促进共同富裕的过程中，要构建公平合理的利益分配机制，充分考虑不同群体之间的利益平衡，保障农民等利益相关者的合法权益，通过将生态产品参与初次分配，财政转移支付或生态补偿方式参与再分配，志愿服务或公益事业激发农民主体意识参与三次分配，解决城乡及地区之间发展不平衡、不充分问题，实现共同富裕。

区域与城乡协调发展。生态产品价值实现的最终目标是促进经济社会的全面可持续发展，在此过程中，充分利用欠发达地区、乡村地区的生态优势，探索打通"两山"转化路径，延伸拓展生态产业链条，协调推进生态要素和生产要素系统整合，实现区域与城乡协调平衡发展，确保各地区以及城乡之间均能从生态产品价值实现中获得合理且公平的收益，从而逐渐缩小地区之间、城乡之间的收入差距。

生态产品价值实现是"生态资源→生态资产→生态资本→生态产品→生态商品"的转化过程。一是将生态资源通过确权登记、市场化运作等手段，转化为具有明确产权归属和可量化经济价值的生态资产；二是通过投资、融资、技术创新等手段，将生态资产转化为能够产生经济收益的生态资本；三是利用生态资本推动生态资源开发和创新，形成具有市场竞争力的生态产品；四是通过市场交易、政府购买、生态补偿等方式，提供精准生态服务，将生态产品转化为生态商品，实现其价值。生态产品价值实现能够促进自然资源合理利用和有效保护，激活生态资产，实现生态资源价值增值，推动区域经济绿色发展和可持续发展，缩小城乡之间、乡村之间和乡村不同群体之间的差距，为共同富裕实现提供有力支撑。

根据生态产品价值实现的过程，由共同富裕的内涵可知，共同富裕的实现要坚持公平共享、因地制宜、可持续的思维逻辑。其主要特点包括：第一，公平共享生态产品价值实现红利。通过政策创新、市场创新与技术创新，打通"绿水青山"和"金山银山"的互动转化通道，让生态产品提供者、生态环境保护者等获得合理经济收益，提高民众参与生态环境保护的积极性。同时，通过生态补偿与转移支付等方式，增加生态功能区、生态资源保护等组织和个体的转移性收入。第二，因地制宜促进共同富裕。根据不同地区生态资源禀赋和经济社会发展需求，整合和挖掘生态资源价值，因地制宜打造特色生态产业，培育特色品牌，探索生态产品价值实现有效路径，在高质量发展中促进共同富裕。例如，银川贺兰通过一体的"稻渔空间"生态农工旅模式，盘活了农民土地资产，增加了农民财产性收入，户均增收 9 200 元，解决了周边农民就业问题，实现农民就近就业、增收致富。第三，可持续性实现共同富裕。强化生态保护补偿机制，完善利益分配机制，鼓励社会组织和个人以合理的方式投资生态产业，保障生态产品有效供给的持续性。通过科学的规划和设计，最大限度地降低资源消耗，加强生态环境的保护和修复，确保生态资源合理高效利用，提升资源利用的长期效益，让良好生态资源赋能乡村生态振兴和共同富裕。

综上所述，加快推进乡村生态产品价值实现，弥补了仅将土地、劳动力、资本等要素纳入收入和财富分配框架的不足[1]。生态产品价值实现促进共同富裕，不仅可以做大"生态蛋糕"，而且有助于分好"经济蛋糕"，有利于解决好地区及城乡发展不平衡、不充分问题，真正实现全体人民的共同富裕。

5.2　生态产品与经济产品空间格局分析

生态产品价值实现是一个整体系统，这既要求山水林田湖草一体化系统发展，也代表区域内及区域外的生态系统与经济系统协调发展[2][3]；从空间的角度，需要

---

① 杜焱强，王继应，孙雪峰. "生态颜值"何以持续转化为"农民财富"？[J]. 中国人口·资源与环境，2022，32（10）：150-159.

② 李凌雁，翁钢民. 基于空间错位的我国西部地区旅游、文化与经济发展的演变分析[J]. 地理与地理信息科学，2016，32（2）：121-126.

③ 胡剑锋，杨宜男. 生态系统服务供需视角下国家森林公园空间优化研究——以长三角地区为例[J]. 生态经济，2024，40（2）：173-180，190.

合理优化国家生态资源的空间配置，在保护生态环境的同时，也要保证生态环境系统与区域经济协调发展，这是推动生态资源高效利用与经济高质量发展的必然选择。然而，目前我国生态产品价值实现方式单一、要素融合不足、机制保障不完善等问题，导致我国生态产业与区域经济发展不协调，生态产品供需空间对接失衡，这成为我国主要生态功能区、农产品主产区等生态产品价值有效实现的瓶颈制约。

5.2.1　生态产业—区域经济—生态环境系统空间协同联动不足

鉴于生态功能区和农产品主产区是生态产品主要供给地区，所以本部分主要分析生态功能区和农产品主产区的生态产品与经济产品的空间分布特点。全国生态功能区是实施区域生态分区管理、构建国家和区域生态安全格局的基础，为全国生态保护与建设规划、维护区域生态安全、促进社会经济可持续发展与生态文明建设提供科学依据。全国生态功能区主要包括水源涵养区、生物多样性保护区、土壤保持区、防风固沙区等九大区域。每个生态功能区都有其特定的生态功能、资源特点、环境承载能力和特定的保护和发展目标。生态功能区通常以生态银行等形式，将分散、零碎的生态资源规模化整合，通过股权合作、委托经营等进行集约化、专业化运营，实现生态资源转变为生态资产，促进生态产品增值，让农民获得长期稳定的收益。全国农产品主产区主要有东北平原主产区、黄淮海平原主产区、长江流域主产区、汾渭平原主产区、河套灌区主产区、华南主产区 7 个地区。农产品主产区主要通过技术创新和农产品品牌运营，提升生态农产品生态溢价增值，促进农业增效和农民增收。

生态产业化和产业生态化，是践行绿水青山就是金山银山理念的具体体现，是我国统筹经济发展和生态环境保护的必然要求。推动全国农业生态产业—区域经济—生态环境系统协调发展，既能确保美丽乡村建设更好地谋篇布局，也可推动共同富裕战略更快地精准实施。但近年来，各省市经济发展差异较大，致使各地区的生态产业、区域经济、生态环境系统失衡现象愈加明显，各系统各要素之间的空间错位状态凸显，生态产业对区域经济发展的贡献率差异显著，"生态高地"和"经济洼地"的现实窘境难以改变，不利于城乡与区域协调发展和共同富裕战略目标的实现[①②]。根据相关数据及文献调研，2023 年，全国 31 个省（区、市）的地区生产总值（GDP）呈现出明显的西低东高的空间分布特征。对比全国生态功能区和各省份 GDP 的空间分布可以看出，东部经济发达地区（广东、江苏等地）处于生态调节区，需要在经济快速发展的同时紧抓生态环境保护，积极推动生态环境与区域经济协调发展。西部地区虽然经济发展水平整体相对较低，但是生态资源和生态产品丰富，资源空间集聚明显，亟须挖潜提效。

以长江经济带为例，在早期（2004—2013 年）发展过程中，长江经济带各省市积极推动生态产业与区域经济系统快速发展，一定程度上忽视了对生态环境系统的保护，导致生态产业化和产业生态化空间错配态势不断加深。自 2014 年之后，长江经济带开始注重产业系统间的协调发展，其中最典型的就是处于长江经济带东部地区的浙江，其深入贯彻资源节约、环境友好的可持续发展目标，聚焦生态环境空间体系建立，使长江经济带生态产业—区域经济—生态环境系统效益同步提升，空间错配情形有所好转[③]。但是总体而言，长江经济带由于东部地区重视生态环境空间的建立，中部地区大量的第二产业导致生态产业对区域经济的增长作用弱化等，其生态产业—区域经济—生态环境系统的空间错配程度呈现东部地区大于西部地区的格局[④]，差异较大，这对于共同富裕目标的实现形成了较大阻力。从以上的分析可以得出，全国生态产品和经济产品的空间错配格局明显，因此探索科学、高效且契合全国各地区发展实际的生态产品和经济产品空间配置策略，是实现全国生态资源高效利用与经济高质量发展的必然选择[⑤⑥]。

① 雷绍海，田曦，王成军. 农业资源错配对农业绿色生产效率的空间效应分解研究[J]. 地域研究与开发，2023，42（2）：124-129，149.

② 倪剑波，郭鑫，高瑞，等. 黄河流域（山东段）工业用地错配时空格局与应对策略[J]. 规划师，2024，40（2）：137-144.

③ 彭坤杰，贺小荣，鲁玉莲. 长江经济带旅游产业—区域经济—生态环境系统空间错位及影响因素研究[J]. 地理与地理信息科学，2021，37（5）：117-123.

④ 周成，冯学钢，唐睿. 区域经济—生态环境—旅游产业耦合协调发展分析与预测——以长江经济带沿线各省市为例[J]. 经济地理，2016，36（3）：186-193.

⑤ 李雨芩，张鹏鹏，张力小，等. 中国水-能-粮资源适配格局动态演化及其驱动因素[J]. 生态学报，2023，43（21）：8985-8997.

⑥ 王艳. 土地资源错配对全要素生产率的影响研究[D]. 太原：山西财经大学，2024.

5.2.2　生态产品供给与需求的空间错配矛盾日益显化

优质生态产品提供者和受益者之间存在空间错配现象。城市化地区人口集聚和经济水平虽高，但生态空间不足、生态系统服务功能退化，本地生态产品供给不足，与居民对生态产品的消费需求和消费能力不相匹配[①]。生态功能区、农产品主产区生态产品供给能力较强，但由于受交通、信息、资金、制度等制约，供需精准对接不足，生态产品"养在深闺人未识"，未能通过有效的交易途径实现产品价值，生态产品供需空间失衡问题直接影响了生态产品价值有效转化。生态功能区、粮食主产区的后发优势和内生动力就在于"绿水青山"，其价值转化需要与城市化地区建立供需空间匹配、功能互补的适宜载体，从而突破生态资源和生态产品的空间限制，促进生态产品价值转化，实现共同富裕[②]。

此外，生态功能区、农产品主产区等功能区的生态产品在流通环节成本较高，产品保护、运输、交易过程中技术和设施配套不全，造成效率下降、成本上升，不利于生态产品扩大再生产和价值实现。而且大多数地区仅停留在简单的产品加工、特产售卖、旅游资源开发等初级阶段，供给的产品不能有效满足城镇消费者对优质、多样化生态产品的需求。同时，由于对生态产品产权界定不清晰，生态产品具有天然的公共物品属性，尤其是调节服务类生态产品交易市场发育程度低，市场准入条件、交易流程、价格形成机制、利益主体分配方式等有待完善，亟待建立区际利益补偿机制和区域合作机制，促进区域间利益均衡。

5.3　以共同富裕拓展生态产品价值实现总体框架

根据当前我国乡村生态产品与经济产品的空间错配格局，加快缓解乡村地区"生态高地"与"经济洼地"的矛盾困局，打破"资源魔咒"，以共同富裕拓展生态产品价值实现总体框架，应以农业生态环境保护高质量发展和乡村共同富裕为目标，以"化解区域矛盾—促进区域合作—平衡区域利益"为主线，以"功能区生产供给—动力源地区消费—区域间功能调控"为路径，明确生态产品价值实现

---

① 贾若祥，胡蕾，窦红涛. 生态产品供需的空间关联与匹配路径研究[J]. 生态文明研究，2024（3）：58-70.
② 党丽娟，刘峥延，高国力. 高效推动主体功能区生态产品价值实现[J]. 宏观经济管理，2023（8）：30-37.

的重点领域和环节，依托生态环境资源要素形成分工合作优势互补的生态产品供给链条和供给布局，针对不同功能区提出产业发展、生态保护和空间开发的机制，创新区域协同治理机制、跨区域合作互助机制、共建共享机制，从而实现共同富裕的战略目标（图 5-1）。

从产业关联角度看，生态功能区、农产品主产区承担了产业链上游原材料供应商、制造商的主体角色，城镇化地区是产业链下游营销、消费的角色，从而构建"生态环境保护建设—生态产品生产运营—生态产品交易服务"的产业链，共同组成生态产品价值实现的载体。生态环境保护建设环节主要包括生态环境综合治理、生态资源权益指标的供应，以及生态环保相关基础设施建设等，通过资金、技术、人力、金融等要素投入，扩大和提升生态产品供给，是生态产品价值实现的可持续性保障。生态产品生产运营环节主要包括各类"生态+"产业业态，如生态农林牧渔业、生态文旅康养教育、生态园区运营、生态综合体开发等，是生态产品价值跃升的关键环节。生态产品交易服务环节主要包括绿色金融服务、生态资产管理咨询服务、生态产品认证推广（溯源、信息、品牌推广等）、平台服务（资源环境权益交易平台）等开发和交易服务支撑，是生态产品功能重组优化、实现空间协同联动、价值累积的高阶环节，从而构建区域合作共享、功能优势互补的价值增值路径，实现生态产品价值链的利益初次分配和再分配。

从供需关系角度看，生态功能区、农产品主产区是生态产品的供给端，能够提供基础性生态服务和生态产品，生态功能区同时保障了农产品主产区提供产品产出的环境和要素基础。其中，不同类型区域生态产品的供给在供给数量、产品质量和供给结构上有所差异。城镇化地区是生态产品的需求端，对生态产品提供要素保障和需求保障。通过建立生态产品的供需空间关系，以合理划分空间功能、保障空间功能安全和提升空间功能质量为抓手，推动高质量供给和高层级需求有效匹配，形成需求牵引供给、供给创造需求的生态产品价值实现链条。

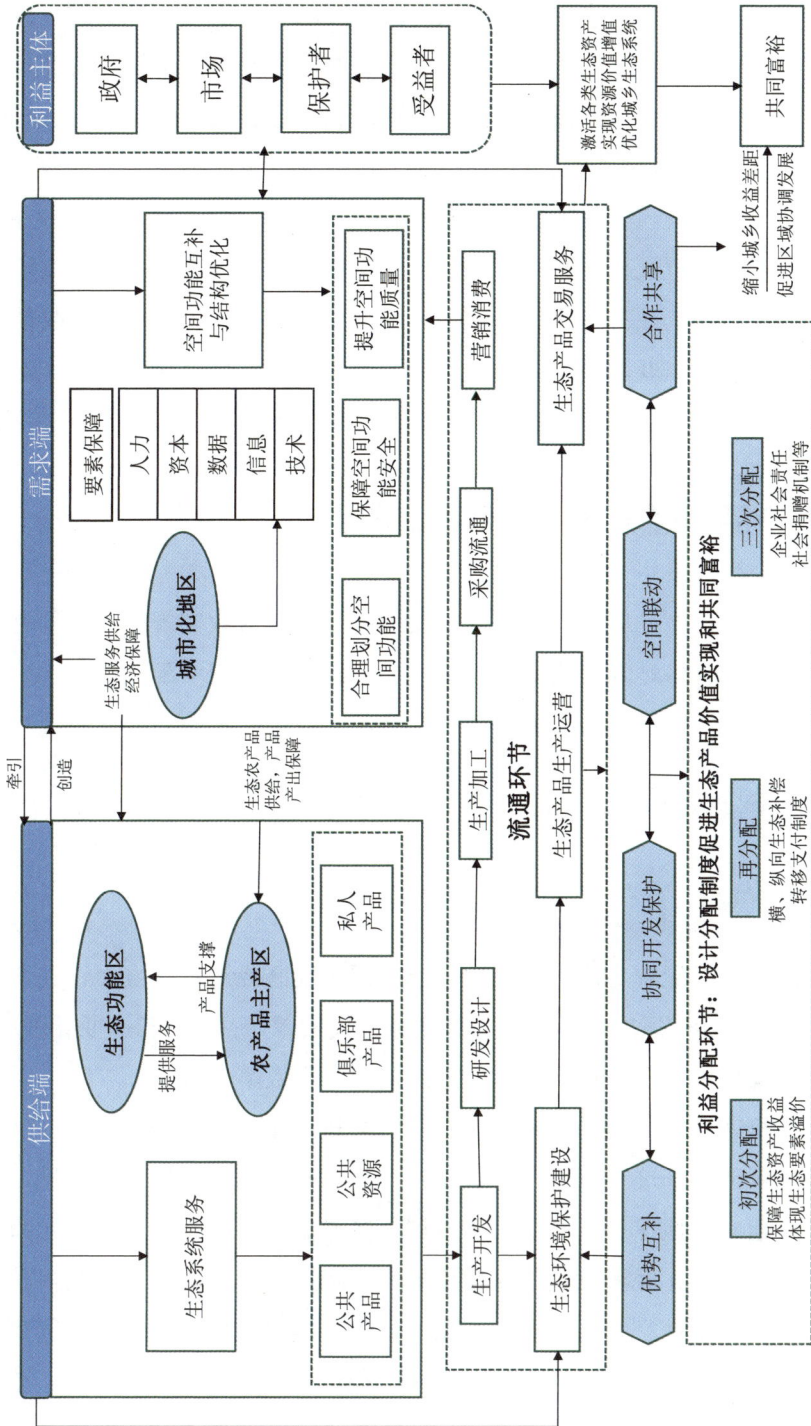

图 5-1　以共同富裕拓展生态产品价值实现思路与框架

从价值联系角度看，生态功能区、农产品主产区是价值链的中上游，以各种基本生产活动为主，主要涵盖生态产品的生产开发、研发设计和初级生产加工环节，并环环相扣向最终交付产品和服务、实现产品和服务的价值递进，提升生态产品的初始价值；城镇化地区是价值链的中下游，通过生产加工、采购流通和营销消费等环节创造出较高的附加值，通过将数据、信息、技术、金融等要素融合，并与其他传统要素进行优化和整合，持续提升价值链，并带来低成本和高增值等竞争优势，实现生态产品的最终经济价值，助力共同富裕。因此，生态功能区、农产品主产区之间，以及功能区内部之间的竞争优势不但体现在某个特定产业或某类特定产品上，更多体现在同一产业的价值链和同一产品价值链的各个环节。

5.4　生态产品与经济产品空间匹配路径

生态产品与经济产品空间错配是影响生态产品价值有效实现的关键问题。探索科学、高效且契合各地发展实际的生态产品与经济产品空间配置路径，是推动生态产品价值实现，促进地区经济高质量发展，实现共同富裕的客观要求。

5.4.1　科学配置，推进生态空间有序扩张

5.4.1.1　精准供给，优化生态资源要素空间配置

生态资源的空间配置与产业结构协调能够促进地区经济良性发展。在科学划定生态空间的基础上，适度实施生态资源精准空间配置，引导优势产业合理布局，保障重点企业项目生态资源供给，提高生态资源利用效率。

（1）优化空间开发，推动耕地资源有效供给和多元功能开发

鼓励各地区通过开展全域土地综合整治与生态修复工程，以产业发展、空间优化为引导，建立耕地保护与经济社会发展、乡村振兴、生态价值实现融为一体的发展模式。尤其是在经济发达的城镇化地区周边，耕地利用方式应向多功能开发利用转变，优化用地空间布局和利用效率，提高集聚规模，结合区域优势和实际需求，因地制宜进行耕地多功能开发利用，积极探索产业生态融合型、城郊低效建设用地整治型、现代农业引领型、乡村旅游带动型、特色村庄改造修复型、

农田整治保护型等耕地生态价值实现路径。

（2）强化生态功能区生态产品生产能力建设，扩大优质生态产品的供给能力

生态功能区的施策重点在于通过对生态空间进行保护与修复，释放生态空间生态生产力，严格控制开发强度，逐步达到生态系统运作最佳、生态服务功能最强、生态产品产出最大的状态，实现生态保护与经济发展"双赢"。主要以县级行政单元为基础，综合考虑不同主体功能区生态产品价值的大小及社会经济发展水平，开展生态产品精细化评价，根据评价结果确定生态产品开发等级。优先重点保护生态产品的地区，严格控制开发强度和范围，保持并逐步增加生态产品优质供给；适宜适度开发生态产品的地区，应合理选择发展方向，发展特色优势产业，提高生态资源利用效率，推动生态产品价值高质量实现。

专栏 5-1　江苏省苏州市金庭镇生态产品价值实现

江苏省苏州市吴中区金庭镇地处太湖中心区域，陆域面积 84.59 km²，下辖 2 个社区和 11 个行政村，包括太湖中西山岛及周围 34 个太湖小岛，148 km² 太湖水域和 60 km² 国家森林公园。长期以来对生态红线的严守限制了金庭镇经济发展，多数村落为集体经济薄弱村。近年来，金庭镇依托丰裕的自然资源和文化底蕴打造"生态农文旅"模式。2019—2022 年，农民年人均纯收入由 2.4 万元提升至 2.74 万元，实现了经济价值、社会价值、生态价值、历史价值、文化价值的全面提升。

1. 具体做法

优化空间布局，做好建设"减法"和生态"加法"。金庭镇融合了生态规划、土地利用总体规划、村庄规划、景区详细规划等各类规划，按照"提升生产能力、扩展生活空间、孕育生态效应"的理念，规划到 2024 年全镇生产空间规模为 128 hm²，占比为 1.52%；生活空间规模为 1 190 hm²，占比为 14.14%；生态空间规模为 7 104 hm²，占比为 84.34%，系统优化全镇的生产、生活、生态空间布局。通过以"优化农用地结构保护耕地、优化建设用地空间布局保障发展、优化镇村居住用地布局保障权益"为核心的"三优三保"行动，按照"宜农则农、宜渔则渔、宜林则林、宜耕则耕、宜生态则生态"的原则，通过拆旧复垦、高标准农田建设、生态修复等方式，整治各类低效用地 798.2 亩，增加了生态空间和农业生产空间，实

现了耕地集中连片、建设用地减量提质发展、生态用地比例增加，获得的空间规模、新增建设用地、占补平衡等指标用于全镇公共基础设施建设和吴中区重点开发区域使用，土地增减挂钩收益用于金庭镇生态保护、修复和补齐民生短板。此外，在规划编制和土地资源管理过程中，金庭镇预留了后续发展生态产业所需要的建设用地指标，夯实了生态产品供给和价值实现的基础。

聚焦"水陆空"，开展山水林田湖草系统治理。"水"方面，防治与保护"双管齐下"，促进水环境提升。对 127 条流入太湖的小河实行"河长制"，严格落实主体监管责任，从源头上保护太湖；对太湖沿岸 3 km 范围内所有养殖池塘进行改造，落实养殖尾水达标排放和循环利用；建立严密的监控体系、实行严格的环保标准，防止水源污染；对宕口底部进行清淤和平整，修建生态驳岸和滚水坝，修复水生态。"陆"方面，以土地综合整治为抓手，推进山水林田湖草系统修复和治理。完成消夏湾近 3 000 亩鱼塘整治和农田复垦，建设高标准农田用于发展现代高效农业和农业观光旅游；对镇区西南部的废弃工矿用地开展生态修复，打造景色怡人的"花海"生态园；系统治理受损的矿坑塌陷区，就近引入水系，加强植被抚育，恢复自然生态系统。"空"方面，开展大气环境整治，关停镇区"散乱污"企业，控制畜禽养殖，减少空气污染源；开展国土绿化行动，增加森林覆盖率，改善空气质量。

建立生态补偿机制，推动公共性生态产品价值实现。2010 年，苏州市制定了《关于建立生态补偿机制的意见（试行）》，在全国率先建立生态补偿机制。2014 年，在全国率先以地方性法规的形式制定了《苏州市生态补偿条例》，推动政府购买公共性生态产品，实现"谁保护、谁受益"。2010 年至今，通过 3 次调整补偿范围、补偿标准等政策，实现了镇、村等不同产权主体的权益，金庭镇每年的风景名胜区补偿资金和 3/4 的生态公益林补偿资金拨付到镇，用于风景名胜区改造和保护修复、公益林管护、森林防火等支出；水稻田、重要湿地、水源地补偿资金和 1/4 的生态公益林补偿资金拨付到村民委员会，主要用于村民的森林、农田等股权固定分红、生态产业发展等，极大地激发了镇、村和村民保护生态的积极性。2019 年，苏州市选择金庭、东山地区开展苏州生态涵养发展实验区建设，将其定位为环太湖地区重要的生态屏障和水源保护地，市、区两级财政在原有生态补偿政策的基础上，2019—2023 年共安排专项补助资金 20 亿元，重点用于上述区域的生态保护修复和基本公共服务。

建立"生态农文旅"模式，实现生态产业化经营和市场化价值实现。金庭镇依托特殊的地理区位、丰富的自然资源和深厚的历史文化底蕴，建立"生态农文旅"模式，推动生态产业化经营。打造农业发展新模式，促进"特色农品变优质商品"。重点围绕洞庭山碧螺春、青种枇杷、水晶石榴等特色农产品，打造金庭镇特色"农品名片"，将传统历史文化内涵融入特色农产品的宣传销售中，增加产品附加值；通过"互联网+农产品"销售模式，拓展"特色农品变优质商品"的转化渠道；与顺丰快递签订战略协议，在各村主要路口设置快递站点，提高鲜果产品运输效率。挖掘"农文旅"产业链，实现"农业劳动变体验活动"。挖掘明月湾、东村 2 个中国历史文化名村及堂里、植里等 6 个传统历史村落的文化底蕴，鼓励村民在传统村落中以自有宅基地和果园、茶园、鱼塘等生态载体发展特色民宿、家庭采摘园等，实现从传统餐饮住宿向农业文化体验活动拓展，形成"吃采看游住购"全产业链。提升生态文化内涵，助推"绿色平台变生态品牌"。积极宣传"消夏渔歌""十番锣鼓"等非物质文化遗产的传承保护，推进全域生态文化旅游，形成了丽舍、香樟小院等一批精品民宿品牌，通过游客的"进入式消费"实现生态产品的增值溢价。

2. 主要成效

绿色发展意识和生态产品供给水平"双提升"。近年来，金庭镇干部群众的绿色发展意识逐渐增强，保护绿水青山、依靠绿水青山、走高质量发展之路，已经成为金庭人的行动自觉，金庭镇的生态空间显著增加，自然生态系统得到全面保护和修复，江南水乡特色、传统历史文化得以传承，生态产品的供给能力显著提升。2019 年，金庭镇建设开发强度降至 16.65%，同比降低了 13.28 个百分点；森林覆盖率增加至 71%，全镇地表水水质均达到 II 类以上，空气质量达到国内优质标准；生物多样性逐渐增加，区域内植物种类超过 500 种，动物种类超过 200 种，拥有银杏、水杉等多个国家一级、二级保护植物，以及虎纹蛙、鹈鹕、鸳鸯等多种国家、省级保护动物。

公共性生态产品和经营性生态产品价值"双显化"。一方面，苏州市建立了针对各类自然生态要素的生态补偿机制，以财政转移支付的方式"采购"公共性生态产品，彰显其内在价值。其中，补偿标准为水稻田 420 元/亩、生态公益林 250 元/亩、风景名胜区 150 元/亩、其他生态农产品 100 元/亩；水源地村根据所在村岸线长度、土地面积、常住人口数等，分别给予每村 120 万元、140 万元、160 万元的补偿，生态湿地村也分别给予每村 80 万元、100 万元、120 万元的补偿，补偿范围覆盖了山水林田湖草湿等各类自然资源。近 3 年，金庭镇年均获得生态补偿资金 3 000 余万元。另一方面，金庭镇通过"生态农文旅"模式的发展，打通了经营性生态产品价值实现的渠道，显化了物质供给类和文化服务类生态产品的价值。"特色农品变文化商品"方面，2019 年全镇农产品销售收入达到 4.85 亿元，创历史新高，其中果品收入 2.71 亿元，水产收入 0.21 亿元，茶叶收入 1.93 亿元；"太湖绿"大米及"西山青种"枇杷等已成为网红品牌。"农业劳动变体验活动"方面，2019 年全镇吸引旅游人数 421.06 万人次，农家乐、民宿营业收入达到 2 亿元，近 3 年营业收入年平均增长 35%，新增民宿 104 家，改造民宿 103 家，精品民宿增加至 37 家，直接带动了 1 600 余人就业。"绿色平台变生态品牌"，随着"生态农文旅"模式的建立，港中旅、亚视、南峰等投资集团纷至沓来，2017 年"阿里巴巴太极禅苑文化驿站"正式落户金庭镇，2020 年美国汉舍集团投资的"汉舍"项目全面启动，"自然、绿色、生态"成为金庭镇最响亮的名片。

经济社会发展和民生福祉"双推进"。2019 年，金庭镇生产总值达到 24.93 亿元，同比增长 6.10%。其中，服务业占比近 80%，服务业增加值达到 19.75 亿元，同比增长 7%。全镇 2019 年新增就业岗位 647 个，同比增长 39.7%；农民人均年纯收入达到 26 573 元，同比增长 6.2%。依托"生态农文旅"模式，生态产品价值融入一、二、三产业发展当中，让农民、政府、投资商三方共赢，实现了经济社会发展和民生福祉的"双推进"。

5.4.1.2　破除障碍，提高资源配置的市场化水平

（1）引导要素在不同区域之间集聚和流动，促进生态产品增值

以主体功能定位为依据，以提高资源利用效率为目标，减少阻碍要素流动的壁垒和障碍，促进新的生产要素向生态产品价值较易转化和实现的领域流动，强化现代要素支撑，提高要素配置的市场化水平，促进要素流转的良性循环。对于经济发达的区县，应继续提高生态资源的市场化配置水平，对于市场化程度较低的区县，应加大生态产品研发设计、生产技术创新等政策支持，强化生态产品的

目录、认证、交易等数据库构建和维护，引导要素在不同类型主体功能区之间集聚和流动，共同发挥市场和政府在生态产业发展、绿色金融市场融合、生态资产优化配置对生态产品价值增值的作用。另外，要加大各地区的改革力度，积极调整地方政府职能，厘清政府监管审核与市场自由交易的边界，进一步完善生态产品市场化交易改革相关配套措施，促进生态产品增值。

（2）构建区域间的生态产品市场交易体系

探索乡村生态产品入市规则，将广大乡村区域自然资源要素自身成本、环境修复成本等纳入自然资源价格构成，并通过激励乡村生态产品供求双方开展长期交易，使生态产品价值在市场上稳定增值变现，建立真实反映资源稀缺程度和市场供需空间关系的乡村生态产品价格形成机制。

专栏 5-2　浙江丽水率先构建生态产品市场交易体系，提高市场化水平

（1）组建"两山合作社"10 家、"生态强村公司"173 家，对分散、零碎的生态资源进行集中收储、管理和运营，累计收储各类生态资源 2 036 宗，并带动社会资本共同参与生态产品经营开发，推动生态资源变资产、生态资产变资本。

（2）搭建"收储—交易—招商—服务""四位一体"的浙江（丽水）生态产品交易平台，上架林权、林业碳汇、砂石资源等 15 类产品。截至 2024 年 6 月，平台完成交易 650 宗，成交金额 53.54 亿元，吸引台州、嘉兴等地企事业单位来丽购买浙林碳汇，实现生态产品跨区域交易。

（3）创新林业碳汇产品与交易平台。一是做大碳储备。实施林业固碳增汇行动，积极推动不同主体开发各层级林业碳汇项目，共计开发林业碳汇项目 21 个，建设碳汇林 22 万亩，预计项目减排量达 40 万 t。二是联合建设平台。国家林业和草原局将丽水认定为全国唯一一个以区域性林业碳汇交易为试点探索方向的试点。市发展改革委、林业局、农投公司共建全省唯一林业碳汇交易平台，已实现全省"浙林碳汇"项目、丽水市森林经营碳汇碳普惠项目上架和各类跨市交易，2024 年开发上线林业碳汇交易微信小程序"一起碳中和"，作为交易平台的微信端延伸，截至 2024 年 10 月，交易平台和小程序总计上架林业碳汇项目 21 个，项目减排量 32.76 万 t，累计开展交易 259 宗，抵消碳排放 3.61 万 t，交易额 259.99 万元。三是培育碳市场。为拓展区域林业碳汇交易市场，丽水市林业局积极探索建立大型活动（会议）碳中和零碳机构、低（零）碳试点、生态司法损害赔偿、"山海协作"横向补偿、个人零碳出行等碳汇应用场景，培育做大碳汇需求端逐步实现全省林业碳汇"在丽交易"。已创建"零碳公共机构" 22 家，举办"零碳活动（会议）" 30 场，开展生态损害赔偿案例 17 例。

（4）创新林业碳汇金融与价值实现。积极探索"林业碳汇+"价值实现路径，一是全国率先启动森林生态产品认证工作，加入全国生态产品认证创新联盟，谋划开展丽水市森林生态产品认证体系建设试点与示范项目。二是探索开发林业碳汇金融产品，创新"林业碳汇+"金融支持模式，发布"浙丽林业碳汇贷""森林碳汇保险"等金融产品，探索"林业碳汇权证质押+未来收益保险贷款"模式，在龙泉发放林业碳汇权质押贷款近 2 亿元。三是探索建立产品碳足迹碳标签。开发竹木、中药材等 26 个产品碳标签，正式发布《毛竹林低碳经营技术指南》《竹木产品碳储量与碳足迹核算指南》《林下中药材碳足迹核算指南》，打造碳足迹碳标签丽水标准，不断拓宽碳汇价值实现路径。

5.4.1.3 制定标准，完善生态资源开发利用的管理制度

制定生态资源开发使用标准，并将其作为生态资源供给的"硬杠杠"，并结合不同产业类型，设定具有弹性的生态资源开发年限和开发强度，确保生态资源供应与所在区域的产业发展空间需求相匹配，以免造成生态资源长期闲置浪费或者生态资源过度开发，防止空间错配风险进一步加剧。第一是处理好耕地红线保护、耕地与其他用地空间竞争和功能衔接等任务，通过耕地保护提升耕地综合价值，引导土地征收、土地流转、补充耕地指标交易、耕地保护补偿等实际工作。第二是切实加强对土地、森林等重要自然资源的环境管理，尤其是针对优化开发、重点开发、限制开发、禁止开发 4 类不同主体功能区，形成差别化的生态资源开发利用制度，严格资源开发利用中的过度开发行为。同时，各类自然资源的开发，必须遵守相关的法律法规，否则一律不得开工建设。

5.4.2　强化链式思维，提升生态产品核心竞争力

5.4.2.1　培育优质品牌，着力提升生态农产品溢价价值

通过政策导向、绿色金融、技术研发等创新方式，立足各地区乡村独特的自然资源和生态环境，因地制宜开发具有地域、土质、生态、文化、传统特色的生态农业。第一，通过品种改良培育、管理优化提升、种植技术培训，提升农产品品质。大力推广农田休耕、轮作等耕地管理方式，创新减碳、固碳的技术，提高土壤肥力和农产品质量的同时，减少碳排放。第二，重点推进农产品精深加工领域产品研发创新，丰富产品品类。积极探索以预售制农业为代表的"企业对客户"型、区域直供特供、定向销售等方式建立供给方和需求方，引导形成针对不同消费群体采取差异化的价值实现方式，推进供需精准对接。第三，着力培育特色生态产品品牌、生态文化品牌和区域公用品牌，以建设品牌标准基地、强化品牌质量控制、加强品牌营销策划为抓手，推进优质农产品实现标准化生产、规模化经营和品牌化营销，以绿色生态、数字经济赋能生态农产品发展。

专栏 5-3　浙江丽水打造"山"字系区域公用品牌，推动生态产品价值实现

浙江丽水率先探索以政府打造"山"字系区域公共品牌牵引生态产业高质量发展的创新路径，推进乡村生态产品价值转化，促进农民农村共同富裕。主要做法与成效如下：

（1）以"丽水山耕"为引领，以全产业链为抓手，做大做强乡村"土特产"。打造"丽水山耕"生态农产品区域公用品牌。丽水市"九山半水半分田"，好山好水好空气，孕育了蔬菜、茶叶、畜牧、食用菌、水果、笋竹、中药材、油茶、水产等九大农业特色主导产业。近 10 年来，丽水市充分发挥生态优势，坚持"传统农耕+现代农业"的品质农业发展道路，以"法自然、享淳真"为价值定位，通过整合全市优秀农业主体，成立生态农业协会，以协会名义，打造出知名生态农产品区域公用品牌"丽水山耕"，有效推进了生态农产品助农增收。2023 年，全市农林牧渔总产值 177.85 亿元，增长 4.9%。其中九大主导产业产值 148.32 亿元。

当前，丽水市正在构建"丽水山耕"+县域单品+企业精品的品牌矩阵，"松阳香菇"入选 2024 年全国名特优新农产品名录，注册地标产品 19 个，入选省级名优"土特产"百品榜 30 个，认定"丽水山耕"核心基地 35 个，打造拳头产品 6 款，创建"品字标浙江农产"6 家。"丽水山耕"跃居中国区域农业品牌影响力排行榜首位，平均溢价率超过 30%。

（2）全市域推动品质农业全产业链发展。2023 年以来，丽水市把品质农业全产业链作为推进乡村产业振兴的引领性工程，树立由"产品抓产业"、用"产业抓链条"、以"链条抓体系"的"大农业"理念，在确保粮食安全和"菜篮子"保供的前提下，因地制宜向山地要空间、向森林要资源，优先选择资源富集、易于加工、附加值高、前景较好的茶叶、食用菌、畜牧、中药材、笋竹、油料等 6 类"土特产"开展全产业链建设，加快推进农业现代化和强村富民。2023 年全市农业全产业链产值 634 亿元，同比增长 10%，培育产值超十亿元全产业链 12 条。2024 年，全市将推动全年品质农业全产业链总产值超 700 亿元，同比增长 7%以上；建成茶叶、食用菌、笋竹、畜牧 4 条产值超百亿元全产业链，中药材、油料全产业链值分别达 80 亿元、23 亿元以上。

（3）除此之外，"丽水山居"入选全国旅游产品创新八大典型案例；"丽水山景"入选省文化和旅游共同富裕最佳实践案例，推出特色精品路线 12 条；"丽水山泉"建成年产 15 万 t 的矿泉水生产线，研发推出高端瓶装水、美容喷雾水等系列产品。这些区域公共品牌极大地推动了丽水生态产品价值实现和"两山"转化。

专栏 5-4　云南怒江："绿色颜值"变"富民价值"

怒江傈僳族自治州依托特殊区位和资源优势，以念好"山水经"、打好"生态牌"、做好"边文章"为突破口，坚持"生态立州"战略，立足怒江丰富的生态资源，将"生态+"理念融入经济社会发展全过程，发挥绿色优势，坚定不移走好生态优先、绿色发展路子，不断提升经济发展"绿色含量"。

1. 依托森林优势发展林下经济和碳汇交易

怒江傈僳族自治州森林覆盖率高达 67.77%，乔木林单位面积蓄积量位居全省第一。怒江傈僳族自治州积极扩大林下种植养殖规模，培育壮大林下经济龙头企业和专业合作社，主动与科研单位合作，加强科技合作与创新。截至 2023 年，怒江傈僳族自治州实现林下经济总产值 23.62 亿元，辐射带动就业 21 万余人，360 万亩核桃、漆树、油茶、草果和以云黄连、重楼为主的中药材种植，让怒江、独龙江、澜沧江两岸的莽莽群山变成了"金山银山"。

积极推进碳汇产品开发和交易，认真落实"碳汇云南"三年行动，围绕碳汇资源"摸底—开发—交易"，加快森林碳储量估算、碳汇资源梳理，探索推进林业碳汇试点建设，有序推动林业碳汇开发。

2. 打造"秘境怒江·户外天堂"旅居新品牌

怒江地处河谷地带，气候温和宜人，整个冬季气温基本维持在 13～24℃，气候条件温暖湿润，适合避寒度冬、养生旅居。怒江大峡谷地处"三江并流"世界自然遗产核心区，造就了独特的高山峡谷景观、地质地貌景观、水文地理景观、生物景观、气象气候景观，是兼具自然奇观多样性、生物多样性和文化多样性的世界级大峡谷，与科罗拉多大峡谷、雅鲁藏布江大峡谷合称"世界三大峡谷"。怒江具备开发攀岩、蹦极、跳伞、翼装飞行、低空旅游、漂流、溯溪、高山湖泊探险等户外运动和体育赛事的优越条件。依托独特的自然景观和民族文化资源，怒江打造"秘境怒江·户外天堂"品牌，围绕户外旅游业态和品牌赛事打造，持续开展徒步、攀岩、溯溪、山地自行车、高山湖探秘等户外运动，夯实产业根基、打造户外运动拳头产品，使怒江成为全域、全季、全时的户外旅游天堂。依托丰富的生物多样性和特殊的地质条件，规划建成了 25 条国家步道，总里程约 100 km，串联了怒江丰富的生物生态资源、自然景观等，有效促进生态环境保护和旅游资源价值提升。

3. 开展生态产品认证与品牌建设

实施"品质怒江"认证，树立怒江生态产品优质、健康的品牌形象。通过认证，实现"品质怒江"产品生产加工全过程的可证明性和可追溯性。"品质怒江"的认证实施规则获得了意大利有关经销商的采信，由意大利经销商对认证审核过程进行全程见证，经过认证的产品无须二次审核即可搭上中欧班列发往欧盟市场，实现了民族特色农产品从大山走出国门的突破。经过认证的产品，平均单价增长 11.2%。同时，推动区域产业发展，带动农户种植人数 4 万余人，打造 144 万亩草果标准化种植基地、覆盖各族贫困群众 16 万人的咖啡种植基地，培育绿色香料企业和专业合作社 762 家，个体工商户 173 家，平均带动每户农民增收 3 000 余元，实现产业扶贫组织化、规模化、市场化。"品质怒江"认证入选 2024 年度质量认证"小而美"国际互认合作优秀案例。

专栏 5-5　西藏林芝：国有农场发展生态茶产业带动职工群众致富

西林芝农垦易贡茶业有限公司紧扣"擦亮西藏高原茶叶品牌"和"打造红色茶旅小镇"两个核心目标推动公司高质量发展，带动职工群众致富增收。2023 年，公司总资产 16 176.16 万元，实现总营业收入 2 241.29 万元，同比 2022 年增加 1 359.45 万元，增长 154.16%，利润总额为 95 万元，同比 2022 年增加 252.66 万元，增长 160.26%。主要做法为：

1. 加强茶园管理，提升茶叶品质

公司始终坚持绿水青山就是金山银山的理念，以市场为导向，以职工群众增收、企业增效为目标，以体制机制创新和科技创新为动力，有力推动茶叶生产基地规模化、标准化、良种化、生态化发展，2023 年 5 月公司经国家权威机构认证通过，被评为全国首批"生态低碳茶认证企业"，再次为西藏在生态低碳茶认证领域填补了空白，进一步加快推进西藏现代种业发展和产业振兴奠定坚实基础，对做大做强雪域高原茶产业、提升西藏茶叶区域品牌价值意义重大。

2. 加强茶叶生产加工，提升产品产能

努力加大主导产业茶叶的发展力度，扩大本土茶苗种植规模，提高管理标准，不断提升产品产量，2023 年共计补栽"藏茶一号"茶苗 450 万株 550 亩，收购茶青 85 万斤，生产低氟健康茶（藏茶）30 万斤，其中政府采购茶 11 万斤。此外，公司在广东援藏和上级相关部门的大力支持下，对公司原有茶叶加工厂进行升级改造，引进了自动砖茶压制机，将茶场砖茶压制能力由每日不足 100 斤提升到每日 1 000 斤；投资 1 200 万元建成西藏第一条最先进的清洁化、标准化、连续化、自动化、数字化、全自动化的名优茶茶叶生产线，年生产红绿茶产能达到 6 万斤。年加工处理茶青能力由约 100 万斤提升为约 350 万斤，助力西藏茶产业从"凭经验做茶"到"看数字制茶"转型升级，为进一步提升茶产业基础质量和产业水平，促进企业发展、茶农增收奠定了坚实基础。

3. 加强宣传推广，增加产品销量

为隆重庆祝 2023 年"国际茶日"及进一步贯彻落实区党委、市委进一步改进作风狠抓落实工作推进会精神，聚焦"四件大事"、聚力"四个创建"，深入开展

"三学三比"活动,持续推动雪域高原茶产业发展,为林芝市建设全区改革开放先行区展现国企担当,不断宣传推广公司茶产品以及人文风景,经上级批准于 2023 年 5 月 21—22 日举办了以"近天独醇厚·雪域茶香浓"为主题的国际茶日暨林芝易贡首届赏茶节活动和"五一"劳动技能竞赛活动。共有来自区内外游客 100 余人及周边群众 700 余人参加,通过活动展示易贡及林芝人文风貌和民俗文化,不断加强汉藏民族饮茶文化交流交融,以茶促旅,打造林芝易贡茶旅产品。通过梳理和调整市场营销思路,积极拓展本地藏茶市场,首次成功开拓寺庙销售渠道,首次成功竞标 1 610 万元自治区低氟砖茶采购项目,为公司健康茶销售打开了全新的市场局面。2023 年西林芝农垦易贡茶业有限公司共参加区内外产品展销 10 次,实现茶叶销售额 600 万元,同比 2022 年增加 208 万元,增长 52.39%。签订长期合作协议 12 份,金额达 50 万元,线上线下合作商共 28 家。

5.4.2.2　延伸生态产业链条,实现生态产品的价值增值

第一,深入挖掘当地特色生态产品,推动单一生态产品向特色农产品、文旅和生态综合体的开发利用转变,发展区域性特色产业、延伸产业链打造多元产业。实施人居环境整治,创新"农村人居环境+"思路,将农村人居环境整治与乡村生活品质提升、乡村产业富民、乡村文化遗产以及乡村旅游相结合,发展乡村休闲文化旅游度假村,聚力创建"生态旅游"品牌,充分释放生态环境价值红利,提升生态环境产品溢价。加大生态旅游业与其他相关产业(如传统文化遗产、乡村影视文化、教育、农事、健康养生)的融合力度,延伸生态农业、文化产业、旅游业价值链,打造覆盖全区域、全品类、全产业的产业形态,创建乡村景区生态文旅品牌,推动"生态+文化"生态产品价值增值。第二,通过搭建生态产品管理、开发运营和服务平台,对碎片化的生态产品进行集中收储和整合优化,着力扩大消费市场,引导和激励生态功能区与城市化地区、农产品主产区开展生态资产交易,通过生态产品经营开发带动区域发展和产品溢价。

专栏 5-6　西藏林芝巴宜区生态资源+村集体经济，生态旅游产业致富村民

西藏林芝巴宜区林芝镇嘎拉村距林芝市区约 12 km，现有农牧民 33 户 148 人（劳动力 69 人），党员 19 名，耕地面积 590.9 亩，是远近闻名的文明村、生态村、旅游村，也是林芝市历届桃花旅游文化节的主办地。每年春天，1 200 多株百年以上野生桃树竞相绽放、花香满园，享有"桃花第一村"的美誉，全国各地游客慕名而来。

1. 具体做法

近年来，林芝巴宜区林芝镇嘎拉村依托区域内自然资源和历史文化，打造"生态农文旅"产业融合发展模式，促进生态优势向经济优势转变。具体做法包括以下几个方面：

（1）完善基础设施建设。大力争取投资，建设村庄基础设施。2015 年争取广东省援藏投资 860 万元，打造了嘎拉小康示范村，同步完善"桃花源"旅游景区基础设施。2017 年争取巴宜区投资 1 300 万元，将"桃花源"旅游景区改造升级为"农业综合体项目"。2018 年美丽乡村建设项目也在嘎来村落地实施。2022 年巴宜区委研究落实 2 700 万元用于嘎拉村整村推进项目。

（2）建立农村金融积分规则，激发村民环境保护意识。"绿色金融"通过对村民收集分类可回收废品，垃圾分类袋装化实施积分，累积积分作为嘎拉村农户信息建档授信额度的参考依据，这既落实了强农富农的优惠金融政策，又提升了广大牧民的环境保护意识。

（3）打造农业经济发展新模式，推动生态产业化经营。巴宜区嘎拉村通过打造"生态资源+村集体经济"的农业发展模式，重点围绕"桃花源"和"团结颂"等特色红旅绿游品牌，不断壮大村集体经济和增加农民收入。此外，巴宜区嘎拉村深入挖掘"农文旅"产业链，推动农产品销售、特色民宿、农业文化体验和生态旅游等产业融合发展，形成了"吃、采、看、游、住、购"全产业链和游客的"进入式消费"，实现了生态产品的增值溢价。

2. 取得的成效

嘎拉村通过推动传统农业产业转型升级为绿色发展的生态产业，打造"生态

农文旅"模式，实现了经济价值、社会价值、生态价值、历史价值、文化价值的全面提升，成效显著。

（1）生态产品供给能力提升。通过绿水青山就是金山银山理念的实践，嘎拉村的生态空间显著扩大，自然生态系统得到全面保护和修复，传统历史文化得以传承，生态产品的供给能力显著提升。

（2）生态价值转化为经济价值的渠道被打通。通过实施"绿色金融"积分规则，农牧民提升了环境保护意识，公共性生态产品的内在价值得到了充分实现，"农文旅"融合发展模式真正打通了经营性生态产品价值实现的渠道，助推生态产品资本化和生态经济的实现。

（3）农民收入快速增长。伴随产业快速发展与经济增长，村集体经济不断壮大，农牧民吃上了"生态饭"、走上了"致富路"。2023 年，嘎拉村农村经济总收入 1 302.3 万元，人均可支配收入 3.67 万元，村民"腰包"越来越鼓。以嘎拉自然村"团结颂"红色研学主题教育展览馆为依托，2024 年上半年，累计接待各级参观团体 700 余批 2 万余人次实现创收 8.6 万余元，真正推动了村庄"生态颜值"向"农民财富"转变。

5.4.2.3　层级协同，优化主体功能空间生态产品强链布局

第一，集中力量在生态功能区搭建生态资源权益收储平台，积极对接国家和区域生态资源权益交易中心，完善已有的碳排放权交易市场，加快生态产品和服务流通与交易。依托各地区乡村生态资源交易现状以及交易规则，逐渐形成市场竞争有序、多元主体参与、信息交互共享的生态产品市场交易体系，促进生态产品供需空间精准对接。第二，支持符合条件的生态功能区、农产品主产区建设一批生态产业示范园区、农业标准化基地、生态产品交易平台。充分发挥区域比较优势，打造跨区域产业链，形成优势互补、相互合作的区域产业分工格局。支持重点农产品主产区、生态功能区与城市化地区建立共建园区、飞地经济、旅游协作区等区域合作形式，形成与生态产品供给区资源禀赋相适应的生态产业集群，地方政府应瞄准功能和发展定位，形成不同功能区差异化的负面清单，制定中长期与短期并行的可持续性产业政策体系。第三，强化区域统筹合作，增强城市化

地区与农产品主产区、生态功能区间的区域合作扶持援助关系，搭建以产业发展、生态保护和空间开发协调的生态价值联系，围绕生态产品价值转化，激发要素流动活力，提升生态产业化和产业生态化的发展水平，促进生态产品价值转化循环畅通高效。

专栏5-7　浙江丽水强化空间整合与合作，加速推进生态产品价值实现

为了更好地推行丽水的生态产品价值实现，丽水政府通过采用整体空间重构、内部功能分工和外部空间联合等空间整合策略，为生态产品价值的实现直接构筑转换通道提供了一定的支持。

1. 以基础设施建设为核心的整体空间重构

重构交通基础设施网络，让生态产品"活起来""走出去"。一是提升对外交通互联互通能力。构建"三纵三横"铁路网络，加快衢宁铁路、金台铁路建设，推进衢丽铁路、温武吉铁路项目前期，谋划研究杭丽（横店至缙云段）、丽水至云和、金松龙铁路，强化与杭州、上海交通联系，积极融入长三角。建设空中走廊，加快丽水机场建设，融入全省"空中一小时交通圈"，形成覆盖丽水全域、温州西部、衢州东部、金华地区以及福建北部的区域集聚力。完善"两纵两横七支"高速公路网络，谋划机场互通和金松（遂）龙、青文等高速线路。二是畅通市域内部交通。建设 G235 国道松阳和云和段、G322 国道景宁段、G528 国道遂昌段、G330 国道青田温溪至船寮段等工程。优化通景交通体系，完善景区交通"最后一公里"。加快缙云仙都、古堰画乡、遂昌金矿、青田石门洞等重点景区公路等级提升，进一步加大公路通达 AAAA 级景区、国家级自然保护区、国家森林公园等的深度。

构筑"绿色高效、清洁低碳"能源网，共享绿色能源。一是不断输出绿色能源。整合现有小水电建设资源，增强龙头水库等优质电量的竞争优势，引导水电资源优化配置，并通过水电外送工程，与全省共享绿色成果。加快缙云抽水蓄能电站及其配套送出线路建设，积极谋划一批抽水蓄能站址，加强调节能力。继续推进公共建筑、商贸市场、工业厂房等规模化分布式光伏发电项目。持续推进"农光互补""渔光互补"项目，支持城乡居民利用自有住宅屋顶建设小型分布式光伏发电系统。二是完善清洁能源输出网络。加强电力输出通道和配电网建设，加快实施丽西 500 kV

输变电、丽水西南 220 kV 电网补强等工程。

建设"品牌特色、美丽智慧"旅游基础设施系统,整合全域资源。合理布局建设一批高品位酒店,打造一批明星民宿,打响"丽水山居"品牌。依托旅游度假区、农业综合体、传统村落等重要旅游载体建设,打造一批以文化体验、休闲旅居、养生禅修为主体的文化驿站,提供综合性旅游服务功能。继续深化"厕所革命",展现美丽城市、美丽乡村、美丽田园文明风貌。提升智慧旅游水平,完善数据接入机制,统筹采集基础旅游数据,建立数据发布平台,扩大数据应用范围,为游客及时提供各类旅游信息服务和在线旅游产品,实现景区状况实时监控,强化旅游产业监测。

2. 以文化与旅游发展为基础的内部分区重组

以文化为魂,整合重组一大文化核心、四大文化集聚区,凸显特色、拉近"距离"。以处州府城文化、通济古渠文化等为核心,在莲都区打造文化核心。以耕读文化、曲艺文化为核心,在遂昌—松阳形成文创禅居文化集聚区;以剑瓷文化、古韵廊桥、海上丝路等为核心,在龙泉—庆元形成剑瓷古韵文化集聚区;以黄帝文化、侨乡文化、山水摩崖石刻等为核心,在缙云—青田形成山水诗灵文化集聚区;以畲族文化、船帮文化为核心,在云和—景宁形成畲乡文化集聚区。

文化为魂,旅游为体形成"一心四区"功能分区,直接带动生态产品价值转换。在莲都区形成功能完善、服务城市旅游综合服务中心。遂昌—松阳山乡田园牧歌旅游区:积极引导山地观光、山地度假、山地运动、山地养生、山乡体验、山地农业休闲等多元化发展,共同打造山乡田园旅游组团;龙泉—庆元文化养生旅游区:整合青瓷、宝剑、茶叶等特色文化资源和香菇等农业资源,形成丽水独特的文化养生度假旅游片区;缙云—青田品质休闲旅游区:加快精品旅游景区和高端旅游度假区的建设,形成丽水全域旅游高品质观光和度假基地;云和—景宁乡村民俗旅游区:主打梯田观光、乡村休闲、畲乡度假、童玩体验等,形成独特的生态和文化旅游区。

以瓯江为主脉,"串珠成链",打造全域绿道网络。沿瓯江骨干水系两侧 1 km 范围内重点建设诗路沿江主线绿道与支线绿道,融合乡村振兴、交通服务等多种功能,综合骑行绿道、步行绿道等各类绿道,形成骨干绿道网络,连接沿线城乡聚落和超过 80% 的特色旅游资源,充分串联各个功能区,增强整体认同感,防止各个功能分区破碎化。

3. 以互利共赢为目标的外部空间联合

联合周边区域，协调共赢。深化与周边省市合作，强化规划对接，探索统一区域规划实施机制。积极谋划沪丽高铁、杭丽高铁、城际轨道等，加快推进丽水机场、温武铁路、瓯江航道等交通设施建设，主动接轨"一带一路"、长江经济带和海西经济区，形成空间融合、优势互补、资源共享、要素集聚的区域开放合作新格局。加强与衢州、温州、金华的跨区协调机制，加强环境共保、空间布局、产业发展和基础设施建设等方面协作，共同推进重大协作事项。

实现生态产品价值异地转化，跨界共赢。强化"飞地"园区建设，加快推进已签约"飞地"产业园建设，实现"飞地"孵化与市内成果转化基地无缝对接。强化山海协作产业园建设，加快推进生产性、生活性配套项目建设，提升园区整体管理服务水平。推进山海协作生态旅游文化产业园建设，编制发展规划和年度开发计划，启动基础设施建设和园区招引工作。强化专题合作，积极谋划交通、通信、能源、水利、环保等基础设施项目，围绕安民富民行动计划，高质量建设社会事业和民生合作项目。

生态产品价值理念输出与合作，开放共赢。推进与斯坦福大学等国外知名高校建立长期合作关系，完善生态产品价值实现开放合作机制，定期举办"生态产品价值实现机制国际大会"，加快绿水青山就是金山银山理念与实践成果的交流、传播与推广应用。充分发挥丽水华侨资源优势，推进浙江（青田）华侨经济文化合作试验区建设，高标准建设汤显祖戏曲小镇，持续推进汤显祖文化"走出去"战略，在农产品供给、生态旅游、休闲康养、生态文化、人才技术等领域加强合作共享，形成全方位、多层次、宽领域的发展新格局。

5.4.3　健全机制，精细化建立生态产品价值实现动力体系

5.4.3.1　建立分区差异化的生态产业化促进机制

分类分区划定生态产品开发适宜性等级，识别生态产品开发重点区域，编制生态产品开发利用产业发展指引。根据不同主体功能定位，统筹生态产品价值实现与国家重大战略区域、主体功能区、国土空间规划等政策衔接，从提升空间治理效能角度加强生态环境分区管治，因地制宜制定实施与主体功能区相适应的生

态环境保护政策和空间开发措施，健全与之相配套差别化政策，促进不同地区空间的生态产品价值实现。城市化地区应制定以户籍制度、土地集约利用、要素流动等为主的政策体系，系统建立城市更新与生态产品价值联系的创新发展机制。农产品主产区以耕地保护、财政与税收优惠、产业行业协同等政策为主，系统推进生态农产品高质量生产和生态价值高水平转化机制。生态功能区制定以生态环境保护修复、生态保护补偿市场化运作等政策为主，系统探索生态产品价值实现的内生动力转化和区域绿色发展机制。

专栏 5-8　厦门筼筜湖蝶变"城市会客厅"转化案例

筼筜湖位于厦门岛西南部，三面为繁华市区，一面临海水域面积 1.6 km²，环湖绿地面积 1.2 km²，前身是筼筜港，曾经水质良好，盛产鱼虾。20 世纪 80 年代后期筼筜湖污染严重、垃圾成堆、杂草丛生、水体黑臭、蚊蝇滋生。近 40 年来，厦门市委、市政府始终牢记习近平总书记提出的"依法治湖、截污处理、清淤筑岸、搞活水体、美化环境"20 字方针，将筼筜湖打造为厦门岛内水面面积最大、知名度最高的水体，最美的厦门"城市会客厅"。筼筜湖综合整治工程获评全国城市环境综合整治优秀项目、被联合国开发计划署评为"东亚海域污染防治和管理"示范工程，整治成果同时入选国家生态文明试验区改革举措和经验做法推广清单与《中国生态修复典型案例集》。经过统筹规划、系统治理，湖水环境质量实现根本性改善，串联"四湖六园"，形成文化、生态文明景观带，真正实现了"水更清、景更美、魂更强"。生态优势逐渐成为发展优势，筼筜湖片区"腾笼换鸟"，吸引大批总部经济、现代服务业企业入驻，成为厦门标志性的行政、金融、商贸、旅游、居住中心。数十年的整治历程让人们幡然醒悟：绿水青山就是金山银山，守住绿水青山，才能留住金山银山。

1. 具体做法

立法为先，率先开启依法治湖探索。自 1988 年起，先后修订颁布了《厦门经济特区筼筜湖区保护办法》等法规文件，通过强化湖区保护、突出首要职能、规范园区秩序、推进精细化管理等方法，构建完善的法律保障体系，为依法治湖、实施筼筜湖长效保护管理提供了法治保障。

久久为功，持续深化湖区综合整治。水污染治理及水生态修复是一项长期性工作。近40年的时间中，累计开展五期筼筜湖综合整治项目，投入资金40多亿元。一期综合整治，以"湖水基本不臭"为工程目标，实施源头截污，先后关停、搬迁数十家重点污染企业，投建污水处理厂。二期综合整治，以"截流新增污水，保证防汛排洪安全"为工程目标改造湖滨南路分流污水管道，建成输送新鲜海水能力达每秒 2.5 m³ 的西水东调海水输送管，修筑驳岸 14 km，修筑环湖林荫步道 27 km。三期综合整治，以"清淤整治，截流新增污水，改善筼筜湖生态环境"为工程目标，实施环湖截污改造，完成综合整治清淤工程，种植红树林进行生态治理四期综合整治，以"晴天污水不入湖"为工程目标，完成截污、污水泵站等建设。打造环湖步道，为市民提供了健身休闲新去处。五期综合治理，按照"控源截污、内源治理、活水补给、生态修复、智慧调度、长治久清"的系统治理路线，实施排涝泵站、生态环境整治提升和筼筜湖"西水东调"生态补水工程，完善雨污水分流制体系，为湖水长治久清奠定坚实基础。

科学规划引领城市建设发展。编制《厦门筼筜湖景观控制性详细规划及核心区景观规划设计》《环筼筜湖片区步行系统规划》，依托现有山水脉络，统筹山水林田湖草的系统治理，构建山、水、城相融合的城市风光，把好山好水好风光融入城市，为人民群众提供更多的优质生态产品。使筼筜湖区与"鼓浪屿—万石国家旅游名胜风景区"等旅游区域形成有机互补、互动，共筑层次丰富、个性鲜明的厦门旅游体系。成功打造白鹭洲国家重点公园和厦门城市原点，获评厦门城市会客厅美誉。

激发潜能力促产业融合发展。市、区两级政府以体现当地文化为基础，充分发挥筼筜湖景观资源的价值，在保护环境和开放空间的同时，大力发展旅游业，增强城市活力，为市民和游客提供文化娱乐、游览休闲的城市滨水公共空间，并提升筼筜湖周边地块的土地价值，以"生态+"理念，推动生态与产业深度融合、遍地开花。打造独具文化旅游特色的商业圈，建成厦门文化艺术中心，集合博物馆、艺术馆、科技馆和图书馆，配套电影城、演艺中心、会议报告中心和游客服务中心，打造"闽南文化""华侨文化""海洋文化"的展示窗口。完善高端商旅配套资源，片区内集聚希尔顿、马哥孛罗东方、凯宾斯基、威斯汀、泛太平洋、京闽中心等五星级酒店，建成华润万象城、磐基中心等城市综合体。高起点谋划推进"城市阳台"体系，打造年轻经济、引入年轻人流。"以节促产""以赛促产"，引进金鸡百花电影节和厦门国际马拉松比赛，"文化+旅游""赛事+旅游"融合新样板，将生态资源与文旅资源有机结合，打造《白鹭女神》水幕演艺和"筼筜雅游"特色项目。传承国学文化艺术，建设筼筜书院，常态化开展国学文化传播。2017 年金砖国家领导人厦门会晤期间，筼筜湖作为分会场之一，成功举办中俄两国领导人双边会晤，湖区优美的环境获得了习近平主席和普京总统的交口称赞。2020 年第 28 届中国金鸡百花电影节开幕式在筼筜湖中心的白鹭洲公园成功举行。

2. 主要成效

生态效益。经过近 40 年的综合整治，如今的筼筜湖水清岸绿、碧波荡漾、鱼翔浅底、白鹭翱翔，湖区郁郁葱葱的红树林实现了生态固堤和景观提升的有机结合，在城市中心区为鸟类和海洋生物等再造了一处栖息繁衍的新"绿洲"和城市湿地，成为繁华市中心的城市湿地公园和白鹭保护区，湖中的白鹭洲公园是国家重点公园。湖水水质已达到或优于海水水质四类标准，2022 年，筼筜湖水质中无机氮、活性磷酸盐浓度与 2015 年相比，分别下降 77.38%、58.35%，水体复氧能力增强，生物多样性不断增加，湖区累计发现鸟类 95 种、浮游动植物约 200 种，出现中国鲎、粗皮鲀、田鹬、栗喉蜂虎等珍稀保护动物，引来众多摄影爱好者、观鸟爱好者云集。

经济效益。昔日"臭水湖"已然蝶变为具有良好生态环境的文化娱乐、游览休闲的"厦门市最美的会客厅"，零噪声、纯太阳能动力的"筼筜雅游"带领游客重温"筼筜渔火"美景，白鹭洲灯光秀、水秀在引来了大批游客驻足观赏之余，也为西堤、海湾公园一带商户带来了勃勃商机。湖区周边的官任国际社区引来众多境外人士定居，西堤咖啡一条街临湖而建，因湖而兴，逐渐发展形成自成一体的湖畔经济业态。湖区优美景色吸引来五星级酒店沿湖扎堆分布，滨北超级总部落地建设，繁华了筼筜湖商圈。2021 年，筼筜湖周边第三产业实现营收 1 597.6 亿元。

社会效益。人居环境极大改善，筼筜湖片区逐渐发展成为高颜值生态花园城市的"门面担当"，并成为向国际上展示美丽中国建设的一个窗口。启动实施"筼筜故事"景点建设项目，开展爱心雕塑和爱心文化长卷设计，打造"筼筜驿"综合驿站，提升湖区文化内涵。

5.4.3.2 健全生态综合补偿制度，提升生态功能区内生发展动力

探索建立生态产品存量、增量与补偿资金分配相挂钩的市场化、多元化补偿机制。综合考虑生态产品价值核算结果，确定补偿资金分配依据，同时，根据保护生态功能的直接经济损失、机会成本、管理费用等科学地制定各类生态保护补偿标准，让补偿额度能覆盖相应的保护成本。加大重点生态功能区生态补偿力度，推进生态财政转移支付继续向农村落后地区倾斜，对相对贫困农户给予持续的精准帮扶，实现生态财政转移的多功能性，优先补齐共同富裕的短板。引入生态保护红线作为相关转移支付分配因素，向生态保护红线覆盖比例较高地区的生态产品供给加大支持力度，增加生态红线覆盖地区的收益。积极引入社会资本支持生态环境系统性保护修复工程建设，推动有限的财政转移支付资金向"优质优价"的精准补偿，激励生态功能区提供更多优质生态产品，促进生态产品价值实现，推动生态保护补偿资金投向生态产品价值实现领域，提升区域绿色发展能力。

专栏 5-9　浙江丽水全面建立市域内外生态补偿机制，助力流域生态治理再提效

近年来，丽水市充分发挥财政职能，统筹财政资源，持续开展全流域生态补偿机制创新与实践，促进流域生态环境质量不断改善。丽水水环境质量排名连续 3 年全省第一、全国前 10（2023 年跃居全国第二），连续 8 年夺得大禹鼎，生态环境状况指数连续 20 年全省第一。丽水地下水污染防治项目入选全国优秀典型案例，并获生态环境部领导批示。具体做法如下：

1. 主动作为，市域内补偿机制不断完善

一是坚持"共同体"流域保护理念。推动出台《丽水市瓯江流域县（市、区）上下游横向生态保护补偿实施方案》，把市内瓯江流域 7 个交接断面上下游地区作为一个整体全部纳入机制体系，凝聚块状合力，全面加强水污染治理、水生态修复和水资源保护，形成覆盖上下游、干支流、左右岸的流域生态环境保护格局。二是设立流域生态补偿专项资金。以权责对等、合理补偿为原则，由上下游县（市、区）共同出资设立瓯江流域生态保护补偿专项资金，统筹推进流域治理。目前，全市每年安排 3 500 万元补偿资金，专项用于瓯江流域生态保护和建设。三是拓宽生态补

偿资金来源渠道。按照"多元筹资、定向补偿"原则，综合运用行政和市场手段，积极拓宽资金筹措渠道。建立饮用水售水价格构成机制，从水价中提取补偿资金，补偿资金由市级财政转移支付水源地县级财政，用于水源保护区生态环境改善及水源保护等。通过饮用水资源与资金的价值转化，进一步推进供水区严格落实水源地保护责任。近两年，饮用水源生态补偿资金达到每年 2 500 万元。

2. 共担共享，跨市域补偿机制有序推进

一是加强与上下游地区协调沟通。积极贯彻落实省域内县际流域横向生态补偿政策，主动对接流域上下游相关地市财政部门，组织参加丽水与金华、衢州、温州等地相关区县流域横向生态补偿协调会，同时加强对各县（市、区）的工作指导，实现上下联动、一体推进。二是签订市际生态补偿协议。按照"保护生态者得利、环保受益者付费"的原则，与上下游地区协商补偿基准、补偿方式及相关生态指标等，达成协议共识。截至目前，丽水市青田县与永嘉县、鹿城区，遂昌县与龙游县、衢江区，莲都区与武义县，缙云县与磐安县等 6 个县（市、区）已全部签订横向流域生态补偿协议，其中青田县与永嘉县为全省首例。三是提高横向补偿标准。综合考量流域生态现状、保护治理成本投入、水质改善的收益、下游支付能力等因素，在合理范围内提高跨市域流域生态补偿标准。自 2023 年起，跨市域流域每个交接断面上下游地区生态补偿标准由 500 万元提高到 800 万元。

3. 综合施策，流域生态保护常态长效

一是完善流域生态保护考评体系。通过以"水质+水量水效"为核心的流域横向生态保护考评指标体系，将流域保护成效与财政资金分配补偿挂钩，实现正向激励和反向约束，倒逼各地防治并举。按照每个交接断面 500 万元的标准（特别约定的为 1 000 万元）进行市内上下游流域生态补偿。二是做好专项资金监管工作。以考核为抓手，将横向生态保护补偿机制建设纳入年度综合考核、"美丽丽水"建设考核，重点对流域生态保护补偿资金的兑付、使用等环节进行监督，确保补偿资金专款专用，切实提高财政资金使用效益。三是构建联防联治机制。积极推动上下游区县建立定期沟通协商、联合监测、联合检查和应急联动工作机制，共同解决流域生态环境保护突出问题。如遂昌、龙游两地打破行政区域壁垒，开展联合治水巡查活动，进行"监测、溯源、治理"闭环管理，切实保障当地群众饮用水水质安全。

5.4.3.3　推动建立高层级需求牵引高质量供给机制

加强生态功能区人口集聚态势研判，加大对生态功能区、农产品主产区人口聚集区基础设施和基本公共服务设施建设投资力度，补齐发展短板。重点落实跨区域重大产业平台和重大交通枢纽共建，谋划跨区域的高品质服务设施共享，包括区域间公路铁路等交通网络的衔接、旅游标准管理和服务对接，以及政策、品牌创建、市场对接等，生态综合体内部风景旅游道路及其游憩服务设施的衔接共享。加强城市化地区技术研发在其他功能区的引领创新与转化应用，强化生态金融和资产管理等平台服务功能，促进农产品主产区、生态功能区各类产品功能重组优化、供需有效传导和特色资源就近经济转化。进一步完善提高区域间的精准对接，建立健全空间合作共赢机制，打通市场通道，促进空间相互协调、共同发展。

5.5　以共同富裕拓展生态产品价值实现的对策与建议

5.5.1　健全生态产品精准供需体系

从乡村生态产品的供给与需求的关系出发，厘清城市居民对生态产品的个性化多样化需求，形成精准绿色供应链，实现优质生态产品的价值最大化，缩小城乡差距，实现共同富裕。一是建立信息数据共享平台。通过平台联通供应端和消费端，降低优质生态产品流通的盲目性，实现优质生态产品在城乡之间的精准供需匹配。二是培育专业化运营团队。在供应链体系的供应端、物流端、数据端、回收端等关键环节加快培育有市场竞争力的企业，通过专业运营团队管理生态产业化项目，提高全链业务水平。三是推进要素升级。鼓励技术创新，应用云计算、大数据、物联网、人工智能等新技术，实现生产设备、工艺流程、物流模式的数字化、智能化、绿色化，提高生态产品产加销效率，做大"生态蛋糕"，做强"经济蛋糕"，加强农民生态致富。例如，积极发展在线旅游和在线展览，通过网络和虚拟现实等技术，使人们可以足不出户就能欣赏到世界各地的美丽景观和丰富文化，创造新的供需空间对接匹配模式。

5.5.2　降低生态产品与经济产品空间错配程度

第一，对于生态产品欠缺的地区，通过建立健全地区之间生态保护合作框架，增强生态保护意识，以集约化、高效率的方式拉动区域经济可持续增长；对于生态产品富裕的地区，适度加大对生态产业系统的投资力度，深入挖掘生态资源特色，树立特色品牌，提高资源利用效率，实现生态产业—区域经济—生态环境系统协调发展。第二，加强生态功能区、农产品主产区，以及城市化地区、城市群落的空间一体化协调发展，减少空间错配集聚区，促进生态产业—区域经济—生态环境系统一体化发展，逐渐缩小区域间差异，最终形成协调之势。第三，各地区要科学规划生态空间、生产空间和生活空间边界，在"中央统筹—省域推动—地市组织—区县落实"的原则下，采用平等协商的方式，明确各方责任，推动生态产品价值实现工作有序开展，实现生态产业—区域经济—生态环境系统效益协调提升，推动各地区高质量、协调化、可持续发展，从根源上提高系统免疫力，改善系统间的空间错配状况，提升协调发展潜力，最终形成区域协调、一体化的可持续发展态势，从而实现生态保护和经济发展双赢。

5.5.3　充分发挥市场机制促进生态产品交易

一是充分发挥经营主体在促进生态产品供需对接中的作用，积极培育生态产品经营开发主体，在初期阶段对从事生态产品经营开发的经营主体给予财政补贴、税收优惠和项目支持。二是加快构建并不断完善生态产品市场信息平台，整合现有交易场所，建立生态产品交易中心，提供生态产品的产地、生产方式、质量标准、交易情况等信息，加快构建信息畅通、市场开放、竞争有力的交易体系，推进优质生态产品在线便捷交易。三是完善生态产品交易制度，加强市场规范管理，明确生态产品市场准入条件、交易方式、交易程序以及交易限额，创造良好的市场竞争条件，最大限度地实现生态产品的生态价值和经济效益，同时避免生态产品的过度开发利用。四是建立生态产品质量追溯机制，健全生态产品交易、流通全过程监督体系，推进区块链等新技术应用，实现生态产品信息可查询、责任可追查。五是发展与生态产品生产、销售、流通相关的绿色金融和保险产品，赋能生态产品经营主体发展和生态产品交易市场建设。

5.5.4 优化生态产品收益分配格局

第一，建立多层次多地区间的利益联结机制，共享生态产品价值转化成果。发达地区可依托各类工业园和生态农业园区的建设与结对地区和部门的衔接，实现对欠发达地区精准帮扶。不同经济发展水平地区之间通过联结，可加强产业、市场、就业、智力等各要素合作，实现一体化协调发展，最终共享建设成果，实现欠发达地区从"绿水青山"到"金山银山"的快速有效转化，缩小地区差距。同时，在同一地区，通过支持发展龙头企业、合作社等产业化组织，引导制定"企业+合作社+农户"紧密的利益联结机制。依托新型经营主体实现规模化、标准化生产与打造区域性品牌紧密结合，提升生态产品品质，实现农民农村共富。

第二，加快完善利益公平合理分配的机制和制度，优化收益分配格局，基于区域生态产品价值实现促进共同富裕的实际情况，制定细化的利益分配方案，以保障所有参与者能够获得应有的生态红利。首先，推动乡村全要素平等参与初次分配；其次，加大政府转移支付力度，调整各主体间利益分配关系，尤其是生态资源保护地农民的利益补偿问题，促进再分配资源流向生态领域；最后，做好第三次分配制度的设计与监督，鼓励个人、企业、公益性社团组织等主体通过募集、捐赠等方式设立可持续发展基金、企业公益基金、环境公益基金、土地休耕信托、生态信用奖惩等多种基金类型，间接或直接支持生态产品价值转化并促进生态收益合理分配，发挥第三次分配的重要补充作用。

第6章
基于 VREP 的美丽乡村建设路径

基于生态产品价值实现的美丽乡村建设为建立健全生态产品价值实现机制提供了案例支撑和实践基础。本章在辨析基于生态产品价值实现的美丽乡村建设内涵的基础上，分析美丽乡村建设现状与突出问题，揭示生态产品价值实现推动美丽乡村建设的内在机理，进而按照"主要问题—建设路径—生态产品—美丽乡村"的研究链条，提出了"生态修复+""生态农业+""环境整治+"3种主要美丽乡村建设路径，以及对策建议。

6.1 美丽乡村建设的内涵、历程与实践

6.1.1 美丽乡村内涵与构成

6.1.1.1 美丽乡村内涵

美丽乡村是指经济、政治、文化、社会和生态文明协调发展，规划科学、生产发展、生活宽裕、乡风文明、村容整洁、管理民主，宜居、宜业的可持续发展乡村[①]。自 2013 年国家层面首次提出建设美丽乡村后，美丽乡村概念即成为研究热点，但目前概念界定比较宽泛，尚未形成统一共识。从学者研究维度看，以"自

---

① 帅志强，蔡尚伟. 《美丽乡村建设指南》国家标准颁布实施的意义、作用及执行[J]. 生态经济，2016，32（3）：198-201.

然、社会、人文"①②或"生产、生活、生态"③3 个维度界定得较多,也有以"自然、经济、文化、社会"4 个维度或"政治、经济、文化、社会、生态"5 个维度④ 开展界定。从乡村建设历程看,我国先后提出了社会主义新农村、美丽乡村、生态宜居美丽乡村、宜居宜业和美乡村等概念,是对乡村建设理论和实践认识的发展。从建设任务看,美丽乡村建设相关标准定位于乡村"政治、经济、文化、社会、生态"5 个维度的全面建设,覆盖乡村的"五个振兴";而国家相关政策文件则多从生活、生产、生态 3 个维度出发,侧重乡村生态保护修复、农业绿色低碳发展、农村人居环境整治提升等建设任务,推动乡村生态全面振兴,建设宜居宜业美丽乡村。

各地在推动美丽乡村建设过程中,比较重视标准规范制定和引领,促进了美丽乡村建设内涵的发展。2012 年,浙江省安吉县围绕"村村优美、家家创业、处处和谐、人人幸福"四方面目标,在全国层面率先制定《美丽乡村建设规范》标准。2014 年,安吉县《美丽乡村建设规范》上升为浙江省地方标准(DB33/T 914—2014);同年,福建省也发布《美丽乡村建设指南》(DB35/T 1460—2014)。2015 年,在各地标准规范实践的基础上,国家质量监督检验检疫总局、中国国家标准化管理委员会发布《美丽乡村建设指南》(GB/T 32000—2015)国家标准。

国家标准的发布指导和规范了各省份美丽乡村建设工作;随后,陕西、海南、山西、湖北、湖南、安徽、四川等省份先后发布美丽乡村建设地方标准。从标准有关定义看,地方标准均沿用了国家标准中有关美丽乡村建设的内涵。其中,2017 年,党的十九大提出乡村振兴战略后,安徽省的美丽乡村建设内涵融入了乡村振兴的总体要求,由"生产发展、生活宽裕、乡风文明、村容整洁、管理民主"新农村建设要求转变为"产业兴旺、生态宜居、乡风文明、治理有效、生活富裕"的乡村振兴要求。同时,国家标准《美丽乡村建设指南》(GB/T 32000)修订版的

---

① 柳兰芳. 从"美丽乡村"到"美丽中国":解析"美丽乡村"的生态意蕴[J]. 理论月刊, 2013(9):165-168.

② 陈润羊. 作为承继的乡村振兴研究演化路径与未来展望[J]. 云南农业大学学报(社会科学), 2019, 13(5):12-19.

③ 于法稳, 李萍. 美丽乡村建设中存在的问题及建议[J]. 江西社会科学, 2014, 34(9):222-227.

④ 和沁. 美丽乡村建设科学内涵与实现路径[J]. 经济问题探索, 2013, 9:187-190.

征求意见稿也将美丽乡村建设内涵调整为乡村振兴五方面要求。[①]

根据以上研究进展和标准制定情况，美丽乡村建设的基本内涵随着地方实践的不断深入，也在不断丰富和发展，在国家新农村建设、乡村振兴、农业农村现代化等不同发展阶段，具有明显的时代特征。特别是党的二十大提出建设宜居宜业和美乡村，对乡村建设内涵和目标的进一步丰富和拓展，突出强调乡村建设要物质文明和精神文明两手抓，逐步让农村基本具备现代生活条件，着力塑造人心和善、和睦安宁的乡村精神风貌，实现乡村由表及里、形神兼备的全面提升。

随着国家乡村振兴和美丽中国建设两大战略的深入实施，结合现阶段我国农村生态文明建设的短板和弱项，本研究将美丽乡村概念界定为：牢固树立和践行绿水青山就是金山银山理念，按照生态优先、节约集约、绿色低碳的总体要求，以推进乡村全面振兴为统领，以促进人与自然和谐共生为导向，以建设农村生态文明为路径，统筹推进人居环境整治、农业绿色发展、生态保护修复等，推动农村生态生产生活"三美"融合的可持续发展乡村。

6.1.1.2　美丽乡村建设基本构成

2013 年，中央一号文件在农村生态文明建设部分，提出努力建设美丽乡村，涉及农村生态建设、农村环境保护和综合整治等内容，主要聚焦在农村生态环境保护等工作。2018 年，中共中央、国务院印发《关于实施乡村振兴战略的意见》和《乡村振兴战略规划（2018—2022 年）》，明确了美丽乡村建设 2035 年工作目标，即农村生态环境根本好转，生态宜居的美丽乡村基本实现；涉及农业绿色发展、农村人居环境改善、乡村生态保护与修复等内容。2022 年，党的二十大报告首次提出建设宜居宜业和美乡村，涉及内容更为丰富，包括乡村基础设施和公共服务布局。2023 年，中央一号文件分别从村庄规划建设、农村人居环境整治、农业绿色发展、乡村基础设施建设和基本公共服务能力等方面，提出建设宜居宜业和美乡村。同年，《中共中央　国务院关于全面推进美丽中国建设的意见》提出，实施美丽乡村示范县建设行动，涉及乡村生态振兴、农村人居环境整治、农业面

[①] 2024 年 11 月，标准正式发布，发布的标准名称为《美丽宜居乡村建设指南》（GB/T 32000—2024），其将美丽宜居乡村定义为"经济、政治、文化、社会和生态文明协调发展，产业兴旺、生态宜居、乡风文明、治理有效、生活富裕的可持续发展乡村"。

源污染防治等内容。

国家标准《美丽乡村建设指南》（GB/T 32000—2015）中，美丽乡村建设包括村庄规划、村庄建设、生态环境、经济发展、公共服务、乡风文明、基层组织、长效管理 8 个方面。福建、陕西、山西等省份的地方标准发布于乡村振兴战略提出之前，基本上沿用国家标准涉及的内容。湖北、浙江、湖南、安徽等省份的地方标准发布于乡村振兴战略提出之后，均有效衔接了乡村振兴有关总体要求，涉及村庄规划、生态环境、基础设施、产业发展、乡风文明、乡村治理等内容。四川省标准发布于 2023 年中央一号文件提出建设宜居宜业和美乡村之后，与宜居宜业和美乡村要求相一致，涉及生活宜居、发展宜业、治理有效、环境优美等内容。

综上所述，国家有关政策文件侧重从农村生态文明建设视角建设美丽乡村，国家和地方有关标准则从新农村建设或乡村振兴视角建设美丽乡村。本研究认为，美丽乡村是农村生态文明建设的愿景目标，美丽乡村建设由农村人居环境整治、农业面源污染防治、乡村生态保护修复、乡村生态文明制度创新等内容构成，其基本特征为环境优美、生态宜居、产业低碳，是生态美、产业优、百姓富有机耦合的乡村生命共同体。

6.1.2 美丽乡村建设历程

浙江省安吉县是中国美丽乡村建设的发源地，始于 2003 年的浙江省"千村示范、万村整治"工程（以下简称"千万工程"），开启了中国美丽乡村建设的探索之路。随着对乡村建设理论和实践认识的不断深化，我国先后提出了建设社会主义新农村、美丽乡村、生态宜居美丽乡村、宜居宜业和美乡村等目标，依据不同发展阶段乡村建设的特点和标志性事件，将我国美丽乡村建设历程划分为起步探索阶段（2003—2012 年）、重点推进阶段（2013—2021 年）、深化发展阶段（2022年至今）。

6.1.2.1 起步探索阶段（2003—2012 年）

2003 年，浙江省实施"千万工程"，着力解决农村人民群众反映最强烈的环境脏乱差问题。2005 年，党的十六届五中全会提出，按照生产发展、生活宽裕、乡风文明、村容整洁、管理民主的要求，建设社会主义新农村。2008 年，浙江省安吉县创新社会主义新农村建设模式，出台《安吉县建设"中国美丽乡村"行动纲要》，在全国层面率先启动美丽乡村建设。2010 年 6 月，浙江省全面推广安吉县美丽乡村建设经验，把美丽乡村建设升级为省级战略决策，并发布了《浙江省美丽乡村建设行动计划（2011—2015 年）》。2012 年，党的十八大首次提出建设美丽中国战略，把生态文明建设放在突出地位，融入经济建设、政治建设、文化建设、社会建设各方面和全过程，努力实现中华民族永续发展。

从各地实践看，广东省增城、花都、从化等市县从 2011 年开始启动美丽乡村建设。2011 年江苏省在全省实施"美好城乡建设行动"。2012 年，海南省明确提出将以推进"美丽乡村"工程为抓手，加快推进全省农村危房改造建设和新农村建设的步伐；安徽省全面推进美好乡村建设。"美丽乡村"建设已成为中国特色社会主义新农村建设的代名词，各地正在掀起美丽乡村建设的新热潮①。

这一阶段，我国美丽乡村建设处于起步探索阶段，由安吉县拓展到浙江全省，随后广东、海南、安徽、江苏等其他省份也开展了美丽乡村建设活动，态势呈现由点到线、由线扩面，为美丽乡村地方实践奠定良好基础。安吉县的"美丽乡村"建设为我国社会主义新农村发展提供了可借鉴的新模式，探索出了一条以生态文明建设推动社会经济发展的新道路②。国家在总结各地美丽乡村建设经验的同时，丰富和补充建设美丽中国战略目标的内涵，也为农村地区建设美丽中国明确了目标和方向。

6.1.2.2　重点推进阶段（2013—2021 年）

2013 年中央一号文件提出，推进农村生态文明建设，努力建设美丽乡村。为落实中央一号文件要求，原农业部开展"美丽乡村"创建活动，以促进农业生产发展、人居环境改善、生态文化传承、文明新风培育为目标，建设一批天蓝、地绿、水净，安居、乐业、增收的"美丽乡村"；财政部将美丽乡村建设作为一事一议财政奖补工作的主攻方向，从 2013 年起启动美丽乡村建设试点，探索总结好的经验做法和有效模式，为在更大范围内开展美丽乡村建设积累经验，完善政策③。

① 赵红. 美丽乡村建设问题研究：以山东省泰安市为例[J]. 山东行政学院学报，2018（6）：104-109.
② 景庆虹，孙燕丽，刘静. 美丽乡村建设科学内涵与实现路径[J]. 山东农业工程学院学报，2020，37（1）：5-9.
③ 王卫星. 美丽乡村建设：现状与对策[J]. 华中师范大学学报（人文社会科学版），2014，53（1）：1-6.

2015 年，国家标准《美丽乡村建设指南》（GB/T 32000—2015）发布，明确了美丽乡村的定义，规范了村庄规划建设、生态环境保护等建设内容。2017 年，党的十九大首次提出乡村振兴战略，明确了"产业兴旺、生态宜居、乡风文明、治理有效、生活富裕"的总要求。良好生态环境是农村最大优势和宝贵财富。必须尊重自然、顺应自然、保护自然，推动乡村自然资本加快增值，实现百姓富、生态美的统一。2018 年中央一号文件提出，实施农村人居环境整治三年行动计划，到2035 年农村生态环境根本好转，美丽宜居乡村基本实现。

从各地实践看，围绕美丽中国和乡村振兴两大战略，各地因地制宜地探索各具特色的美丽乡村实践路径。例如，浙江省 20 年来持之以恒实施"千万工程"，从"千村示范、万村整治"引领起步，到"千村精品、万村美丽"深化提升，再到"千村未来、万村共富"迭代升级，造就万千美丽乡村。安徽省以"生态宜居村庄美、兴业富民生活美、文明和谐乡风美"为目标，大力建设彰显徽风皖韵的宜居宜业和美乡村，"十三五"期末累计建成美丽乡村中心村 8 290 个、认定省级美丽乡村示范村 1 612 个、重点示范村 544 个。青海省以农牧区住房、村庄环境综合整治和基础设施、公共服务设施建设为主要内容，扎实推进高原美丽乡村建设，2014—2020 年建成 2 100 个高原美丽乡村，占全省村庄总数的 50.6%。

这一阶段，我国美丽乡村建设处于重点推进阶段，国家明确了美丽乡村建设的 2035 年战略目标，相关部门在全国层面开展美丽乡村创建试点示范工作，聚焦重点区域和典型区县，总结各地美丽乡村建设的亮点特色和模式经验，以便在更大范围提升美丽乡村建设的水平并扩大覆盖面。随着试点的深入推进，国家标准《美丽乡村建设指南》（GB/T 32000—2015）顺势推出，美丽乡村建设走上了规范化、标准化建设道路。

6.1.2.3 深化发展阶段（2022 年至今）

2022 年，党的二十大报告提出，要全面推进乡村振兴，建设宜居宜业和美乡村。2022 年中央一号文件提出，扎实推进宜居宜业和美乡村建设；加强村庄规划建设，扎实推进农村人居环境整治提升，持续加强乡村基础设施建设，提升基本公共服务能力。农业农村部、住房和城乡建设部开展美丽宜居村庄创建示范工作，"十四五"期间争取创建示范美丽宜居村庄 1 500 个左右，打造不同类型、不同特

点的宜居宜业和美乡村示范样板。2023 年，全国生态环境保护大会提出，今后 5
年是美丽中国建设的重要时期；统筹推动乡村生态振兴、农村人居环境整治，有
力防治农业面源污染，建设美丽乡村。《中共中央 国务院关于全面推进美丽中国
建设的意见》提出，一体开展"美丽系列"建设工作，打造美丽中国先行区、美
丽城市、美丽乡村，绘就各美其美、美美与共的美丽中国新画卷；实施美丽乡村
示范县建设行动，建设美丽乡村。到 2027 年，美丽乡村整县建成比例达到 40%；
到 2035 年，美丽乡村基本建成。2024 年中央一号文件提出，要提升乡村产业发
展水平、乡村建设水平、乡村治理水平，强化农民增收举措，推进乡村全面振兴
不断取得实质性进展、阶段性成果。

这一阶段，我国美丽乡村建设深化发展，由美丽乡村、生态宜居美丽乡村到
宜居宜业和美乡村，美丽乡村建设的内涵和要求逐步丰富、拓展。党的二十大擘
画了中国特色社会主义新时代宜居宜业和美乡村的新蓝图，回应了广大农民对美
好生活的期盼。建设宜居宜业和美乡村，其目标任务是全方位、多层次的，涉及
农村生产生活生态各个方面，涵盖物质文明和精神文明各个领域，既包括"物"
的现代化，也包括"人"的现代化，还包括乡村治理体系和治理能力的现代化，
内涵十分丰富。从各地实践看，目前各地尚处于美丽乡村创建阶段，对和美乡村
有关内涵与要求，正处于学习贯彻阶段。

6.1.3 美丽乡村建设现状与问题

6.1.3.1 美丽乡村建设现状

我国美丽乡村建设成效显著。住房和城乡建设部数据显示，2013—2022 年已
累计建设 5 万个以上具有地方特色的美丽乡村，8 155 个具有重要保护价值的村落
列入中国传统村落名录[①]。农村人居环境不断改善，2023 年全国农村卫生厕所普
及率超过 73%，农村生活污水治理（管控）率达到 40% 以上，90% 以上的行政村
生活垃圾得到收运处理，95% 以上的村庄开展了清洁行动，14 万个村庄得到绿化
美化，村庄环境基本实现干净整洁有序。农业绿色转型持续推进，化肥、农药持

---

① 倪虹. 谱写住房和城乡建设事业高质量发展新篇章[EB/OL].（2023-06-29）[2024-03-05]. https://www.
mohurd. gov. cn/xinwen/jsyw/202306/20230629_772900. html.

续减量增效。2023 年，化肥、农药利用率均超过 41%，主要农作物病虫害绿色防控覆盖率达 54.1%，畜禽粪污和秸秆利用率分别超过 78.3% 和 88%，农膜回收处置率稳定在 80% 以上，产地环境明显改善[①]。乡村生态保护修复步伐加快，我国森林面积和森林蓄积连续 30 年保持"双增长"，荒漠化、沙化土地面积连续 3 个监测期实现了"双缩减"，草原综合植被盖度达到 56.1%；2000—2017 年，全球新增的绿化面积中，约 25% 来自中国，贡献比例居世界首位[②]。农业农村部信息显示，2023 年全国乡村产业蓬勃发展，休闲旅游等新业态不断涌现，乡村休闲旅游年接待游客超过 30 亿人次；通过村规民约制定（修订）等措施，整治天价彩礼、大操大办等不良风气，文明乡风逐步形成。

国家美丽乡村制度建设由疏至密。中共中央、国务院先后印发《农村人居环境整治提升五年行动方案》《乡村建设行动实施方案》《关于学习运用"千村示范、万村整治"工程经验有力有效推进乡村全面振兴的意见》等文件，明确美丽乡村建设有关要求和主攻方向。《中华人民共和国乡村振兴促进法》等法律的颁布实施，为美丽乡村建设提供了法律保障。《美丽乡村建设指南》（GB/T 32000—2015）和《美丽乡村建设评价》（GB/T 37072—2018）等国家标准的实施，标志着国家美丽乡村建设和评价走上标准化建设道路。生态环境部、农业农村部及住房和城乡建设部等部门印发《农业农村污染治理攻坚战行动方案（2021—2025 年）》，持续改善农村生态环境；农业农村部、国家发展改革委和科技部等部门印发《"十四五"全国农业绿色发展规划》；农业农村部、住房和城乡建设部印发《关于开展美丽宜居村庄创建示范工作的通知》，提出到 2025 年争取创建示范美丽宜居村庄 1 500 个左右，打造不同类型、不同特点的宜居宜业和美乡村示范样板；国家发展改革委、自然资源部印发《全国重要生态系统保护和修复重大工程总体规划（2021—2035 年）》，确定了我国"三区四带"生态保护修复总体布局。在国家层面，从美丽乡村建设的法律法规、标准规范、技术政策等基础架构，再到分领域、分行业的具体方案或行动计划，逐步构建了较为完备的制度体系。

---

① 乔金亮. 农业绿色底色更鲜明[N]. 经济日报，2024-02-19（6）.
② 国新办举行《中国的生物多样性保护》白皮书新闻发布会[N]. 中国环境报，2021-10-11（2）.

各地美丽乡村建设实践蔚然成风。规划或方案统筹辖区内开展了美丽乡村试点示范建设。例如，浙江省先后发布《浙江省美丽乡村建设行动计划（2011—2015 年）》《浙江省深化"千万工程"建设新时代美丽乡村行动计划（2021—2025 年）》；河北省印发《河北省建设宜居宜业和美乡村行动方案》；安徽省印发《安徽省美好乡村建设规划（2012—2020 年）》《安徽省"十四五"美丽乡村建设规划》；宁夏回族自治区印发《宁夏美丽宜居村庄建设实施方案》等。地方标准引领美丽乡村规范化建设，浙江省和福建省早于 2014 年在全国率先发布美丽乡村建设规范省级标准，陕西、海南、山西、湖北、湖南、贵州、安徽、四川等省份也发布了符合省域特点的美丽乡村或美丽宜居乡村建设标准。通过试点示范，打造了一批各具特色的美丽乡村。例如，2022 年底，浙江全省 90% 以上村庄达到新时代美丽乡村标准；广东省美丽宜居村达到 12 214 个。

美丽乡村建设空间布局不断优化。基于前人研究成果[①~④]，从 2010—2023 年农业部公布的美丽乡村空间分布来看，对 2014 年、2017 年、2020 年和 2023 年 4 个时间截面做核密度分析，发现美丽乡村的空间分布核密度变化十分明显，呈现出明显的"点—簇—面"发展模式。2014 年美丽乡村核密度呈现明显的"单核模式"，即以北京、天津、河北为中心的京津冀地区为主要集聚区域，在成渝、西北、长三角等均有所分布。随着美丽休闲乡村活动的不断完善和推进，美丽休闲乡村数量不断增长，到 2017 年呈现为"簇状模式"，京津冀、长三角和成渝地区发挥辐射带动作用，品牌效应逐渐显现，以自身为圆心向周边扩散，形成簇状发展格局。2020 年美丽乡村密度分布呈现"三核连面"的发展模式，美丽乡村集中分布在长三角、京津冀和成渝地区，并呈由三中心从点连片成面的发展态势。2023 年美丽乡村密度分布形成"三核连面"的发展模式，并呈由三中心从周围区域不断发展态势。四川省、贵州省、云南省、山东省、安徽省等地的美丽乡村格

---

① 吴志斌,屈雅红,徐燕明. 中国美丽乡村的时空分异特征及影响因素分析——基于文化地理的视角[J]. 福建论坛（人文社会科学版），2020，8：47-59.
② 吴清，冯嘉晓，朱春晓，等. 中国美丽乡村空间分异及其影响因素研究[J]. 地域研究与开发，2020，39（3）：19-24.
③ 曹开军，王秘秘. 中国美丽乡村空间格局演变及其影响因素[J]. 地理科学，2022，42（8）：1446-1454.
④ 申晨菲，常鹏鹏，钱莹，等. 中国美丽休闲乡村时空分异与影响机制[J]. 西北师范大学学报（自然科学版），2022，58（6）：70-77.

局也趋于优化[1]~[4]。

6.1.3.2　美丽乡村建设存在的问题

近年来，国家层面发布《生态产品总值核算规范（试行）》、生态产品价值实现典型案例、"绿水青山就是金山银山"实践创新基地名单、首批国家生态产品价值实现机制试点名单等，各地开展生态产品价值实现的试点示范和实践探索，学术界深入生态保护补偿、生态权益交易、资源产权流转、生态产业开发、生态资本收益等研究，推动生态产品价值实现理论方法不断创新。但总体上，我国生态产品价值实现还处于起步探索阶段，优质生态产品供给能力相对不足，生态产品价值实现模式较为单一，一些深层次体制机制障碍尚未有效破除，绿水青山向金山银山转化仍面临一些堵点、难点，美丽乡村建设在改善"外在美"、形成"内在美"的协同性仍显不足。

（1）对美丽乡村建设尚未形成统一认知

一是一些地方重视程度还不够。受城乡二元结构影响，一些地方尚未将美丽乡村建设纳入重要议事日程，"重城市、轻农村，重工业、轻农业"的思想长期存在，对新时代新征程加快美丽乡村建设的必要性认识不到位。二是一些地方建设理念滞后。一些地方重视基础设施、危房改造等生活设施建设和村庄美化、环境治理等生态方面的建设，而对如何加强农业生产、提高农业可持续发展能力、增加农民收入方面则重视不够。尤其是有的地方对美丽乡村建设的认知仅停留在"搞搞清洁卫生，改善农村环境"等方面，尚未将生态文明理念融入乡村生态、生产、生活的各方面和全过程。三是不同部门定位有所差异。例如，农业农村部门往往从乡村全面振兴视角，分别从产业、人才、生态、文化、组织 5 个方面推进和美乡村建设，生态环境部门往往从乡村生态振兴视角，深入打好污染防治攻坚战，加强农村生态文明建设，打造美丽乡村。

① 李洁. 山东省美丽乡村空间分布特征及地理影响因素[J]. 平顶山学院学报，2023，38（2）：65-70.
② 张淼，陈亚馨，杨强，等. 西南地区美丽乡村空间分布特征及影响因素[J]. 湖北农业科学，2023，62（3）：208-212，256.
③ 姚侠妹，张清怡，袁婷婷，等. 安徽省美丽乡村空间分布特征及其影响因素研究[J]. 湖南城市学院学报（自然科学版），2024，33（1）：16-22.
④ 张晨，肖大威，黄翼，等. 广州市美丽乡村空间分异特征及其影响因素[J]. 热带地理，2020，40（3）：551-561.

（2）对标 2035 年美丽乡村目标差距较大

一是总体覆盖面较低。据住房和城乡建设部统计，2022 年我国有 47.79 万个行政村，已建美丽乡村按 5 万个测算，已建成美丽乡村的行政村占全国总数的比例仅为 10%左右，与 2035 年美丽乡村基本建成目标差距较大。二是区域差异大。与我国中东部地区相比，西部地区由于自然条件、生态经济发展基础薄弱，起点比较低，美丽乡村建设条件较差，人才、资金、技术等问题仍较为突出[①]，其美丽乡村建设在数量和质量上均与中东部地区存在差距。三是一些突出问题亟待解决。农村人居环境有待加快整治，尚有 60%的村庄生活污水尚未得到有效治理，多数村庄垃圾分类和资源化利用设施尚未覆盖，一些村庄污水横流、水体黑臭等问题突出；农业绿色转型任务较重，农业源水污染物排放（流失）量仍处于高位，化肥农药使用量偏高，部分地区地膜残留量大等问题突出。畜禽养殖场粪污处理和资源化利用方式不规范，水产养殖方式仍然粗放，养殖生产布局需进一步优化。农业主要依靠资源消耗的粗放经营方式仍未根本改变，农产品多而不优，品牌杂而不亮，绿色优质农产品供给还不足。四是部分乡村生态系统功能退化明显。据《全国生态状况变化（2015—2020 年）调查评估》，我国一些重要生态空间被挤占的现象依然存在，自然资源过度开发和不合理利用问题仍未得到根本解决。全国水土流失面积仍然有 290 多万平方千米，草原超载过牧问题依然突出，湖泊、湿地面积萎缩，生物多样性受到严重威胁，濒危物种增多。一些地方乡村生态系统人为受损严重，生态系统结构和功能亟待完善，生态产品价值实现机制有待加快建立[②]。

（3）多元主体共建共享格局尚未形成

一是建设主体单一化。当前参与美丽乡村建设的主体仍比较单一，多是通过政府财政投入加以扶持，缺乏多元主体参与的协作机制。例如，罗瑞健通过调研发现，在美丽乡村建设中，社会力量参与度不高，群众缺乏主体意识，主动性、创造性未被调动起来，存在"干部干、群众看"的现象，导致干群关系不协调，未形成工作合力。[③]二是建设内生动力不足。美丽乡村建设需要美丽经济打基础，

---

① 鹿风芍，齐鹏. 乡村振兴战略中美丽乡村建设优化策略研究[J]. 理论学刊，2020（6）：141-150.
② 罗瑞健. 推进美丽乡村建设的三大难题及对策建议[N]. 中国环境报，2023-09-19（3）.
③ 同②。

需要广大农民群众的积极主动参与。良好生态环境是农村最大优势和宝贵财富，从生态产品价值实现机制角度看，绿水青山转化为金山银山的路径有待拓宽，生态产业化、产业生态化的生态产业体系有待建立。三是市场化机制发挥不充分。尽管一些地区社会资本在生态农业、生态旅游等投资方面已取得初步成效，但总体上投融资回报机制尚未建立，美丽乡村建设的有效投融资模式有待加快探索。

（4）美丽乡村建设工作机制有待完善

一是规划机制不健全。一方面，不少美丽乡村建设前未做好统筹规划，导致乡村建设空间安排不合理，乡村整体风貌不协调，基础设施布局混乱，部分自然景观被破坏，也导致同质化建设严重、特色化建设不足，容易出现"千村一面"的现象。另一方面，一些村庄建设规划实用性较差，未充分考虑乡村未来发展和当前村民生产生活需要，在指导美丽乡村建设过程中未发挥规划引领的作用，一些村庄出现"空心村"，导致已建设施闲置或浪费。二是监管机制不健全。美丽乡村建设过程监管有待加强，一些地方美丽乡村建设了一些浮夸的建筑，如村门楼、广场、游园等，存在大拆大建、大搞"面子工程""政绩工程"等问题。还有一些地方，美丽乡村建设过程疏于监管，导致基础设施建设质量不高，容易损坏或破损，造成财政资金的浪费。三是管护机制不健全。于法稳通过调研发现，一些村庄污水处理站、垃圾中转站、运输车、农村安全饮水工程等基础设施都比较完备，但由于乡镇、村集体经济基础薄弱，农村基础设施和公用事业的经营管理呈现出有人建、有人用、无人管的情况。例如，江苏省无锡市早期建设的农村生活污水处理设施经过长时间运行，存在设备零部件老化、部分配套管网破损、处理效率降低等问题[①]。

乡村生态环境问题归根结底是农业发展方式和农村生活方式问题。以上问题的解决，需在绿水青山就是金山银山理念指导下，强化基于生态产品价值实现的美丽乡村建设顶层设计，统筹好乡村生态治理、生态产业发展、农民增收致富，汲取各地生态产品价值实现和美丽乡村建设的经验做法，有力有效推进宜居宜业美丽乡村建设，切实满足广大农民群众对优美生态环境和高品质生活的需要。

---

① 贺琛，周国婧，张周，等. 无锡市农村生活污水治理现状问题与对策[J]. 净水技术，2021，40（12）：63-68.

6.1.4　美丽乡村建设实践路径

　　基于美丽乡村的内涵和基本构成，充分借鉴农村环境整治、生态产品价值实现、美丽乡村"十大"模式、山水工程等典型案例，按照分区分类原则（中国七大地理分区、美丽乡村的 3 个基本构成）、综合分析与主导问题相结合原则（综合分析美丽乡村存在的主要问题并识别主导问题），选择"环境整治+""生态农业+""生态修复+"三大类，共 20 个典型案例。

　　"环境整治+"模式的典型案例选取了浙江省湖州市安吉县高家堂村（浙江湖州高家堂村）、重庆市南岸区南山街道放牛村（重庆南岸区放牛村）、广西壮族自治区桂林市恭城县莲花镇红岩村（广西桂林红岩村）、河北省安新县端村镇大淀头村（河北安新大淀头村）、新疆维吾尔自治区乌鲁木齐市米东区天山村（新疆乌鲁木齐天山村）、江苏省常熟市古里镇陈塘村（江苏常熟陈塘村）、浙江省丽水市莲都区下南山村（浙江丽水下南山村），案例主要做法与启示见图 6-1。典型案例美丽乡村建设采取的主要做法可归类为开展环境整治、发展特色农业产业，推动生态旅游发展，建立环境整治长效机制等 4 个方面。针对未来的美丽乡村建设，应分类施策推进农村环境整治、统筹规划美丽乡村建设任务、拓宽产业链促进产业融合发展、建立农村环境整治长效管护机制。

　　"生态农业+"模式的典型案例选取了福建省漳州市平和县三坪村（福建漳州三坪村）、江苏省苏州市吴中区金庭镇（江苏苏州金庭镇）、云南省红河州元阳县阿者科村（云南红河阿者科村）、广西壮族自治区梧州市苍梧县六堡镇（广西梧州六堡镇）、湖北省丹江口市土关垭镇土关垭村（湖北丹江口土关垭村）、山东省济宁市邹城市钓鱼台村（山东济宁钓鱼台村），案例主要做法与启示见图 6-2。典型案例的主要做法包括创新生态农业模式、发展特色农产品全产业链、促进农文旅融合。在"生态农业+"模式下，应大力发展高效生态农业、加快推进产业融合发展、积极推进美丽乡村建设共建共享。

典型案例	主要做法	启示
浙江湖州高家堂村	■ 完善环境基础设施 ■ 实施水环境整治行动 ■ 推动竹茶+加工业+生态旅游的特色生态产业发展	■ **分类施策推进农村环境整治** 筛选出同区域气候条件和地形地貌相匹配的，同地方经济社会发展能力和水平相适应的，同当地文化和风土人情相协调的整治技术。以农村生活垃圾治理、生活污水治理、村容村貌提升为重点，分类确定治理标准和目标任务，推进农村环境综合整治。
广西桂林红岩村	■ 实施农村环境整治专项行动 ■ 培育"月柿+养殖+旅游""三位一体"的农村生态产业体系 ■ 建立村庄环境设施运维长效机制	■ **统筹规划美丽乡村建设任务** 树立系统观念，制定科学的规划，明确美丽乡村建设任务，统筹推进农村人居环境整治提升、乡村产业发展。在生活污水治理方面，确定治理模式和工艺，合理布局污水处理设施。在生活垃圾处置方面，提出主要任务和实施方案。
新疆乌鲁木齐天山村	■ 开展农村环境整治 ■ 创建"美丽庭院+庭院经济" ■ 推动民俗文化旅游发展	在村容村貌方面，突出地域特色和乡土气息，着力打造具有乡土风情和最著辨识度的美丽乡村。在乡村产业方面，明确发展目标和重点任务。
河北安新大淀头村	■ 全面开展农村人居环境治理 ■ 亮化村容村貌 ■ 挖掘淀区文化	■ **拓宽产业链促进产业融合发展** 发展特色农业种植，将历史文化内涵导入特色农产品宣传中，积极申请"三品一标"认证，提高品牌知名度。充分发挥农业景观的文化服务价值，丰富休闲观光、生态旅游等业态。在农产品的生产、加工和销售主整体协同推进夯实要素整合的基础。实现农业农村多功能开发，推进旅
重庆南岸区放牛村	■ 开展美丽乡村整洁庭院 ■ 建立环境整治长效机制 ■ 推动花卉苗木和民俗融合发展	游观光、研学创意、农业文创、康养经济发展，以融合性延长产业链、以互补性提升价值链，推动乡村多功能发挥。
江苏常熟陈塘村	■ 完善人居环境整治机制 ■ 创建美丽张家河 ■ 延伸拓宽玫瑰产业链	■ **建立农村环境整治长效管护机制** 逐步建立农村人居环境基础设施管护机制，着力构建系统化、规范化、长效化的政策制度和工作推进机制。在村干部管护方面，建立专人负责制。在村民管护方面，建立问
浙江丽水下南山村	■ 开展环境综合整治 ■ 严格保护传统古村落 ■ 推进文化创作和生态旅游同步发展	题反馈App。在数字化管护方面，利用物联网技术对村庄环境进行全景动态式监测，形成发现问题、整治点位、手机上报整改成果、系统审核确认的管护系统。

图 6-1　"环境整治+"美丽乡村建设案例与启示

典型案例	主要做法	启示
福建漳州三坪村	■ 创新"林药模式" ■ 壮大花卉产业 ■ 完善闽南生态文化旅游体系	■ **大力发展高效生态农业** 确立与地理环境条件、资源类型等相适应的生态农业发展战略。积极扶持农业龙头企业，放大"种、养、加、供、产"一体化经营的效益，发展农产品精深加工，推动农产品加工精细化、特色化、功能化发展。建设时鲜蔬果、
江苏苏州金庭镇	■ 发展高效生态农业 ■ 创新农业发展新模式 ■ 推动生态农文旅融合发展	花卉苗木、特色水产、优质茶叶、畜禽养殖等农产品生产基地，充分挖掘和拓展休闲农业、观光农业、创意农业等生态农业多种功能，打造"小而美"生态农业产业集群。
云南红河阿者科村	■ 发展梯田立体生态农业 ■ 传承"四素同构"梯田文化 ■ 发展村集体主导的生态文化旅游	■ **加快推进产业融合发展** 以农业为核心，坚持以农业发展作为优先方向；其次要以农业物料、人工种养和特色动植物资源为原料催生出加工、销售等环节，激活农产品加工产业；还要延伸产业链，拓展农业多样性和提升农产品附加值。从强化以市场为基
广西梧州六堡镇	■ 扩大六堡茶种植规模 ■ 构建全产业链现代茶产业体系 ■ 发展多元业态	础的融合、强化多向度集成性的融合、强化多业态链接性的融合、强化多利益合作主体的融合四个维度出发，促进产业融合更加紧密、更加有效。
湖北丹江口土关垭村	■ 发展高效生态农业 ■ 构建武当道茶全产业链 ■ 推动茶+生态文化+生态旅游发展	■ **积极推进美丽乡村建设共建共享** 基于产业农业全生命周期，促进多元主体的协同共进。在农业产品价值实现的孕育期做好农户主导，企业配合，政府引导。在幼稚期坚持政府主导、企业开拓，生态保护协会维护，农民配合。在成长期转变为企业主导，农民配合，
山东济宁钓鱼台村	■ 发展食用菌生态产业 ■ 提升景观优美度 ■ 积极发展生态旅游	生态保护协会保障，社会群体参与，政府监督。在成熟期把握政府主导、企业配合，农民配合，生态保护协会维护，社会群体监督。在稳定发展期，多方协同助力农业生态产品价值增值。

图 6-2　"生态农业+"美丽乡村建设案例与启示

　　"生态修复+"模式的典型案例选取了内蒙古自治区巴彦淖尔市磴口县巴彦高勒镇（内蒙古巴彦高勒镇）、云南省大理市湾桥镇古生村（云南大理古生村）、江西省赣州市赣县区白鹭古村（江西赣州白鹭古村）、西藏自治区林芝市巴宜区嘎拉村（西藏林芝嘎拉村）、宁夏回族自治区银川市西夏区昊苑村（宁夏银川昊苑村）、浙江省杭州市余杭区青山村（浙江杭州青山村）、浙江省丽水市景宁县鹤溪街道那云村（浙江丽水那云村），案例主要做法与启示见图 6-3。典型案例在美丽乡村建设进程中，首先因地制宜地修复受损生态系统，其次协同生态修复与生态产业的发展，最后完善相关制度。在"生态修复+"模式下，需加快推进山水林田湖草沙一体化生态保护修复、协同推进生态保护修复与生态产业融合发展、不断完善美丽乡村建设制度。

图 6-3　"生态修复+"美丽乡村建设案例与启示

6.2　生态产品价值实现与美丽乡村建设内在逻辑

借鉴公共治理理论，从治理理念、治理措施、治理目标 3 个维度，分析生态产品价值实现与美丽乡村建设的内在逻辑，内在逻辑见图 6-4。在治理理念上，生态产品价值实现和美丽乡村建设的核心理念均为绿水青山就是金山银山理念，将人与自然和谐共生作为价值实现和乡村建设的基本要求。生态产品价值实现侧重健全生态产品价值实现机制，将生态优势转化为经济优势；美丽乡村建设侧重于改善农村生态环境质量，供给优质生态产品，推动生态产业化和产业生态化，促进生产生活方式绿色低碳转型。在治理措施上，生态产品价值实现是建设美丽乡村的重要措施之一，通过保护生态产品存量、修复生态产品增量，厚植生态本底，打通绿水青山转化金山银山的通道，实现生态产品的经济价值、环境效益和社会效益三者共赢，建成美丽乡村。在治理目标上，生态产品价值实现的终极目标为构建生态美、百姓富有机统一的美丽乡村，通过体制机制改革创新，不断丰富生态产品价值实现路径，改善乡村生态环境质量，筑牢乡村生态安全屏障，培育绿色转型发展的新业态新模式，拓展延伸生态产品产业链和价值链，进而打造美丽乡村。

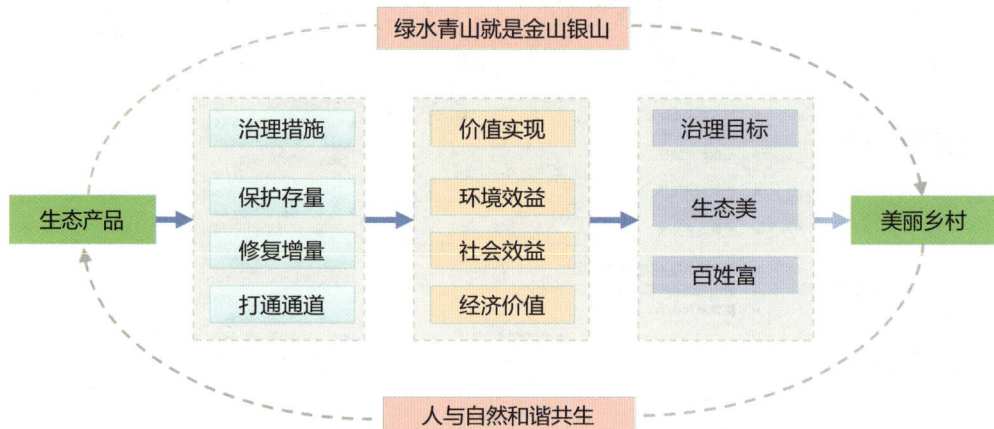

图 6-4　生态产品价值实现与美丽乡村建设的内在逻辑

基于生态产品价值实现的美丽乡村建设，是指牢固树立和践行绿水青山就是金山银山的理念，通过加强农村生态环境保护，培育和发展乡村生态产业，健全农村生态产品价值实现机制，增加优质生态产品供给，建设百姓富与生态美相统一、宜居宜业的美丽乡村。该概念强调的是，在建设美丽乡村的过程中，一方面要加强农村生态环境保护，厚植乡村发展生态底色，改善村庄人居环境，提升美丽乡村的"外在美"；另一方面要推动农村生产生活方式绿色低碳转型，发展生态农业、生态加工业、生态旅游业，健全生态产品价值实现机制，保护自然价值和增值自然资本，增进乡村生态福祉，提升美丽乡村的"内在美"。

6.3　基于生态产品价值实现的美丽乡村建设模式

按照"主要问题—建设路径—生态产品—美丽乡村"的研究链条，提出了"环境整治+""生态农业+""生态修复+"3 种主要建设路径，统筹生态治理与产业发展，健全乡村生态产品价值实现机制，拓宽绿水青山转化金山银山的路径，实现乡村生态"含金量"和发展"含绿量"同步提升，建设山清水秀、田园风光、生态宜居、百姓富裕的美丽乡村。基于生态产品价值实现的美丽乡村建设路径示意见图 6-5。

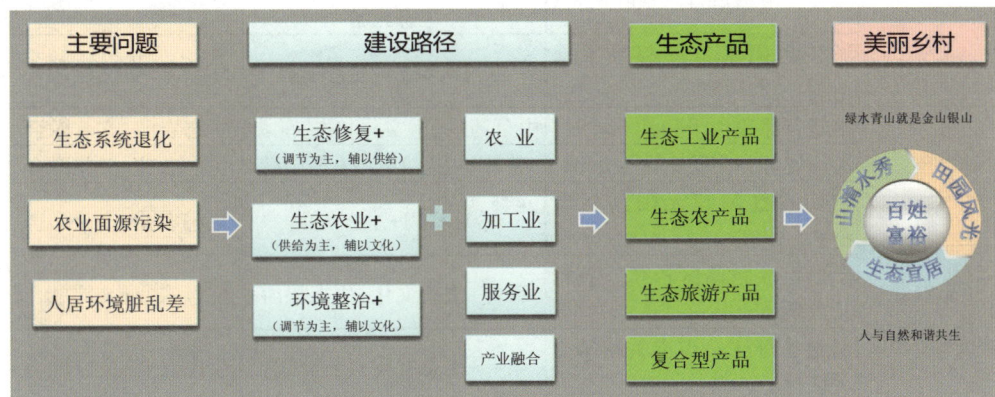

图 6-5　基于生态产品价值实现的美丽乡村建设路径示意

总结归纳典型案例美丽乡村建设路径，共有三大类 10 个建设路径（表 6-1）。其中，在"环境整治+"路径下，有环境整治+三产融合、环境整治+农旅融合、环境整治+农文旅融合、环境整治+文旅融合 4 个建设路径。三产融合最主要的特征是种植业、加工业和生态旅游的融合。与三产融合相比，农文旅融合最主要的特征是农业种植、文化和生态旅游的融合，不包含加工业。在"生态农业+"路径下，有生态农业+文旅融合、生态农业+生态旅游两个建设路径。在"生态修复+"路径下，有生态修复+三产融合、生态修复+农文旅融合、生态修复+农旅融合、生态修复+文旅融合 4 个建设路径。

表 6-1　典型案例美丽乡村建设路径总结

模式类型	典型案例	产业类型	建设路径
"环境整治+"	浙江省湖州市安吉县高家堂村	竹茶+加工业+生态旅游	环境整治+三产融合
	重庆市南岸区南山街道放牛村	花卉苗木+生态旅游	环境整治+农旅融合
	广西壮族自治区桂林市恭城县红岩村	月柿+生态旅游	环境整治+农旅融合
	河北省安新县端村镇大淀头村	有机水产+淀区文化+生态旅游	环境整治+农文旅融合
	新疆维吾尔自治区乌鲁木齐市米东区天山村	民族文化+生态旅游	环境整治+文旅融合
	江苏省常熟市古里镇陈塘村	玫瑰种植+生态加工业+生态旅游	环境整治+三产融合
	浙江省丽水市莲都区下南山村	古村落保护+生态旅游	环境整治+文旅融合
"生态农业+"	福建省漳州市平和县三坪村	中草药+民俗文化+生态旅游	生态农业+文旅融合
	江苏省苏州市吴中区金庭镇	茶叶+生态文化+生态旅游	生态农业+文旅融合
	云南省红河州元阳县阿者科村	哈尼梯田+生态旅游	生态农业+文旅融合
	广西壮族自治区梧州市苍梧县六堡镇	茶叶+生态文化+生态旅游	生态农业+文旅融合
	湖北省丹江口市土关垭镇土关垭村	茶叶+生态文化+生态旅游	生态农业+文旅融合
	山东省济宁市邹城市钓鱼台村	农业采摘+生态旅游	生态农业+生态旅游
"生态修复+"	内蒙古自治区巴彦淖尔市磴口县巴彦高勒镇	中草药+生态加工业+生态旅游	生态修复+三产融合
	云南省大理市湾桥镇古生村	有机水稻+生态文化+生态旅游	生态修复+农文旅融合
	江西省赣州市赣县区白鹭古村	脐橙+生态旅游	生态修复+农旅融合
	西藏自治区林芝市巴宜区嘎拉村	农业采摘+生态旅游	生态修复+农旅融合
	宁夏回族自治区银川市西夏区昊苑村	葡萄+酿酒+生态旅游	生态修复+三产融合
	浙江省杭州市余杭区青山村	文化创作+生态旅游	生态修复+文旅融合
	浙江省丽水市景宁县鹤溪街道那云村	畲族文化+生态旅游	生态修复+文旅融合

在"环境整治+"路径下，4 个美丽村庄生态产品供给类型主要是调节服务，1 个美丽村庄生态产品供给类型主要是物质供给，2 个美丽村庄生态产品供给类型主要是文化服务。在"生态农业+"路径下，5 个美丽村庄生态产品供给类型主要是物质供给，1 个美丽村庄生态产品供给类型主要是文化服务。在"生态修复+"路径下，4 个美丽村庄生态产品供给类型主要是调节服务，1 个美丽村庄生态产品供给类型主要是物质供给，2 个美丽村庄生态产品供给类型主要是文化服务（表 6-2）。美丽乡村建设路径与生态产品供给类型的关系链示意见图 6-6。

表 6-2　美丽乡村建设生态产品供给类型

模式类型	典型案例	生态产品供给类型		
	浙江省湖州市安吉县高家堂村	□物质供给	☑调节服务	☑文化服务
	重庆市南岸区南山街道放牛村	□物质供给	☑调节服务	□文化服务
"环境整治+"	广西壮族自治区桂林市恭城县红岩村	☑物质供给	□调节服务	□文化服务
	河北省安新县端村镇大淀头村	□物质供给	☑调节服务	□文化服务
	新疆乌鲁木齐市米东区天山村	□物质供给	□调节服务	☑文化服务
	江苏省常熟市古里镇陈塘村	□物质供给	☑调节服务	□文化服务
	浙江省丽水市莲都区下南山村	□物质供给	□调节服务	☑文化服务
	福建省漳州市平和县三坪村	☑物质供给	□调节服务	□文化服务
	江苏省苏州市吴中区金庭镇	☑物质供给	□调节服务	□文化服务
"生态农业+"	云南省红河州元阳县阿者科村	□物质供给	□调节服务	☑文化服务
	广西梧州市苍梧县六堡镇	☑物质供给	□调节服务	□文化服务
	湖北省丹江口市土关垭镇土关垭村	☑物质供给	□调节服务	□文化服务
	山东省济宁市邹城市钓鱼台村	☑物质供给	□调节服务	□文化服务
	内蒙古自治区磴口县巴彦高勒镇	□物质供给	☑调节服务	□文化服务
	云南省大理市湾桥镇古生村	□物质供给	☑调节服务	□文化服务
	江西省赣州市赣县区白鹭古村	□物质供给	☑调节服务	□文化服务
"生态修复+"	西藏自治区林芝市巴宜区嘎拉村	□物质供给	☑调节服务	□文化服务
	宁夏回族自治区银川市西夏区昊苑村	☑物质供给	□调节服务	□文化服务
	浙江杭州市余杭区青山村	□物质供给	□调节服务	☑文化服务
	浙江丽水景宁县鹤溪街道那云村	□物质供给	□调节服务	☑文化服务

图 6-6　美丽乡村建设路径与生态产品供给类型的关系链示意

6.3.1　"环境整治+"美丽乡村建设路径

该路径以调节服务类生态产品为主，辅以必要的文化服务类生态产品，针对人居环境"脏乱差"的乡村地区，学习运用"千万工程"经验，以实施农村人居环境整治工程为抓手，以建设宜居宜业美丽乡村为导向，统筹推进环境整治与设施建设、产业发展、乡风文明等，解决与农民生产生活息息相关的厕所、污水、垃圾等关键小事，提升乡村美丽"颜值"，培育特色生态产业，让"好风景"成为乡村振兴的"好钱景"。例如，浙江省湖州市安吉县通过 20 多年持续实施"千万工程"，把全县所有村全部打造成美丽乡村。同时，积极发展观光旅游，推动竹产业等相关产业发展，探索走出一条绿色低碳高质量发展的乡村振兴之路。

立足特色种植业，纵向实现种植、加工、储运、销售一体化发展，并融合民宿、文化旅游、生态旅游等产业实现产业链横向延伸，提升全产业链的价值。高家堂村构建 2 条产业链，分别为毛竹种植—加工—销售、白茶种植—加工—销售，并依托茶园发展田园农业观光旅游。放牛村发展了花卉苗木种植—销售的产业链，并建成观光产业园，发展民宿、旅游等产业。红岩村构建了 2 条产业链，分别为月柿种植—销售、养殖—销售，并依托月柿基地发展休闲观光业。大淀头村发展了渔家乐的产业链。天山村壮大了采摘园—农家乐—休闲观光旅游的产业链。陈塘村培育了玫瑰种植—玫瑰深加工—销售的产业链。下南山村依托民宿开发生态旅游产业，生态旅游业的壮大，带动了杨梅种植—销售产业链的发展。"环境整治+"路径下典型案例的全产业链示意见图 6-7。

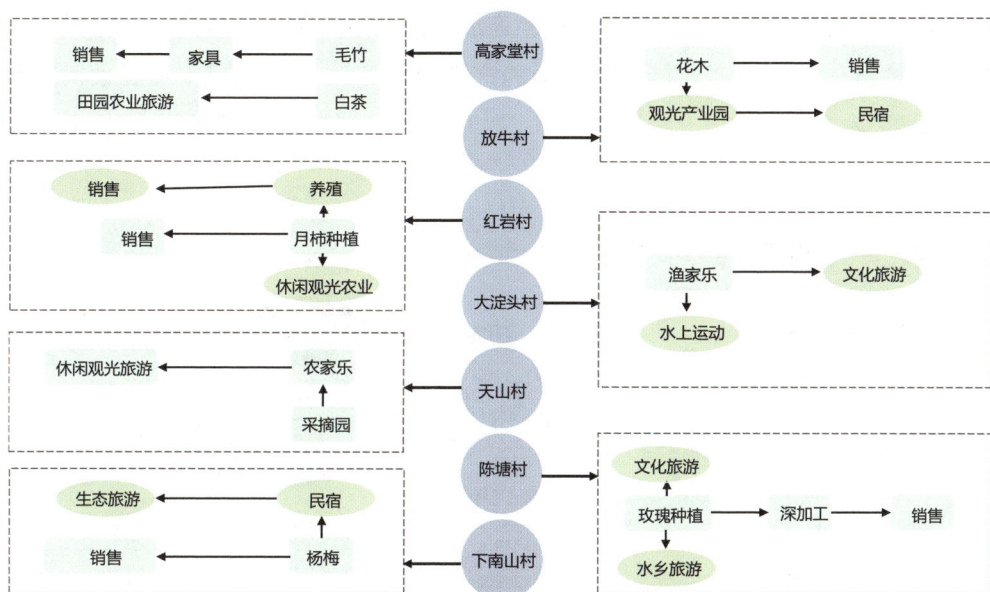

图 6-7　"环境整治+"路径下典型案例的全产业链示意

6.3.2　"生态农业+"美丽乡村建设路径

该路径以物质供给类生态产品为主，辅以必要的文化服务类生态产品，针对农业面源污染突出的乡村地区，按照生态工程学原理，推广种养结合、生态健康养殖等方式，推进农业资源利用集约化、投入品减量化、废弃物资源化、产业模式生态化；同时，依托优质农产品、优美自然环境、特色文旅资源等，实施农文旅深度融合工程，发展特色生态产业，打造乡土特色品牌，发展生态旅游新业态，增加农产品附加值和农民收入，推动一、二、三产业融合发展。例如，江苏省苏州市吴中区金庭镇依托区位优势、特色产品和历史文化，发展生态农业，打造洞庭山碧螺春等品牌，培育农事体验和文化旅游，实现农文旅深度融合发展。

"生态农业+"路径下，三坪村壮大了 3 条产业链，分别为中草药种植—销售、蜜柚种植—销售、毛竹种植—销售。依托良好的生态环境和文化资源，积极推动生态文化旅游的发展。金庭镇种植碧螺春，培育特色农产品，从而构建产业链。此外，金庭镇还积极发展民宿，并融合历史文化，打造生态文化旅游品牌。阿者科村基于梯田种养茶模式，通过"互联网+"完成农产品的销售。六堡镇和土关垭村构建了完整茶产业链，并不断推动生态旅游，促进茶旅融合发展。唐家堡村依靠葡萄种植—销售的产业链实现公司的产值增加。钓鱼台村同步发展采摘园和休闲垂钓业，在此基础上发展农家乐。"生态农业+"路径下典型案例的全产业链示意见图 6-8。

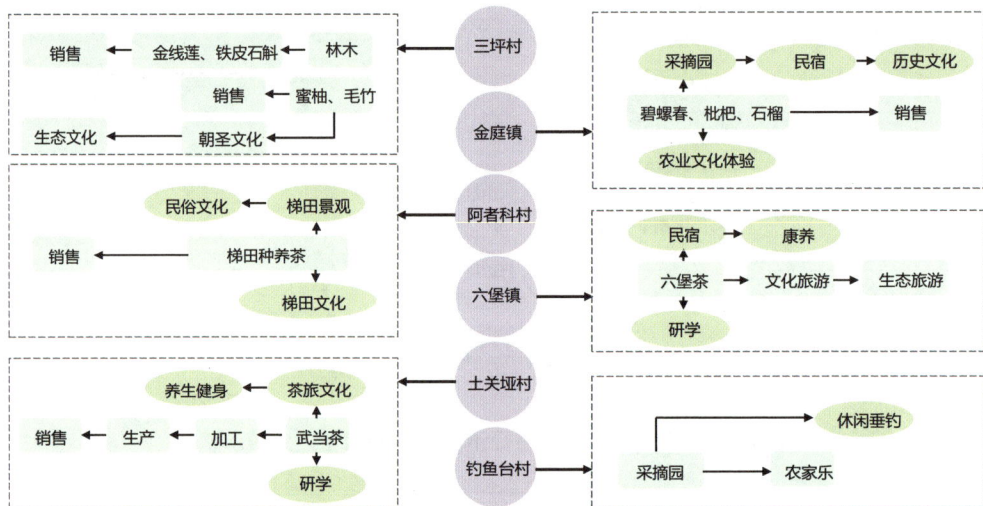

图 6-8   "生态农业+"路径下典型案例的全产业链示意

6.3.3 "生态修复+"美丽乡村建设路径

该路径以调节服务类生态产品为主，辅以必要的物质供给类生态产品，针对自然生态系统被破坏或生态功能缺失的乡村地区，统筹生态修复和生态惠民，坚持山水林田湖草沙一体化保护和系统治理，因地制宜发展惠民产业，将生态修复与生态产业发展相结合，在恢复生态系统功能和增加生态供给的同时，将生态产品的价值附着于农产品、工业品、服务产品的价值中，实现百姓富、生态美的有机统一。例如，宁夏回族自治区银川市西夏区将砂坑建成葡萄种植基地，为周边区域提供优质生态产品，并带动产业绿色转型与乡村振兴，实现生态、经济、社会等综合效益。

"生态修复+"路径下，巴彦高勒镇构建了肉苁蓉产加销的产业链，古生村壮大了水稻种植—加工—销售、烟草种植—销售的产业链，白鹭古村发展了脐橙种植—销售的产业链，嘎拉村培育了果树种植—采摘—销售的产业链，八里庙村构建了玉米种植—加工—销售的产业链，吴苑村依托葡萄种植发展了采摘—酿酒—储运—销售的产业链，青山村发展了生态旅游—文创销售的产业链。各典型案例依托生态修复后的良好生态资源，不断丰富研学、休闲观光、农家乐、文创等业态。"生态修复+"路径下典型案例的全产业链示意见图 6-9。

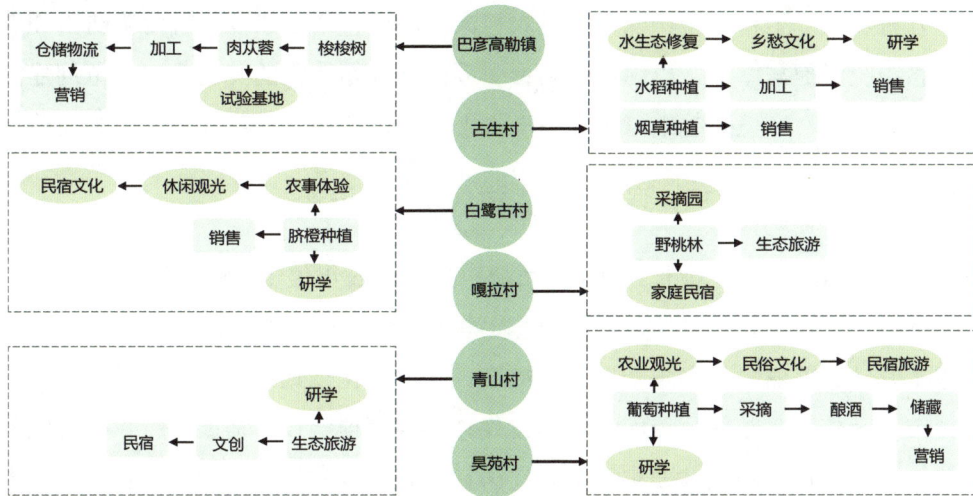

图 6-9　"生态修复+"路径下典型案例的全产业链示意

此外，各地还探索了"清洁能源+""制度创新+"等基于生态产品价值实现的美丽乡村建设路径，由于尚处于试点探索阶段，仍需在实践中进一步加大政策扶持和研究探索，形成相对稳固的建设路径予以推广。考虑到各地乡村自然本底和经济条件差异较大，在推进美丽乡村建设中，宜坚持因地制宜、精准施策，结合自身生态环境条件、自然资源禀赋、地理区位优势、经济社会状况等，聚焦美丽乡村建设的突出问题，科学选取不同建设路径及其组合，加强乡村生态保护修复，持续改善农村人居环境，把生态治理和发展生态产业有机结合起来，做大做强有机农产品生产、乡村旅游、休闲农业等产业，构建人与自然和谐共生的美丽乡村。

6.4　基于生态产品价值实现的美丽乡村建设战略对策与优先行动

6.4.1　战略对策

农村生态环境根本改善是美丽乡村的题中之义和内在要求。今后 5 年是美丽中国建设的重要时期，也是美丽乡村建设提质增效的攻坚期。以习近平生态文明思想为指导，深入贯彻落实全国生态环境保护大会精神，学习推广浙江"千村示范、万村整治"工程经验，深入推进农村人居环境整治、农业面源污染防治和农村生态系统保护与修复，以绿色低碳为引领推动各具特色的美丽乡村示范创建，让生态美起来、环境亮起来，再现山清水秀、天蓝地绿、村美人和的美丽画卷。

6.4.1.1　锚定战略目标，强化美丽乡村规划顶层设计

建设美丽乡村是一项长期任务、系统工程。2035 年处于美丽中国、乡村振兴、共同富裕、碳达峰碳中和、生态文明建设等战略叠加期，锚定 2035 年农村生态环境根本好转、美丽乡村基本全覆盖等战略目标，强化规划顶层设计，完善国家—省—市—区县—乡镇—村美丽乡村建设规划。规划顶层设计需要坚持系统思维，按照中国式现代化的整体要求，把"宜居宜业和美乡村"建设融入乡村振兴和农业强国的整体规划之中，协调城市与乡村的融合发展，制定整体性推进乡村建设的政策、规划建设的时间表和路线图。规划顶层设计还应遵循乡村自身发展规律，根据乡村自然环境、人口结构、产业基础等因素，科学制定与发展阶段相适应的发展策略和措施。

6.4.1.2　聚焦突出问题，分区分类推进美丽乡村创建

围绕农业农村突出生态环境问题，突出重点区域、重点领域和关键环节，以更高标准打几个漂亮的标志性战役，显著改善农村生态环境质量。坚持分区分类推进，根据不同乡村的地理位置、资源禀赋、产业特点、风俗文化、村民需求等，

因村施策、因地制宜，采取差异化的措施和政策，分类推进乡村建设的有序发展。在分类推进的过程中，关键要发挥先行示范的引领作用，进而带动整体性提升。以全国创建的一批"宜居宜业和美乡村"示范基地为标杆，深度提炼和总结可学习借鉴的一般性经验做法。在此基础上，各地区再结合自身特点分级创建示范村，由点到面协同推动，达到整体性提升。

6.4.1.3　注重因地制宜，提升乡村特色产业发展水平

我国农村地域辽阔，各地实际情况千差万别。根据乡村资源禀赋、经济发展水平、风俗文化等，因村施策，培育特色产业。乡村现代产业体系是带动农民就业和增收致富的关键，加快构建农林牧渔并举、产加销贯通、农文旅融合的现代乡村产业体系，把农业建成现代化大产业。乡村特色产业是乡村现代产业体系的重要支撑，努力挖掘各个乡村的优势资源，开发具有鲜明地域特点、民族特色、乡土特征的产业，打造乡村品牌和特色产品，推动乡村产业链升级，提升乡村经济的附加值和竞争力。丰富创新农村一、二、三产业融合发展模式，把现代信息技术融入农产品加工销售环节，打造农村电商平台，发展农产品直采、定制生产等模式，培育休闲农业、乡村旅游、健康养老等新业态，推进乡村民宿规范发展、提升品质。

6.4.1.4　坚持协同推进，推动美丽乡村建设迭代升级

生态产品价值实现与美丽乡村建设存在协同有序和互为促进的关系，乡村生态产品价值实现将乡村生态资源优势转化为产业优势，将现有农业、产业与生态相结合，实现一般产品向生态产品转换，优化产品质量与品牌效应，提升产品的市场竞争力促进农民增收和美丽乡村建设。根据美丽乡村建设目标，确定乡村生态产品价值实现的主要类型以及程度。通过"环境整治+""生态农业+""生态修复+"等路径建成美丽乡村，使生态产品实现增值溢价。根据不同路径下生态产品价值实现的多寡，明晰美丽乡村建设达到的水平。坚持生态产品价值实现和美丽乡村建设的协同推进，在生态产品价值较大程度实现的前提下，将美丽乡村建设提升到较高的水平。两者的协同推进，使美丽乡村建设向绿色低碳方向发展，促进人与自然的和谐共生，推动美丽乡村建设的迭代升级。

6.4.1.5 完善长效机制，建立健全美丽乡村制度体系

建立美丽乡村建设工作机制，明确地方政府和职责部门分工，形成合力，完善建设和管护长效机制。健全农村人居环境长效管护机制，推动常态化长效保持村庄环境干净整洁有序。健全农业绿色奖补政策，推动财政资金支持由生产领域向生产生态并重转变，引导农民秸秆还田、科学施肥用药。建立农村生态环境监管体系，制定农村生态环境监管标准，促进有效开展农村生态环境监管工作。建立乡村生态产品价值核算标准体系，健全乡村生态产品市场化经营开发机制。健全多元主体参与机制，通过政策制定、管理创新等体制机制改革，理顺政府、组织、村民、企业等多元主体的关系，促进不同主体优势互补、多元主体协同。坚持农民主体地位，充分体现美丽乡村建设为农民而建，尊重村民意愿，激发内生动力。

6.4.2 优先行动

6.4.2.1 科学编制村庄规划，增强乡村规划引领效能

衔接县乡级国土空间规划，明确重点发展村庄，引导人口、产业适度集聚紧凑布局。结合实际加强村庄规划编制分类指导，推进有需求、有条件的村庄编制村庄规划。深入挖掘村庄自然资源和历史文化内涵，突出地域特色和比较优势，因地制宜开展乡村空间设计，塑造美丽村容村貌，统筹乡村生产、生活和生态，统筹环境整治、生态农业、生态修复，统筹人口、产业和土地关系，优化土地利用和功能布局。聚焦提升村庄规划的质量、实效和功能，全面推进美丽乡村建设。注重规划长期效益，发挥好规划引领作用，重点抓好"多规合一"村庄规划编制和完善，动态更新调整镇村布局规划，确保相关工程项目符合当地农村的实际需求和发展条件。切实加强组织领导，严格责任落实。建立健全县—镇—村约束与激励并重、责任和风险共担的长效工作机制，进一步明确县域不同部门、不同层级、不同行动主体对美丽乡村建设各个环节的责、权、利内容。

6.4.2.2　发展协同整治技术，促进乡村建设提质增效

在推进美丽乡村建设过程中，始终坚持以科技创新促进绿色低碳发展，让新质生产力赋能美丽乡村建设提质增效。创新协同发展技术，聚焦环境整治、生态农业、生态修复存在的突出问题，加强产学研用合作，研发农村生活污水、生活垃圾、农业面源协同整治技术，提出绿色高值同步提升的种植技术，攻关生态保护修复与绿色产业协同发展技术。推广应用绿色环保技术，在推进美丽乡村建设过程中，贯彻绿色发展理念，倡导绿色生产生活方式，推广环保技术，提高农村生产生活废弃物等资源化利用水平，加快推进易腐烂垃圾、有机废弃物就近就地资源化利用。加强数字化技术赋能，加快乡村治理数字化转型升级，探索更丰富的乡村数字化服务应用场景，推动农村环境保护与产业发展水平持续提升。例如，推动基础设施运行与农村人居环境监测数字化建设，强化动态监测手段，优化信息化管理平台，提升数字化管理水平。

6.4.2.3　统筹推进综合施策，提升生态产品供给能力

持续深入推进农村人居环境整治，生态农业，乡村生态保护修复，同步构建现代乡村产业体系，提升农村生态产品供给能力。在环境整治方面，分区分类推进治理，加快推进农村生活污水治理；健全生活垃圾收运处置体系，推进农村生活垃圾分类减量与利用，全面提升农村生活垃圾治理水平；改善村庄公共环境，推进乡村绿化美化，推动村容村貌整体提升。在生态农业方面，加强农业科技园区、农业科技示范点和示范基地建设，围绕粮食、水果等产业，壮大合作社，扶持农业龙头企业，发展农产品深加工。在乡村生态保护修复方面，采用自然恢复和人工恢复相结合的方法，分区分类推进水体治理、植被复原以及生物多样性维护。农村生活污水、生活垃圾的处置减轻了农业生态系统、水生态系统等的胁迫，恢复了生态系统健康，保障了生态产品供给能力。绿色种植、病虫害绿色防控等措施改善了土壤生态系统健康状况，缓解了过度氮磷输入对邻近湖泊、湿地等生态系统的影响，提升了农业生态产品供给能力、邻近生态系统的调节能力。通过生态修复、综合利用等措施，恢复生态系统健康，增加了生态产品供给能力。统筹推进人居环境整治、生态农业、生态修复，农村产业等，全方位提升生态产品

供给能力。

6.4.2.4　推进产业融合发展，拓宽生态产品转化路径

结合区位优势和资源禀赋，梳理生态资源、特色产业、闲置农房、民俗文化、水资源等生态产品清单，与时俱进顺应时代发展和现代消费需求的变化趋势，秉持"大产业、广业态、一主多副"原则，实施种养加结合、产业融合、农文旅串联的多元化、多价值、多业态、多渠道全产业链增效的新路径，大力发展"生态+"产业，充分转化提升特色资源要素的价值，实现绿色、特色发展。积极探索利用生态保护修复、系统治理等项目，发展适宜的生态产业。探索开展碳汇生态产品价值实现模式，全面摸底区域内森林、湿地、农业资源等碳汇资源本底，编制碳汇清单，开展碳汇确权登记、核算及交易，提升农民收入。因地制宜培育打造生态产品价值实现的有效载体。

6.4.2.5　健全长效管护机制，加强全过程全周期管理

健全长效管护机制，加强管护的全过程、全生命周期管理。完善多元化资金投入机制，防控管护资金不稳定风险。加大美丽乡村建设项目的财政金融支持力度，尤其是推动有关政策向欠发达地区倾斜。创新投融资模式，鼓励支持社会资本投向乡村绿色环保项目，形成政府引导、社会资本参与、农民自筹的多方主体共同参与的多元化投融资体系。加快乡村建设与农村人居环境管护制度化建设。明确农村基础设施产权归属、建立健全管护标准规范，明确政府、村集体、村民、企业等各参与主体的权、责、利，推动长效管护工作落实落细。建立健全长效管护监督与考核机制。将美丽乡村建设质量作为实施乡村振兴战略实绩考核的重要内容，定期组织开展和美乡村建设的考评工作。加快完善群众监督机制，推进乡村建设与农村人居环境长效管护信息公开透明化，通过设立举报监督电话、"问题随手拍"平台等方式，保障村民的知情权、参与权、监督权。

第7章
"双碳"目标下碳汇产品价值实现路径

碳汇产品价值实现是落实国家碳达峰碳中和战略与构建生态产品价值实现机制的重要着力点。近年来,我国在政策体系构建、碳汇市场建设、碳汇项目开发等方面持续发力、纵深推进碳汇产品价值实现,取得了显著成就。本章面向 2035 年"双碳"目标,在厘清碳汇产品相关概念及内涵的基础上,摸清碳汇产品价值实现的现状基础,总结现行碳汇产品价值实现相关政策及成效,识别碳汇产品价值实现的关键问题,提出碳汇产品价值实现的对策建议。

7.1 碳汇产品相关概念与内涵

生态产品价值实现是贯彻落实习近平生态文明思想的重要举措,是深入践行绿水青山就是金山银山理念的关键路径,是新时期生态文明建设的重要抓手,也是坚持生态优先、推动绿色发展、建设生态文明的必然要求。党的十九大报告提出"要提供更多优质生态产品以满足人民日益增长的优美生态环境需要"。党的二十大报告指出要"建立生态产品价值实现机制,完善生态保护补偿制度"。生态产品作为生态环境在市场中实现价值的载体,把生态优势转化为经济优势,将绿水青山转变为生态财富,是实现生态资源资产与经济发展双增长、双富裕的基石。碳汇是森林等生态系统提供的重要生态产品之一,是生态系统服务功能中气候调节功能的一种,碳汇功能和价值的实现与多种生态产品密切相关,共同构成了碳汇生态产品的概念基础。因此,碳汇产品价值实现是生态产品价值实现的重要组成部分,是实现"两山"转化的重要途径。

7.1.1 碳汇概念

1992 年,《联合国气候变化框架公约》对"碳汇"进行了定义,即"任何清除大气中产生的温室气体、气溶胶或温室气体前体的过程、活动或机制",并首次将"汇"的方式确立为减缓气候变化的一项主要措施。碳汇分为生态系统碳汇和人工碳汇两种类型[①]。生态系统碳汇包括陆地生态系统碳汇、海洋生态系统碳汇和自然地质碳汇。其中,陆地生态系统碳汇是指森林、草地、湿地等陆地生态系统从大气中吸收二氧化碳并以植物组织和土壤有机质的形式储存的过程。海洋生态系统碳汇是指红树林、海草床、盐沼以及其他海洋活动和海洋生物吸收并储存大气中的二氧化碳的过程。自然地质碳汇是指通过岩溶作用、矿物碳化、土壤等吸收二氧化碳的过程,包括碳酸盐岩溶蚀(岩溶碳汇)、基性超基性岩化学风化(矿化碳汇)等。人工碳汇是人类通过人为干预措施将二氧化碳从化石燃料燃烧等排放源中分离或直接从大气中捕集后加以利用和封存,以实现二氧化碳减排的技术过程,包括 CCUS、生物能源碳捕集与封存(BECCS)、直接空气碳捕集与封存(DACCS)等技术。本研究讨论的碳汇是指生态系统碳汇。

我国生态系统碳汇能力巨大,是实现碳中和目标的"压舱石"。根据国家林业和草原局生态修复司、国家林业和草原局调查规划设计院监测结果,目前我国林草年碳汇量为 12.62 亿 t 二氧化碳当量,居世界首位。此外,与森林并称全球三大生态系统的湿地、海洋系统也是碳汇的重要来源。根据《全国林草碳汇量报告》[②]以 2016 年全国碳汇监测计量数据为基础计算的结果表明,我国湿地年均碳汇量为 0.39 亿 tCO_2。根据李捷等[③]学者的研究,我国三大滨海蓝碳系统的年碳汇量为 126.88 万~307.74 万 tCO_2,其中红树林年均碳汇量为 27.16 万 t,海草床年均碳汇量为 3.2 万~5.7 万 t,盐沼年均碳汇量为 96.52 万~274.88 万 t。据中国地质调查局初步估算,全国岩溶碳汇通量平均每年约为 1.84 亿 tCO_2,矿化碳汇潜力预计在

① 方恺,李程琳,黄玮,等. 碳汇生态产品的科学内涵、价值评估与实现路径[J]. 中国环境管理,2023,15(3):17-23,61.

② 谢高地. 论我国生态系统碳汇能力及其提升途径[J]. 环境保护. 2023,51(3):12-16.

③ 李捷,刘译蔓,孙辉,等. 中国海岸带蓝碳现状分析[J]. 环境科学与技术,2019,42(10):207-216.

万亿吨以上。根据于贵瑞等[①]学者预测，通过稳定现有森林、草原、湿地、滨海碳汇，实施生态保护与修复等重大增汇工程，开发应用生态系统管理及新型生物/生态碳捕集、利用与封存技术来巩固和提升生态系统碳汇功能，可使生态系统碳汇能力在 2050—2060 年达到 20 亿～25 亿 tCO_2/a。按照已确认的碳汇量估算，林业碳汇比重超过 70%，同时当前碳汇产品价值实现以林业碳汇为主，因此本研究以林业碳汇为主要分析对象。

7.1.2 碳汇产品内涵

2020 年，生态环境部印发《陆地生态系统生产总值（GEP）核算技术指南》，将生态产品划分为供给服务、调节服务和文化服务 3 类。其中，供给服务是指人类从生态系统获取的可在市场交易的各种物质产品，如农林牧渔产品；调节服务是指生态系统提供改善人类生存与生活环境的效益，如水源涵养、土壤保持、固碳释氧等；文化服务是指人类通过精神感受、休闲娱乐以及美学体验等从生态系统获得的非物质效益。

根据国内外官方和学术界对于碳汇、生态产品概念内涵的理解，本研究将碳汇生态产品即碳汇产品定义为：生态系统以固碳释氧调节服务功能有效减少大气中的二氧化碳等温室气体浓度而提供的生态产品。碳汇产品对应生态产品调节服务中的固碳服务，属于公共性与经营性并存的生态产品，碳汇发挥气候调节作用产生政策效益和生态效益，从而体现公共性，在碳市场中交易则体现经营性。因此，碳汇产品价值实现由政策需求、生态需求和市场需求共同驱动。

生态调节类碳汇生态产品，其实物量核算主要包括样地清查法、微气象学法和模型模拟法等。其中，样地清查法是联合国政府间气候变化专门委员会（IPCC）方法学指导下的碳汇计量方法，以作为森林生态系统碳汇来源的生物量或蓄积量为核算对象，分为生物量法和蓄积量法；微气象学法是利用精密仪器直接测定二氧化碳通量动态变化的碳汇测算方法，具体包括涡旋相关法、涡度协方差法、弛豫涡旋积累法和箱式法等；模型模拟法包括气候植被相关模型、生物地理模型、生物地球化学模型等，基本原理是将温度、湿度、光照、降水等气候参数和森林

---

① 于贵瑞，朱剑兴，徐丽，等. 中国生态系统碳汇功能提升的技术途径：基于自然的解决方案[J]. 中国科学院院刊，2022，37（4）：490-501.

植被类型等作为输入变量，通过模拟森林生态系统光合作用、呼吸作用以及微生物分解过程来计算二氧化碳通量。

7.1.3 碳汇产品价值实现理论基础

碳汇产品的稀缺性、准公共性和准经营性等经济学特征，共同构成了碳汇产品价值实现的关键。碳汇产品的经济稀缺性主要体现在两个方面，一是资源数量的有限性，二是碳汇作为清除大气中二氧化碳的重要途径，是实现碳中和不可或缺的重要环节，凸显了碳汇产品的稀缺性。边际效用价值论认为物品的价值由物品的效用和稀缺性共同决定，因此碳汇减少大气中二氧化碳含量为人类社会带来防止全球变暖、减少极端天气等直接或间接的效用以及碳汇产品的稀缺性共同形成了碳汇产品价值的重要来源[①]。

碳汇产品具有准公共产品属性，存在非排他性和竞争性。非排他性是指碳汇产品所产生的生态效益和社会效益是普适的，任何消费者对碳汇的使用都不排除其他人同时享受其带来的环境效益。"双碳"目标的驱动下，碳汇在满足产权明晰、可精确定量的基础上可通过市场机制实现价值，从而具备竞争性特征。进而，对于该类兼具生产性、经济性和准公共产品属性的碳汇产品而言，可以认为其处于与民生发展相适应的非经营性资源以及与经济发展相适应的可经营性资源之间，具备一定的准经营性特征。马克思劳动价值论认为自然物质和人类具体劳动是使用价值的源泉，而抽象劳动是价值的唯一源泉。碳汇产品的准公共性决定了其使用价值在生态、社会等方面的重要性和广泛性。碳汇产品的准经营性使得其在方法学研究、项目开发、资源利用、生态修复过程中投入了人力、物力、资金和技术，凝结了无差别的人类劳动，是交换价值形成的基础。

碳汇交易最早是由发达国家出资、在发展中国家以植树造林等方式增加碳汇，再用于抵消发达国家自身碳排放量的交易。碳汇交易发展至今泛指通过市场机制实现生态价值补偿的交易。当前我国碳汇生态产品价值实现路径以政府和市场两种力量为主导，主要涉及履约市场与自愿市场下的碳汇交易，其中多数碳汇生态产品依托全国及试点碳交易市场抵消机制、国家核证自愿减排机制进行交易。

---

① 刘伯恩，宋猛. 碳汇生态产品基本构架及其价值实现[J]. 中国国土资源经济，2022，35（4）：4-11.

7.2 碳汇产品价值实现关键目标与思路

7.2.1 关键目标

推动碳汇产品交易与市场化进程。碳汇产品通过市场交易实现其价值，这是碳汇产品价值实现的最直接和关键目标。通过建立完善的碳汇产品交易市场体系，促进碳汇产品的自由流通和交易，可以吸引更多的投资者和参与者，推动碳汇产品的市场化进程。这有助于形成合理的碳汇产品价格机制，反映碳汇产品的稀缺性和市场供需关系，从而实现碳汇产品应有的经济价值。

促进生态环境保护与可持续发展。碳汇产品价值实现的另一个重要目标是促进生态环境保护与可持续发展。碳汇产品主要来源于森林、湿地、草原等生态系统，这些生态系统在吸收和储存二氧化碳方面发挥着重要作用。通过碳汇产品的交易和市场化，可以为这些生态系统的保护和恢复提供经济激励，鼓励更多的企业和个人参与到生态系统保护中。同时，碳汇产品的开发也可以促进相关产业的绿色转型和升级，推动经济社会的可持续发展。

助力碳达峰与碳中和目标实现。碳汇产品价值实现还关系到碳达峰与碳中和目标的达成。随着全球气候变化的日益严峻，各国纷纷提出碳达峰和碳中和目标。碳汇产品作为减少温室气体排放的重要手段之一，其价值的实现有助于推动这一目标的达成。通过碳汇产品的交易和市场化，可以鼓励企业和个人减少碳排放，增加碳汇量，从而为实现全球气候目标作出贡献。

完善生态产品价值实现机制。碳汇产品价值实现也是完善生态产品价值实现机制的重要一环。生态产品包括清新的空气、清洁的水源、宜人的气候等，这些产品对于人类社会的生存和发展具有重要意义。然而，由于生态产品的特殊性，其价值往往难以直接衡量和实现。碳汇产品作为生态产品的一种，其价值的实现可以为其他生态产品价值实现提供借鉴和参考。通过建立和完善碳汇产品价值实现机制，可以推动生态产品价值实现机制的完善和发展，从而更好地保护和利用生态系统资源。

7.2.2　实现思路

摸清碳汇产品价值实现的现状基础。总结现行碳汇产品价值实现相关政策及成效，从不同生态系统、多元实现路径等多个视角，梳理当前我国碳汇产品价值实现模式，并选取典型实践案例，深入开展案例分析与研究，系统总结碳汇产品价值实现典型案例成功经验。

识别碳汇产品价值实现的关键问题。综合考虑碳汇产品的稀缺性、整体性、地域性、成本性，从碳汇产品价值转化参与主体激活、碳汇交易顶层设计、碳汇产品价值实现渠道拓展、制度建设与政策体系建设等多个方面，挖掘导致碳汇产品价值实现机制不顺畅、实现路径不完善的关键因素，识别影响碳汇产品价值实现的关键问题。

提出碳汇产品价值实现的对策建议。基于碳汇产品价值实现面临的关键问题，提出针对性政策建议，通过理念引领、创新模式、拓宽渠道、优化机制、健全方法、完善体系等手段推动碳汇产品价值实现。

7.3　碳汇产品价值实现路径

我国碳汇发展经历了一系列重要阶段和关键转折。1998 年签署并于 2002 年核准《京都议定书》后，我国开始关注碳汇发展，着力加强碳汇基础能力建设，积极推动计量监测理论方法研究和标准规范制定，不断推进碳汇体系构建。2003年，国家林业局设立碳汇管理工作领导小组及其办公室，并于 2004 年在广西、内蒙古、云南、四川、山西、辽宁 6 省（区）启动林业碳汇试点。2006 年，国家林业局和世界银行合作成功实施全球首个清洁发展机制再造林项目，开创了国内外林业碳汇交易的先河。2009 年，相继成立国家林业碳汇计量监测中心和区域中心，启动全国碳汇计量监测体系建设。

2011 年，国家发展改革委在北京、上海、天津、重庆、湖北、广东和深圳 7个省（市）启动了碳交易试点工作。2012 年，中国核证自愿减排量（CCER）抵消机制面世，正式拉开国内碳交易市场的帷幕，同时林业碳汇项目作为重要组成部分纳入中国核证自愿减排量的备案和交易范围。此后，国内部分省份也开始积极探索实践林业碳汇碳普惠机制,北京林业碳汇抵消机制(BCER)、福建林业碳汇抵消机制(FFCER)、广东碳普惠抵消信用机制(PHCER)、贵州单株碳汇等机制应运而生。2015 年,国家明确提出增加海洋碳汇作为有效控制温室效应气体排放的手段、探索海洋碳汇试点等内容。2017 年,为规范温室气体自愿减排交易,全国碳排放交易市场建设的正式启动,同时暂缓 CCER 项目备案申请,林业碳汇项目备案申请也随之暂缓。2018 年,国家明确提出将林业碳汇优先纳入全国碳交易市场。

2020 年,我国正式提出了"双碳"目标,为碳汇产品价值实现提出了新的要求。2021 年,全国碳排放权交易体系正式投入运行,规定重点排放单位每年可使用包括林业碳汇项目在内的国家核证自愿减排量(CCER)抵消不超过应清缴碳排放配额的 5%。同年,全国首个蓝碳碳汇项目成功注册交易,海洋碳汇开始迈入市场化交易的探索阶段。2023 年,CCER 正式重启,发布造林碳汇、并网光热发电、并网海上风力发电、红树林营造 4 项温室气体自愿减排项目方法学,碳汇进入全新发展阶段。

从碳汇产品价值实现政策的演进来看,2020 年以来,我国涉及碳汇产品价值实现的政策主题以林业碳汇为主并逐渐多元化,海洋生态系统碳汇,以及草原、湿地等其他陆地生态系统相关研究也陆续展开,实现路径上也由碳汇交易逐步向碳汇生态补偿、碳汇产业化等多路径开展探索(图 7-1)。

从碳汇产品价值实现成效来看,我国碳汇产品价值实现主要集中在林业碳汇交易方面。我国在国际国内市场主要参与 9 种涉及林业碳汇的碳抵消机制[①],国际市场包括清洁发展机制(CDM)、国际核证碳减排标准(VCS)、黄金标准(GS);国内市场包括中国国家核证自愿减排机制(CCER)、中国绿色碳汇基金会项目(CGCF)、北京林业碳汇抵消机制(BCER)、广东碳普惠抵消信用机制(PHCER)、福建林业碳汇抵消机制(FFCER)、贵州省单株树碳汇精准扶贫项目。其中,我国成功注册 5 个林业碳汇 CDM 项目,2 个项目获得签发量 91.50 万 t,交易碳汇 77.05 万 t,实现碳汇交易额 350.47 万美元,受 CDM 机制管理规定变化的影响,我国 CDM 阶段基本结束;成功注册备案 43 个林业碳汇 VCS 项目,位居全球

---

① 谢和生,何亚婷,何友均,等. 我国林业碳汇交易现状、问题与政策建议[J]. 林草政策研究,2021,1(3):1-9.

2020年　2021年　2022年　2023年

COER正式重启，发布4项目方法学，其中包括造林碳汇、红树林营造；建立健全林业碳汇计量监测体系，形成林业碳汇能够基准线核算方法和方法学，支持符合条件的林业碳汇项目开发为温室气体自愿减排项目并参与市场交易；制定林业碳票制度，探索实施林业碳汇预期收益权等贷款业务，探索多元化林业贷款融资模式，引导金融机构创新种植业固碳信贷产品；提升生态系统碳汇增量，建立生态系统碳汇监测核算体系、健全生态系统碳汇相关统计核算政策与法规政策

积极开展海洋牧场渔业碳汇研究，加强效果监测评估，研究制定生态碳汇、碳捕集利用与封存标准；研发应用减碳增汇型农业技术，探索建立碳汇产品价值实现机制

出台中国温室气体自愿减排市场林业碳汇项目与审定和核证指南；研究推动竹产业发展，鼓励地方搭建林业竹碳汇交易平台，开展碳汇交易试点；建立生态系统碳汇监测核算体系、基础方法、前沿颠覆性技术研究，加强陆地和海洋生态系统碳汇核算方法，建立健全海洋生态系统碳汇能力，提升生态系统碳汇增量，深入研究森林、草原、湿地等能够体现陆地生态系统碳汇价值的生态保护补偿机制，推进林草碳汇进入碳交易市场，探索碳汇权益交易试点

研究开展红树林碳汇项目开发，探索建立红树林生态产品价值实现途径

《温室气体自愿减排交易管理办法（试行）》《深化集体林权制度改革方案》《关于金融支持全面推进乡村振兴 加快建设农业强国的指导意见》《生态系统碳汇能力巩固提升实施方案》

《关于加强水生生物资源养护的指导意见》《国家标准化发展纲要》《关于做好2022年全面推进乡村振兴重点工作的意见》

《林业碳汇项目审定和核证指南》《关于加快推进竹产业创新发展的意见》《关于印发2030年前碳达峰行动方案的通知》《关于完整准确全面贯彻新发展理念做好碳达峰碳中和工作的意见》"十四五"林业草原保护发展规划纲要》《关于建立健全生态产品价值实现机制的意见》

《红树林保护修复专项行动计划（2020—2025年）》

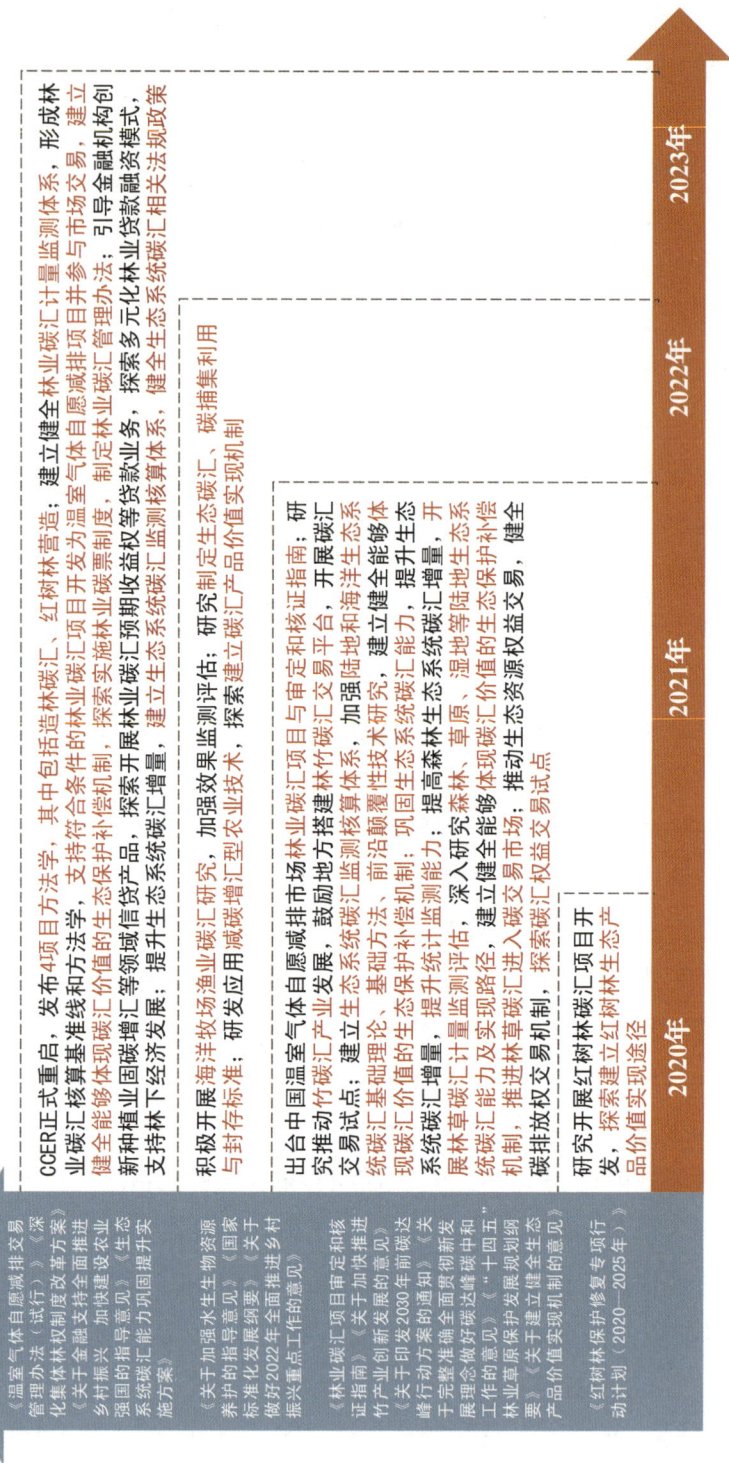

图 7-1　我国碳汇产品价值实现主要政策（2020 年以来）

第一，截至 2024 年，已签发量 3 054.51 万 t，1 484.95 万 t 被壳牌、远景等企业购买用于抵消碳排放；成功备案 3 个林业碳汇 GS 项目，截至目前已签发 11.11 万 t，根据 GS 机制的最新管理规定，我国通过 GS 机制开发碳汇项目也成为可能；成功备案 15 个林业碳汇 CCER 项目，年预计减排总量 209.62 万 t；截至 2019 年，中国绿色碳汇基金会营造和参与管理碳汇林 120 多万亩，并在全国部署了 75 片个人捐资与义务植树碳汇造林基地；截至 2021 年 6 月，北京市林业碳汇共成交近14 万 t，成交额达 527 万元；截至 2024 年 11 月，林业碳汇 PHCER 累计成交128.55 万 t，成交金额 3 990.55 万元；截至 2024 年 7 月，FFCER 累计成交 413.14 万 t，成交金额 6 492.85 万元；2020 年，贵州省开发 18 个县 663 个村 10 326 户参与项目，开发单株碳汇树木 412.3 万株，年可销售碳汇金额 1 236.9 万元。此外，碳汇债券、碳汇质押贷款、碳汇保险、碳汇基金等金融工具也陆续推出。

因此，根据现有研究和实践结果，本研究将碳汇产品价值实现路径概括为碳汇生态补偿、碳汇金融和碳汇产业化 3 种路径。

7.3.1 碳汇生态补偿

碳汇生态补偿是指通过财政转移支付、财政补贴等方式向碳汇等生态产品供给方提供经济补偿。碳汇产品具有显著的经济外部性特征，其固碳释氧的功能可以惠及全社会，但维护碳汇的成本则主要由经营主体承担。因此，碳汇生态补偿的本质在于政府通过发挥其职能，向经营主体提供必要的经济补偿，以此将碳汇产品外部性价值转化为对生态保护的财政激励。按照补偿资金的来源，可将其分为中央政府与地方政府生态补偿。我国早期生态补偿研究聚焦于补偿整体生态效益，碳汇在其中的作用未被明确突出。随着全球应对气候变化需求日益迫切，为满足提升生态系统碳汇供给能力和激发碳汇开发主体积极性的客观需要，研究人员将重心逐步转向运用公共财政机制专项针对碳汇生态效益进行补偿，包括设计碳汇开发的补偿标准、评估碳汇补偿的经济性等，这为从生态补偿路径实现碳汇产品价值提供了理论支持。

实践方面，部分发达国家中央政府对碳汇生态补偿进行了有益探索，如韩国建立林业碳汇项目申报补贴制度；葡萄牙以基金补贴的形式激励草地碳汇的开发；澳大利亚联邦政府设立以节能减排为目标的减排基金，用于补偿营林主体为提供固碳功能而放弃的经济效益。我国中央政府设立了森林生态效益补偿基金，但主要用于公益林营造、抚育、保护和管理等，碳汇及其附加生态效益尚未纳入补偿范畴。地方政府生态补偿则开始聚焦于碳汇建设及其附加生态效益补偿，2022 年四川省颁布实施的《四川省林草碳汇发展推进方案（2022—2025 年）》开创了省级补偿先河，明确对林草碳汇项目通过国际国内碳信用市场主管机构注册（备案）的试点县，采取以奖代补方式给予 50 万～100 万元奖励；同年，江西省出台《关于深化生态保护补偿制度改革的实施意见》，成为首个正式将森林碳汇价值纳入生态补偿机制的省份，并通过配套森林碳汇综合能力评价方案，对评价结果领先的县（市、区）及所在设区市给予总计 360 万元的奖补。

7.3.2　碳汇金融

根据彭洪军等[①]学者对碳汇金融概念的定义，碳汇金融为碳汇活动融资和碳汇产品的买卖，即服务于限制温室气体排放的碳汇项目的直接投融资、碳权交易和银行贷款等金融活动。碳汇金融路径通过金融资本与碳汇经济实体的有效对接，以市场化机制驱动碳汇资源优化配置，并将社会闲散资金转移到造林育林、森林可持续经营、减少毁林，以及湿地修复、草原管理、海洋保护与修复等增汇活动。从融资方式及金融工具功能维度划分，碳汇金融路径可归纳为碳汇交易、碳汇直接融资、碳汇绿色信贷、碳汇金融支持模式和碳汇金融创新模式 5 类。

（1）碳汇交易

碳汇交易是基于碳排放交易市场的绿色金融化减排方式，是市场化的生态补偿机制。碳汇在碳交易制度下进入市场交换和定价，按市场化机制运营并提供非实体的碳抵消信用，既可以助力企业低成本实现减排义务，也可以帮助经营主体拓宽融资渠道、改善生计，以此将碳汇的非市场价值转化成市场价值，进而实现其价值增值与收益。随着林业碳汇交易获得认可并成为减排市场重要交易标的，国内外学者从市场准入机制、供求机制、价格形成机制、风险保障机制等方面开展了大量研究，为碳汇交易机制的完善提供了理论支撑。根据世界银行数据统计，截至 2021 年，在全球 26 个碳抵消机制中，其中有 19 个覆盖林业碳汇方向，占据

---

① 彭洪军，徐笑，俞小平，等. 林业碳汇产品价值实现路径综述[J]. 南京林业大学学报（自然科学版），2022，46（6）：177-186.

全球总量的 73%，表明碳汇市场现已成为碳市场的重要组成部分。参照高沁怡等在 2019 年的统计分析，从交易范围角度划分，中国可参与的碳汇市场分为国际市场、中国市场、中国地方市场及其他自愿市场。

（2）碳汇直接融资

碳汇直接融资包括碳汇债券、碳汇股权融资、碳汇金融衍生产品。碳汇债券是为实施碳汇项目、开发碳汇金融产品等活动而向社会公众融资，到期按照承诺利率偿还本息的债务凭证。碳汇项目开发周期长、资金需求量大的特点与债券筹集期限长、筹资规模大的特点相契合。同时，作为生态环保领域的绿色债券，其发行易得到政府增信支持，如贴息、专项担保等风险缓释工具，所以碳汇债券会因风险低、收益稳定而得到社会公众认可。碳汇股票是指投资者与碳汇企业之间的权益性合同，投资者通过认购碳汇股票获得股权间接参与碳汇活动。碳汇企业则将股票市场所筹集资金专项投入碳汇产业相关的生产运作，包括种植、养护以及碳汇项目开发等。碳汇金融衍生产品包括碳汇远期、期货、期权等金融衍生工具。碳汇金融衍生产品为控排企业提供了更为灵活的交易方式和多样化的风险管理手段，控排企业或投资者可以锁定未来碳汇成本、规避价格上涨风险，也可以改善市场信息不对称问题。实践中，2021 年中国农业发展银行成功发行国内首单用于森林碳汇的碳中和债券，全部用于支持造林及再造林等林业碳汇项目的贷款投放。同年，A 股市场上岳阳林纸、平潭发展、青山纸业、福建金森、永安林业、康欣新材、东珠生态等企业也已开始布局林业碳汇市场。但碳汇金融衍生产品发展较为缓慢，国际碳金融市场部分国家（如芝加哥、欧盟）涉猎碳汇期货与期权等交易，受金融市场发展特点及碳汇交易市场体量过小的制约，国内仅有内蒙古、安徽等少部分地区开展相关业务。

（3）碳汇绿色信贷

碳汇绿色信贷是将碳汇预购买权或收益权等进行质押贷款、授信或保理融资等。从法律层面辨析，张冬梅[①]等学者认为林业碳汇权属于准物权范畴，并提出利用林业碳汇权质押担保需要解决权利客体范围界定、碳汇权价值评估及质权公示与实现等问题。当前学术界虽已基本形成碳汇质押融资的理论共识，但对现行碳

---

① 张冬梅. 林业碳汇权融资担保的法律思考[J]. 福建师范大学学报（哲学社会科学版），2015（1）：10-17，166.

汇质押贷款模式缺乏系统性的总结，且针对质押融资风险保障等方面的研究不足。碳汇绿色信贷模式在我国发展迅速，2022 年 7 月，重庆三峡银行通过"碳汇通"生态产品价值实现平台以林业碳汇预期收益权为质押，向武隆区某农业企业授信 5 年期 5 000 万元的专项贷款。但是目前尚未形成统一规范的碳汇产品质押贷款模式、标准和工作流程。

（4）碳汇金融支持模式

碳汇金融支持模式包括碳汇产业基金、碳汇保险等。碳汇产业基金作为整合区域性资源要素的重要载体，通过专业化资本运作推动碳汇项目开发，并促进碳汇产业体系完善，进而带动产业生态良性发展。根据设立目的与盈利导向，碳汇产业基金可以分为两种：一种是公益性产业基金，主要依托社会公众捐赠的资金形成专项资产管理计划，经过长期运作支持碳汇项目开发。国内外学者对公益碳汇基金已开展一定研究，从设计、运行管理、运用效果等方面均形成一批成果。另一种是营利性产业基金，通常由金融机构或企业发起设立，以金融市场融资募集碳汇项目开发资本，并以碳汇收益归还本金及利息，而以此方面展开具体研究的文献尚不多见。碳汇保险指在碳汇资产形成过程中规避碳损失风险以及碳交易过程中规避碳汇价格波动损失风险的金融工具。现有研究多集中于分析保险在保障碳汇产出中发挥的作用，普遍认可其对于弥合碳损失、提升企业开发积极性等方面的重要性，但在碳汇价格保障方面的研究则相对较少。实践中，碳汇项目融资主要依赖公益性基金，如森林碳伙伴基金（FCPF）、联合国减少毁林及森林退化所致碳排放（REDD）基金、绿色气候基金（GCF）等，均为 REDD+ 项目提供了资金支持。而营利性碳汇产业基金则较少，究其根本原因在于，碳汇价格持续低迷，发展不及预期，投资者盈利空间偏低。在碳汇保险方面，澳大利亚承保机构 STEEVESAGNEW 早在 2009 年 9 月便开创性推出了碳损失保险。我国也自 2021 年起，相继在福建、江西、广东等地积极开展了碳汇保险试点，创新推出碳汇价格保险、碳汇指数保险、碳汇价值保险、碳汇价值综合保险等多种模式，然而实施过程中仍然面临保险金额设定不科学、保险责任不全面等现实问题。

（5）碳汇金融创新模式

碳汇金融创新模式包括政府与社会资本合作（PPP）、碳汇储蓄产品、碳汇福利彩票等多元化形式。因兼具生态效益与经济价值的双重属性，注定碳汇适用 PPP

模式。引入社会资本参与的碳汇 PPP 项目能够有效分散项目建设风险，促进碳汇增产增收，同时吸引民间资本与国外资金，缓解政府财政压力。以 2022 年山西省林业生态扶贫 PPP 项目为例，当地两家企业签署碳汇开发合作协议，积极推动市、县碳汇项目落地，并致力于实现当年碳汇收益转化，为该模式的实践应用提供了范例。碳汇储蓄产品源于商业银行传统储蓄业务逻辑，即针对碳汇产品设置"存碳业务"。碳汇供给方可将经认证且闲置的碳汇量存储至银行，获取"碳汇存单"，其间可获得"碳息"收入，并可根据市场动态灵活选择取出碳汇参与交易。碳汇福利彩票基于碳汇环保、绿色、公益属性而适宜发行。福利彩票具有无须还本付息、融资风险可控、以小博大等特征，使得发行主体和彩民都能各取所需。不过，碳汇储蓄产品及碳汇福利彩票等创新模式仍处于理论阶段，尚未开展具体实践。

7.3.3　碳汇产业化

产业的形成是生产力与生产关系演进的必然结果，碳汇产业是指从事森林等资源保护和利用、节能减排和增加温室气体吸收产品的研究、开发和生产的综合性产业集合体。在碳汇产业发展过程中，生产经营主体必然要以提升碳汇产出为核心，强化对碳源的控制，探索碳汇量增加路径，从而推动经营质量跃升；另外要重新布局产业资源结构，促进产业转型升级，实现生态生产与经济生产的有机统一。碳汇产业化路径可分为直接和间接两种方式，一方面仍可通过碳汇项目产出的碳汇产品直接进行销售将碳汇生态功能直接转化为经济价值；另一方面通过"碳汇+"产业体系，通过构建资源协同的产业资源耦合系统，将碳汇的生态价值注入农产品或旅游产品等领域，通过此类产品销售间接实现价值。

从产业属性角度分析，现有"碳汇+"产业体系的发展方向主要分为以下两个方面：一是碳汇+高附加值农林产品，借助碳汇的生态价值提升农林产品附加值，充分挖掘碳汇林下空间，因地制宜发展林下种养业，开展中草药、瓜果蔬菜种植及畜禽养殖等，促进农、林、牧业实现资源共享、优势互补、协调发展；二是碳汇+生态旅游、森林康养等相关产业，利用碳汇的生态服务功能，以保护生态资源为前提，依托良好的生态环境与独特的自然景观，发展与生态资源优势充分结合的生态旅游、碳汇教育和森林康养等产业。森林、海洋等自然资源所提供的生态基底为以碳汇为核心的产业导入提供了基础，依托碳汇产业化发展，碳汇、高附加值农林产品、生态旅游等经济价值得以显现，并且所得经济收益可以反哺碳汇等项目实现正向循环。另外，碳汇产业的导入不仅创造了大量就业机会，有效缓解就业压力，还带动了基础设施建设升级，从而使得人居环境得到显著改善，因此碳汇社会价值也同时彰显。

7.3.4　典型案例

不同地区的经济发展状况和资源禀赋情况存在差异，不同生态系统之间碳汇功能、大小和特征也具有多样性，应当根据自身的情况，选择适宜的碳汇产品价值实现路径①。例如，经济发达、政府管理体制和市场机制完善的地区，可以为碳汇金融产品创新、碳汇交易提供必要的制度保障和重要的市场环境；自然资源丰富、集中的地区，可充分利用其自然资源发展碳汇产业，培育林下经济、生态旅游、森林康养；不具有明显资源优势、缺乏市场保障机制的地区，探索生态补偿机制是当地实现碳汇产品价值的有效路径。

专栏 7-1　碳汇生态补偿

江西是全国首个将森林碳汇纳入生态保护补偿的省份。2023 年，江西省财政安排 360 万元资金，对森林碳汇综合能力评价得分前 40 个县（市、区）及所在设区市进行奖补。森林碳汇价值纳入生态补偿机制是江西省深化生态保护补偿制度改革攻坚行动重点任务之一，2022 年，江西出台了《关于深化生态保护补偿制度改革的实施意见》，积极探索将森林碳汇价值纳入生态补偿机制，并在全国先行先试，随着《江西省森林碳汇综合能力评价方案（试行）》的出台，该省对 2022 年度各县域森林碳汇综合能力进行评价，评价充分考虑地方森林资源禀赋、森林资源培育、森林资源保护对林业碳汇的贡献水平，设置森林碳密度、森林碳汇量、新造林固碳潜力、森林经营固碳潜力、林业有害生物碳损失、森林火灾碳损失 6 项指标，对得分靠前的地方给予奖励。经评价，该省森林碳汇综合能力得分前 5 名的县（市）为浮梁县、安远县、崇义县、婺源县、德兴市，其主要表现为森林资源禀赋高，新造林成效好，中幼林抚育等森林经营措施有力，森林病虫害、森林火灾等损失碳量少。就单项指

---

① 赵晓迪，赵一如，窦亚权. 生态产品价值实现：国内实践[J]. 世界林业研究，2022，35（3）：124-129.

标而言，森林碳密度得分前 3 名的县（市）为井冈山市、资溪县、婺源县；森林碳汇量得分前 3 名的县为婺源县、修水县、宁都县；新造林固碳潜力得分前 3 名的县为永丰县、万安县、吉水县；森林经营固碳潜力得分前 3 名的县为婺源县、安远县、浮梁县。森林碳汇纳入生态保护补偿，是江西通过机制创新和财政投入双向发力，引导地方政府主动参与林业碳中和，打造国家生态文明建设高地的有益尝试，对助推江西林业碳汇高质量发展，形成全社会关心支持森林碳汇工作的良好氛围发挥了重要作用。

专栏 7-2　碳汇金融

案例一：福建省三明市林业碳票制度

2021 年 3 月，福建省三明市探索出另一创新举措——林业碳票制度[①]。林业碳票是指行政区域内权属清晰的林地、林木，经第三方机构监测核算、专家审查、林业主管部门审定、生态环境主管部门备案签发的碳减排量而制发的具有收益权的凭证，把林木生长量增量作为测算基础并依据计量方法换算成碳减排量，采用森林年净固碳量作为碳中和目标下衡量森林碳汇能力的基础，对符合条件的林业碳汇量签发林业碳票（单位为吨，以二氧化碳当量衡量）给林木所有权人，赋予交易、质押、兑现等权能，真正将"绿水青山"转化为"金山银山"。

林业碳票具有以下方法学和管理办法方面的创新：①不限林种、林龄和经营主体，只要权属清晰都可以申请开发"林业碳票"项目。②有别于现有林业碳汇 CCER 方法学只能开发人工林，"林业碳票"不仅是人工林可以开发，受政策禁伐的公益林及天然商品林同样可以开发"林业碳票"项目。③林业碳票项目审定和减排量签发可以合并申报，从生成到备案签发只需 30 个工作日，既简化了项目开发流程，又减少了时间成本，同时突破了林业碳汇开发成本高的限制。④开发林业碳票主要依据国家发布的《森林生态系统碳储量计量指南》，经第三方机构监测核算、专家审查、林业主管部门审定、生态环境主管部门签发的碳减排量；林业碳票针对森林自然生长条件下每年的净固碳量，而碳汇项目则指的是每年新增的额外碳储量。同时，《三明市林业碳票管理办法（试行）》中特别说明，已备案签发或拟策划申报

---

① 陈美高，武辉，王晓艳. 三明林业碳汇改革探索[J]. 生态省建设，2021（4）：10-12.

CCER、FFCER、VCS 的林地、林木，不得重复申请制发林业碳票。⑤鼓励在三明市举办的赛事、演出、会议等大中型活动，优先购买林业碳票以抵消其碳排放量。三明市林业碳票突破了现有的林业碳汇方法学，是大胆的创新探索，入选自然资源部《生态产品价值实现典型案例（第三批）》。

案例二：广东省红树林碳汇交易机制

早在 2021 年，广东省就率先完成了全国首个蓝碳碳汇项目——湛江红树林造林项目。这是我国首个符合核证碳标准（VCS）和气候社区生物多样性标准（CCB）的红树林碳汇项目。广东省在此基础上积极探索、大胆突破，积极构建红树林碳汇产品开发技术体系，创新红树林碳汇金融产品，在探索红树林碳汇价值的实现路径上迈出了因地制宜、自主突破的关键一步，并进一步拓展了红树林蓝碳碳汇产品范畴，加速了红树林碳汇资源向资产转化的效率。

一是自主编制红树林保护项目方法学。2023 年 5 月，深圳市规划和自然资源局正式发布了全国首个突出红树林保护活动产生的生态价值的《红树林保护项目碳汇方法学》，明确了红树林保护项目碳汇的碳计量方法以及核证、评估、交易登记等程序，为红树林保护项目所产生的碳汇提供了规范严谨的评估指南，有效指导红树林碳汇项目开发交易的同时，填补了国内自然生态系统保护类碳汇项目方法学空白。值得一提的是，该方法学不仅考虑了红树林碳汇能力，还将其生物多样性保护等其他价值纳入进行综合计算，突出体现了红树林保护项目对所在区域可持续发展的贡献。

二是创新开发适合红树林及生物多样性保护的金融保险产品。2023 年 9 月，全球首个"国际红树林中心"正式落户深圳。9 月 26 日，依托《红树林保护项目碳汇方法学》，全国首单红树林保护碳汇在深圳成功交易。深圳市福田红树林自然保护区内 126 hm^2 红树林保护活动在第一监测期产生的碳汇量约 3 875 t 由深圳市家化美容品有限公司以 485 元/t 的高价竞得，刷新了我国碳汇成交最高单价纪录。当天，广东省内伶仃福田国家级自然保护区管理局和中国平安财产保险股份有限公司深圳分公司签订《福田红树林自然保护区红树林碳汇保险捐赠协议》，标志着全国首单红树林碳汇指数保险在深圳落地，在创新金融服务支持红树林及生物多样性保护等方面具有先行示范意义。

三是试点开展红树林碳汇开发权交易。2024 年 7 月，首次提出红树林碳汇开发权交易，使开展红树林碳汇期货交易成为可能。红树林碳汇开发权是指在明确的地理区域范围内，对海域或土地权属清晰及约定年限内的红树林碳汇资源进行开发并获得红树林碳汇收益的权利。目前广东省正采用 CCER 方法学在惠州、湛江等地市创新打造红树林碳汇权交易试点。2024 年 7 月 26 日，惠州市惠东县红树林造林项目 10 年期红树林碳汇开发权成功出让，由广东能源集团节能降碳有限公司以超 400 万元竞得。此次交易涉及红树林 3 072.75 亩，预计 10 年期内可固定约 4.36 万 tCO_2 当量，创下了当前国内总量最大、数额最高的红树林碳汇交易纪录，开创了全国红树林碳汇开发权交易的先河。

案例三：内蒙古包头市林草碳汇数字碳票

作为首批全国林业碳汇试点市、自治区首个林草碳汇试点，包头市先行先试、守正创新，立足破解大多数林草碳汇不能开发和交易的难题，积极探索碳票制度，在全国首创提出并推行"基于林草碳汇的市域碳中和"，从 5 个方面进行机制创新，探索解决"谁来买、怎么买、用在哪"的问题，形成了碳汇区域交易和区域补偿的新机制，在全区率先实现了碳汇区域交易和区域补偿。

制发交易产品。针对不符合林业 CCER 开发条件的碳汇资源，积极开发可用于区域内交易、流转、抵消的地方碳汇产品，即包头林草数字碳票。专门制定出台《包头市林草碳汇认定流转办法》和《包头林草碳票碳汇量计量与监测方法》，以固阳国营林场为对象，开发出自治区首笔 15 万 t 林业碳票。引入区块链技术实现碳票数字化，赋予碳票分步记账和无限拆分的独特优势，增强碳票交易流转的灵活性和安全性。

创造交易需求。基于碳汇交易、抵消、奖励、补偿，在社会公共领域推行"零碳"行动、林草碳普惠和碳汇失损补偿机制，为数字碳票创造丰富的应用场景。一是积极推行用数字碳票作抵消的"零碳行动"。通过包头数字碳票作抵消，打造"零碳会议"和"零碳活动"8 场。二是广泛推行"林草碳普惠"。通过与兴业银行联合推出了"低碳鹿城"碳普惠银联卡、与市总工会打通了"低碳鹿城"App 和"鹿城职工普惠"App、启动"林长制+林草碳普惠"等方式，不断丰富"林草碳普惠"积碳票奖励兑现激励活动，增强"低碳鹿城"App 的公众吸引力和参与度，目前注册量、使用量达到 3 万多人。三是探索构建碳汇失损补偿机制。制定了《包头市林草碳汇失损补偿办法（试行）》，倡导在草原林地上建设的项目和林草资源损害行为人，通过积极主动认购包头数字碳票的方式，实现对碳汇失损的补偿。多措并举激发碳票交易市场需求，已有 20 余家企业积极认购共计 30 200 t 数字碳票，碳票收益主要用于生态保护修复。

数字赋能交易。开发并上线运行"包头林草碳汇认定流转平台"和"包头林草碳普惠平台"，形成以"一支数字碳票+两个数字平台"为支撑的"包头市基于林草碳汇市域碳中和机制开发建设体系"，得到了国家有关权威机构高度认可，在全国"2023 信任科技案例"征集活动中成功入选 30 个优秀案例，并在"Web 3.0 信任科技大会"中荣获"2023 信任科技未来之星奖"。

拓展区域交易。一是赋予包头数字碳票跨区域"通行证"。委托生态环境部下属的中环联合（北京）认证中心，对包头数字碳票开发项目进行了核查认证，切实提高了碳票的市场认可度，使包头数字碳票"走向全国"成为可能。二是实现了跨省交易。杭州超腾、厦门哈希、山东黄河三角洲等省外企业认购了包头数字碳票。三是实现了跨省应用。用包头数字碳票作为抵消，成功将"嘉兴市质量检验检测认证协会成立仪式暨第一次会员大会"打造成"零碳会议"，实现了地市级碳汇产品跨区域应用的突破。四是将 5 000 t 包头数字碳票用于"第十四届全国冬季运动会"碳排放抵消，成为地方碳汇产品应用于全国性大型活动"碳中和"的首个案例。

发展碳汇金融。一是探索建立包头林草碳汇公益基金。专门设立了"中国绿色碳汇基金会包头专项基金"，通过企业捐赠的方式筹集到 100 万元启动基金。二是探索"碳汇+金融+保险"模式。通过与金融机构合作，成功发放两笔共计 2 100 万元的碳汇权质押贷款，成功办理全国首单"草原碳汇遥感指数保险"业务、自治区首单商业性森林碳汇和湿地碳汇价值保险业务。三是创新推出"林草碳票质押贷"。通过兴业银行为 1 家认购碳票的企业成功发放首笔碳票质押贷款 200 万元，成为地方碳票质押贷款的成功案例。

案例四：江苏省高邮市湿地碳汇遥感指数综合保险

2023 年 8 月，全国首单"固碳价值+修复成本+正向激励"湿地碳汇遥感指数综合保险落地高邮。该项目由国家金融监督管理总局扬州监管分局指导，由高邮市林业局、平安产险江苏分公司共同推动。该项目为高邮市经济开发区东湖省级湿地公园 7 215 亩湿地提供风险保障超 1 370 万元。

"固碳价值+修复成本+正向激励"湿地碳汇遥感指数综合保险以湿地的碳汇富余价值（包括固碳经济价值和修复成本）为补偿依据，保障湿地因自然灾害、意外等受损而产生碳汇量减少的风险，保险人根据碳汇损失程度进行赔偿。赔款可用于对灾后湿地碳汇资源救助和碳源清除、湿地资源培育及加强生态保护修复等与湿地碳汇富余价值生产活动有关的费用支出。同时，被保险人对保险湿地水文条件、水生植物以及生态系统的保护修复等，导致保险湿地碳汇值实际增长速度超过保险湿地碳汇值目标增长速度时，保险人对被保险人投入的湿地修复维护成本给予补偿。

一方面发挥保险救助功能，以保险支持的确定性、及时性应对自然灾毁造成湿地范围内碳汇减损的不确定性、灾后救济滞后性；另一方面创新挖掘保险正向激励功能，对于超额达成碳汇目标的结余部分予以奖励性赔付，引导政府和社会各方将湿地保护从单一的自然恢复转向自然恢复为主、自然恢复和人工修复相结合双向发力，进一步稳定湿地数量和质量，提升湿地碳汇能力。

案例五：湖北省十堰市预期碳汇收益权担保制度

近年来，湖北省十堰市郧阳区大力推进绿水青山就是金山银山理念实践创新，深入研究"碳达峰、碳中和"政策，创新"预期碳汇收益权+"担保模式，推出"碳汇贷"金融产品，释放碳汇经济效益，助力乡村振兴。

创新碳汇质押，发展碳汇金融，提高可得性。立足碳汇如何变现、贷款还款来源等核心问题开展贷款模式创新，设计完整的操作流程。一是落实交易方式，让资源变资本。与广州市国碳资产管理有限公司签订《林业碳汇资源项目开发合同》，探索开展碳汇交易；与区内林业企业和千家万户抱团发展，合作共赢。二是确定交易均价，让碳汇易测算。参考北京环境交易所、广州碳排放权交易所 2020 年碳汇交易均价 47.61 元/t、37.78 元/t 的测算标准，议定当地碳汇交易价格为 35 元/t，按照每亩固碳量 0.8 t/a 至 1.2 t/a 测算碳汇收入，引导生态资源向生态资产转化。三是拓宽还款来源，让企业能贷款。针对碳汇收益不足以覆盖贷款额度的问题，采用"预期碳汇收益权+"的方式丰富还款来源，其中农行以"碳汇收益+流转土地经营权"的方式，多渠道拓宽还款资金来源，满足银行放贷要求。湖北鑫榄源科技有限公司以"4 880 亩碳汇收益+流转土地经营权"的担保方式，在农业银行郧阳支行获得 3 000 万元授信额度，已到位资金 1 600 万元，贷款期限 3 年，年利率 3.95%。

　　建立绿色通道，优化审批流程，提高便利性。一是简化环节。银行在做好企业贷款需求调研的基础上，将 7 个基本贷款环节，简化为"贷前调查—碳汇收入评估—贷款审查—贷款投放" 4 个环节，其中碳汇收入评估主要测算固碳量、碳汇交易价格等。二是绿色登记。针对现阶段碳汇登记及交易机构不完善的情况，开辟绿色通道，通过人民银行应收账款融资平台及动产融资统一公示系统对企业产生碳汇收益权进行质押登记，审批后进入贷款投放环节。三是快速办理。优化流程后，农行以 11 天的时间为湖北鑫榄源科技有限公司完成贷款办理。

　　设立监管账户，强化闭环管理，提高安全性。一是监管资金使用方向。银行发挥金融专业监管优势，不定期对贷款人进行多角度回访，对资金用途进行监管。二是监管账户往来信息。将借款人贷款账户作为资金结算主账户，并为借款人办理聚合码、POS 机等移动支付工具，实时监管借款人账户资金结算情况，实现贷款公司采购资金及销售回款在贷款行账户封闭运行。三是监管碳汇交易结算。借款人、银行及广州市国碳资产管理有限公司签订三方资金监管协议，协议约定后期实现的碳汇收益必须通过监管账户进行结算，且必须优先用于偿还贷款，确保林业碳汇贷款"放得出、用得好、收得回"。通过创新碳汇贷款模式，为脱贫山区乡村建设探索了新路子。碳汇贷资金用于植树造林、森林抚育、采伐更新等各项生产活动，激活林业上下游产业，带动种植、加工、销售、研发等环节发展，拉长了产业链，提升了价值链。湖北鑫榄源科技有限公司通过流转农户土地 4 880 亩种植油橄榄，辐射带动农户 800 余户。通过土地流转收租金、务工增收得佣金、返租返聘得真金、碳汇交易得利金，人均增收 6 000 元以上。

　　完善服务，促进金融服务创新。为林权收储担保机构与金融机构搭建沟通互信机制，共同研究解决林业信贷问题，促进林业金融产品和金融服务创新，满足林农林企的融资需求。大力完善和推广林权收储流程图，明确办事流程，简化服务程序，方便林农贷款。指导林权收储担保机构健全管理制度，规范收储担保行为，提高收储担保效率。因此，林权收储担保机构发展迅速，在防控林业金融风险，促进林权抵押贷款增量扩面上发挥了重要作用。主要体现在 3 个方面：一是突破瓶颈，闯出林业融资新路子。林权收储担保机构建设，解除了金融机构的顾虑，畅通了林权抵押贷款渠道，林农林企不用仅靠砍木头，也能通过林权抵押贷款获得发展资金。同时，完善的林业金融风险防控机制，也让金融机构轻装上阵，进一步加大林业信贷投入和金融产品创新，在原有林权抵押贷款的基础上，又推出了"福林贷""惠林卡"等金融新品种，分别累计放贷 15.1 亿元和 20.2 亿元，满足了林农等林业经营者的多样化融资需求。二是释放潜力，迸发林业发展新活力。林权收储担保机构建设，促进了林权抵押贷款的拓展，吸引和推动了大量社会资本"进山入林"，投入植树造林和林业产业发展的资金持续增长，增强了林业发展的活力。2020 年，全省植树造林面积超过 104.2 万亩，超额完成年度任务；全省林业产业总产值达 6 660 亿元，位居全国前列。三是融资创业，拉动林农收入新增长。林权收储担保机构建设，让广大林农及返乡农民工通过林权抵押融资，用于发展林下经济、森林旅游等产业，促进了创业致富奔小康。据统计，部分主要林区的农户从林业发展中获得的收入占家庭收入的比例超过 30%。"绿色银行"唤醒了沉睡的山林，"绿水青山"真正变成了"金山银山"。

专栏 7-3 碳汇产业化

案例一：福建省南平市顺昌县森林生态银行模式

顺昌县开展森林生态银行试点，取得了明显成效。一是搭建了资源向资产和资本转化的平台。森林生态银行通过建立自然资源运营管理平台，对零散的生态资源进行整合和提升，并引入社会资本和专业运营商，从而将资源转变成资产和资本，使生态产品有了价值实现的基础和渠道。顺昌森林生态银行已导入林地面积 6.56 万亩，其中赎买商品林 5.3 万亩、合作租赁 1.26 万亩、托管经营 60 亩；办理林权担保业务 257 笔，发放林权抵押贷款 2.13 亿元。二是提高了资源价值和生态产品的供给能力。通过科学管护和规模化、专业化经营，森林资源质量、资产价值和森林生态系统承载能力不断提高，林木蓄积量比碎片化、粗放经营平均增加 20%～30%，特别是杉木林主伐时的亩均蓄积量达到 16～19 m³，是全国平均水平的 3 倍；森林生态系统的涵养水源、净化空气等生态服务功能不断提升。通过森林生态银行的集约经营，部分林区每亩林地的产值增加 2 000 元以上，单产价值是普通山林的 4 倍以上。三是打通了生态产品价值实现的渠道。通过对接市场、资本和产业，先后启动了华润医药综合体、板式家具进出口产业园、西坑旅游康养等产业项目，推动生态产业化；积极对接国际需求，将 27.2 万亩林地、1.5 万亩毛竹纳入 FSC 国际森林认证范围，为规模加工企业产品出口欧美市场提供支持；成功交易了福建省第一笔林业碳汇项目，首期 15.55 万 t 碳汇量成交金额 288.3 万元，自主策划和实施了福建省第一个竹林碳汇项目，创新多主体、市场化的生态产品价值实现机制，实现了森林生态"颜值"、林业发展"素质"、林农生活"品质"共同提升。

案例二：浙江省安吉县竹林碳汇撬动竹产业发展

安吉县深化竹林"三权分置"制度，遵循所有权、承包权不变，放活经营权。全国首创"两山合作社"，通过深化林地经营权制度改革，将分散在农户手中的竹林经营权流转至对应村专业合作社，再由村专业合作社集中流转至县"两山合作社"，统一进行竹林碳汇市场交易管理，从而推动全县竹林经营权向集约化转变，实现了竹林碳汇生态资源规模化经营。截至目前，安吉已组建村毛竹专业合作社119 家，实现千亩以上竹林行政村全覆盖，累计流转竹林 84 万亩。按 0.39 t/亩的固碳能力测算，年碳汇量可达 33 万 t。据估算，安吉竹林碳汇收储交易未来 30 年的远期收益可达 20 亿元，村合作社年均增收 100 万元。

构建县属国企+合作社+金融的生态价值转化平台，实施百万碳汇、百亿融资、百村振兴、百姓共富"四百工程"，通过绿色金融助力和代理服务，推动生态资源变生态资本，变共富股本金。"两山银行"全称"安吉县两山生态资源资产经营有限公司"，是安吉城投集团全资子公司，注册资金 6 亿元，为浙江首个"两山银行"示范基地，统筹安吉县域包括竹林在内的生态资源的整合提升工作。目前，安吉"两山银行"已成功转化文旅融合、闲置资源盘活等项目 24 个，村集体经济增收 2 000 余万元，解决群众就业 2 100 余个；推进文旅融合、闲置资源盘活、循环经济等项目18 个，预计项目建成运营后，年度营收超 3 亿元，村集体经济增收超 1 600 万元，解决群众就业 1 800 余个。

成立全国首个县级竹林碳汇收储交易平台——"两山"竹林碳汇收储交易中心，构建了资源管理、资源收储、经营服务、产品追踪、效益增值、收益分配等六大应用场景，形成了"林地流转—碳汇收储—基地经营—平台交易—收益反哺"的全流程开发体系。安吉探索开展了县内交易和市内跨县交易，累计有 21 家企业（机构）购买竹林碳汇 2.5 万 t，交易额 172 万元，初步建立了区域性的竹林碳汇交易市场。在此基础上，安吉充分利用金融支持工具，引导金融机构创新推出碳汇惠企贷、碳汇收储贷、碳汇共富贷、毛竹碳汇富余价值恢复补偿保险、竹林碳汇价格指数保险等一系列绿色金融产品,对购碳企业实行金融让利,对固碳林农实行保险托底,促进竹林碳汇供给方、消费方良性循环。例如,安吉农商银行发放竹林碳汇系列贷款 50 笔,金额共计 2.4 亿元,其中面向村集体发放的"碳汇共富贷"47 笔,金额 1.9 亿元;近期,安吉县政府与国家开发银行等金融机构签订了 115 亿元的竹产业改造升级碳汇能力提升项目,预计将产生 4.0%的年化收益率,经济效益显著。

建立"运营平台+合作社+农户"的利益联结分配机制,平台公司将经营利润 70%反哺给合作社,农民可以获得竹林保底收益、效益增值的 60%分红及参与项目建设的工资收益,实现拿租金、分股金、挣薪金,村集体可以获得效益增值的 40%分红,并对全体村民和困难群体进行二次分配或投入村民生工程,实现最大限度提高农民获得感,扩大受惠面,推进共同富裕。具体而言,一是农户将竹林经营权流转至村专业合作社,获取租金;二是村专业合作社将林权流转金用于共富产业园、共富乡宿等具有稳定收益经营性项目的入股投资,获取股份收入;三是引导农户就近参与竹林生产和经营管理,获取薪金。例如,山川乡大里村 68 岁的村民池根法将自家 23 亩毛竹林流转给了村集体,除"售卖空气"外,村里还组织在林下种植竹荪、黄精、大球盖菇等经济作物,修建延伸林道,使毛竹林经济效益有所增加,每年每人平均分到 1 500 元,直接增加了家庭收入。除此之外,池根法还实现了在村就业,成为一名"毛竹采伐员",通过帮助村里砍伐毛竹又获得一笔工资性收入。

专栏 7-4 厦门"1+N"碳交易要素市场体系建设

厦门产权交易中心(厦门市碳和排污权交易中心)作为经国务院部际联席会议验收通过的综合性交易机构,按照福建省委、省政府提出的支持厦门市碳和排污权交易中心打造区域碳交易市场,以及福建省绿色金融改革试验工作领导小组出台的《关于印发推动绿色金融发展的若干措施的通知》中关于深化厦门市碳和排污权交易中心等资源环境交易市场建设等文件精神,根据厦门市委、市政府关于依托厦门产权交易中心打造城乡融合统一产权交易市场的工作部署,重点做好"一个中心(厦门产权交易中心)、两大平台(全国首个农业碳汇交易平台和全国首个海洋碳汇交易平台)、三大融入(融入生态文明体系建设、融入乡村振兴大局、融入海洋经济发展战略)"。

　　厦门产权交易中心创新工作获得中纪委网站、最高人民检察院、国家发展改革委、生态环境部、自然资源部公众号的全国经验推广及人民银行总行、农业部、水利部等国家多个政府部门的充分肯定，工作成效被《人民日报》头版头条、《新闻联播》头条作为习近平生态文明思想"厦门实践"的组成部分进行了集中报道，"生态＋金融"要素市场已逐步成为厦门全新的城市名片。

　　创新数字化模式推动绿色融资企业及项目库建设，构建"数字化绿色金融＋新质生产力"应用场景。以"大数据＋绿色金融"模式构建厦门市绿色融资企业及项目库，目前已入库绿色企业及项目 275 家，初步实现绿色项目碳减排效益 70 248.36 t。

　　助力打造全国首批"零碳台青基地"，被列入 2023 年闽台融合之路的重要事项。在首个全国生态日，聚融壹家台湾青年双创基地、黑猫两岸青年文旅基地等台青基地，通过厦门产权交易中心（厦门市碳和排污权交易中心）全国首个农业碳汇交易平台，购买集美区后溪镇岩内村农业碳汇，用于抵消台青基地产生的 1 127 t 碳排放，成为全国首批"零碳台青基地"，创新打造"双碳战略＋两岸融合＋乡村振兴"的厦门样板。

　　与厦门航空开展深度的"双碳"合作，在成功完成全国首创"碳中和机票"的基础上，在"开通绿色账户、记录绿色足迹、收集绿色能量、兑换绿色权益"等方面进行精准合作，为厦门航空参与轻装出行的台胞颁发全国首张台胞《轻装减碳证书》，创新推动两岸交流与低碳出行融合发展。

　　设立全国首个农业碳汇交易平台，打造城乡融合要素市场体系。2022 年 5 月，为军营村、白交祠村发放全国首批农业碳票，作为社会主义新农村的绿色碳资产凭证，并设立了全国首个农业碳汇交易平台，提供农业碳汇开发、测算、交易、登记等一站式服务，目前厦门产权交易中心（厦门市碳和排污权交易中心）全国首个农业碳汇交易平台累计完成农业碳汇交易 27 万 t，获得了全国会议的典型经验推广。此外，厦门产权交易中心（厦门市碳和排污权交易中心）与厦门农商银行合作，目前累计发放"乡村振兴碳汇贷"金额达 574 万元，创新机制打破了"融资难、融资贵、融资慢"等制约农村经济发展的瓶颈。

　　在全国率先创设运用数字人民币开展个人农业碳汇交易，开启了国内首创的"农业碳汇＋数字人民币＋乡村振兴"新篇章，中心累计运用数字人民币购买碳汇达 21 442 宗。

厦门产权交易中心（厦门市碳和排污权交易中心）设立全国首个农业碳汇大学堂，实现"送碳汇知识上山、送绿色交易下乡"，推动农业碳汇大学堂走进两岸合作教学项目。

完成"闽宁协作"首次农业碳汇交易，由同安区和厦门农行发动热心支持"闽宁协作"的企业及个人通过厦门产权交易中心（厦门市碳和排污权交易中心）全国首个农业碳汇交易平台，购买泾源县新民乡南庄村和马河滩村高标准农田碳减排量19 790.6 t，运用农村生态产品价值实现机制提升农民绿色收入，助力打造"闽宁协作"升级版。2024 年 1 月 22 日，厦门产权交易中心（厦门市碳和排污权交易中心）农业碳汇交易平台再次成功完成了宁夏泾源县兴盛乡牛粪堆肥碳减排量 1 226 t 交易，通过生态农业创新持续增加宁夏泾源县农户的绿色收入。

助力金砖国家领导人厦门会晤首次实现碳中和。2017 年，在国内率先运用红树林海洋碳汇实施碳中和，助力推动 80 万 m^2 碳中和示范林建设。这是金砖国家领导人会晤历史上第一次实现"零碳排放"，国家发展改革委、外交部等国家有关部门参加了启动仪式。联合国秘书长海洋事务特使来厦考察时给予了充分肯定，成为中外知名的"碳中和厦门故事"。

创新打造"一带一路+双碳战略+乡村振兴"的新机制。推动厦门港务集团通过购买厦门市同安区 14 369 t 农业碳汇，抵消了"泽平轮（厦门－秘鲁）"海运航线产生的碳排放，实现了"一带一路"航线碳中和，创新打造"一带一路+双碳战略+乡村振兴"的新机制、新模式。

重点推动"金砖+碳交易""金砖+碳中和""金砖+绿色金融"，主动融入金砖基地建设，完成了首批 2 000 t 金砖国家的核证碳减排交易，运用农业碳汇抵消了中欧班列产生的 8 965 t 碳排放，共有 16 家金砖示范企业入选厦门市绿色企业库。

深入推进全国首个海洋碳汇交易平台建设，与国内多地检察院、法院开展"生态司法+碳汇交易"合作。推动海洋经济发展与"双碳"目标建设融合发展，目前全国首个海洋碳汇交易平台累计完成海洋碳汇交易 16 万 t。在与厦漳泉法院开展合作的基础上，中心还与内蒙古、江苏、浙江、福州、莆田、宁德地区的检察院、法院成功完成了"生态司法+蓝碳交易"合作，将生态司法交易的服务半径从省内扩大到全国其他地区。

成功完成全国首宗垃圾分类碳减排量交易，开启"以绿色交易促进社区垃圾分类"的新模式。

成功完成长汀县小流域综合治理水土保持碳汇交易 10 万 t，实现了我国水土保持碳汇交易"零的突破"。

7.4 碳汇产品价值实现面临的关键问题

碳汇生态产品的价值实现是一个复杂的系统性过程，是一个多主体参与的系统，涉及政府、企业、社会组织、社会公众等，需要组织、制度及空间上的协同；也是一个多要素驱动作用下的系统，受理念、自然、制度、主体、资金、技术等要素影响，要素合理优化配置十分重要[①]。我国生态碳汇产品价值实现机制处在探索实践阶段，仍面临诸多问题，主要体现在碳汇产品价值转化参与主体动力不足、碳汇交易顶层设计不明确、碳汇产品价值实现渠道受限、制度建设与政策体系建设不健全 4 个方面。

7.4.1 转化参与主体动力不足

碳汇产品价值转化市场供需两不旺盛，对碳汇产品价值的需求仍以自觉自愿为主，没有形成对碳汇产品的"刚性需求"，对供给方的拉动也不足，关键问题在于碳汇的市场接受度不高，大量碳汇存量无法进入市场，同时政策驱动不足，碳汇产品价值实现缺乏内在动力。

在现有的交易机制下，碳汇交易依附于碳排放权交易，碳汇只能在碳排放权强制履约市场或自愿减排市场中"二选一"进行交易。碳排放权市场有很多分类，其中最重要的一种，是根据交易动机以及建立的法律基础（国际公约或国内有关法律法规），分为强制履约市场和自愿减排市场（以下分别简称强制市场和自愿市场）[②]。其中，强制市场是指有强制减排任务的主体为了完成法定义务，以强制减

① 乔琴，高馨婷，雷硕，等. 碳汇产品价值实现模式及其优化路径[J]. 中国国土资源经济，2023，36（10）：19-27，81.
② 牛玲. 碳汇生态产品价值的市场化实现路径[J]. 绿色发展，2020（12）：37-42，62.

排配额（碳排放许可）或经过核证的减排量为主要交易客体的市场。如果强制减排主体没有完成减排任务，对差额部分必须购买排放配额或减排量予以抵消，否则将面临高额罚款。自愿市场是指没有强制减排任务的主体为了完成自愿设定的碳中和目标，以各种形式的减排量为主要交易客体的市场。没有强制减排任务，不减排也没有处罚，因此完全是自愿购买。现阶段所有已交易的碳汇都可视为"减排量"的一种，由强制履约主体或自愿减排主体购买。可以说，目前尚不存在独立于碳排放权市场的"碳汇市场"，所有碳汇交易都需要在碳排放权市场的制度框架下进行。

强制市场对可纳入交易的碳汇要求极严、门槛较高，绝大多数碳汇因无法满足"额外性"的要求，无法成为合格的"商品"，这导致供给不足，交易量很小。在实践中，近 10 年已交易的碳汇量只占年度碳排放配额的 2‰，不到年度碳汇量的 1‰。根据《气候变化第三次国家信息通报》[①]，2014 年我国林地、草地、农田、湿地等生态系统碳汇为 11.51 亿 tCO_2 当量，但其中 99.90%都是存量碳汇，不符合额外性的要求，无法被纳入强制市场进行交易。从我国碳市场实际交易量看，截至 2020 年底，各试点省市碳排放配额现货交易量 4.45 亿 t，国家核证自愿减排量（CCER）累计交易 2.68 亿 t。其中，实际签发可上市交易的生态碳汇（以林业碳汇为主）只有 3 个项目共 82.81 万 t，只占 CCER 减排量的 0.31%，占配额市场的 0.19%，不到我国年碳汇量的 0.10%。自愿市场对可纳入交易的碳汇要求相对宽松，但由于缺乏交易的强制性，仅靠团体或个人自愿购买，需求不足，实际交易量也很小。

自愿市场起源于一些团体或个人为自愿抵消其温室气体排放而购买减排量的行为。由于完全是自发自愿行为，交易主体既可交易完全符合额外性要求的碳汇，也可购买那些不完全符合额外性要求或要求相对宽松的碳汇，甚至是完全不考虑额外性要求的碳汇。在我国自愿市场实践中，碳交易往往与精准扶贫、乡村振兴等政策落地实施相结合。如贵州"单株碳汇精准扶贫机制"、福建顺昌"一元碳汇"、福建三明"碳票"、浙江安吉竹林碳汇收储等。但交易规模普遍较小，如福建顺昌的"一元碳汇"，截至 2022 年 6 月底已有 9 336 人次认购了碳汇量，但认购额只有 62.07 万元，人均不到百元；浙江安吉首批收储的碳汇交易额也只有 108 万元。

---

① 邱少俊，李兆宜，陈雅如. 生态产品价值实现中的碳汇市场建设研究[J]. 中国土地，2022（11）：14-17.

这些项目的公益、示范作用远大于实际的减排、固碳效果。

7.4.2 碳汇交易顶层设计不明确

我国缺少系统的碳汇顶层规划设计。尽管我国从国家层面提出发展碳汇的目标，但目前仅局限于局部性的探索试点，尚未形成系统性的顶层规划设计，碳汇发展的框架机制不够清晰，主要体现在政策法律与监管机制不完善，导致生产者、经营者以及相关机构在参与碳汇交易时面临较大的不确定性。

健全碳汇产品认证、核算、交易、投资等相关政策与法律体系，完善有效的监管机制是碳汇产品价值实现的关键保障。然而，当前相关政策依据缺乏、法律缺失、产权模糊、监管不足限制了碳汇交易活动的制度化和规范化运行。一是目前全国碳市场的交易产品以配额为主，可用于抵消碳排放配额清缴的 CCER 比例不超过 5%，且基线和额外性要求过于严格，弱化了碳汇产品在碳交易市场中的存在感，在进一步推进林业碳汇交易，以及如何使海洋、草原、湿地等碳汇产品参与到全国碳市场交易中，均缺乏相应的政策支持和制度依据[①]。二是碳汇及其交易过程缺乏法律保障，我国相关法律法规均侧重保护环境与资源，并未将碳汇纳入考量范围，使得相关部门难以对破坏或损害碳汇资源的责任者进行处罚，同时仅依靠《温室气体自愿减排交易管理暂行办法》《碳排放权交易管理暂行条例》等几项部门规章指导和规范全国碳汇交易，存在系统性、权威性、技术性、可操作性不足等问题。三是碳汇产权难以明晰，不利于碳汇产品市场交易的推进。项目开发过程中涉及众多利益相关者，导致项目开发难度增加，收益分配等很难达到预期效果。例如，目前由主管部门批准许可的林业碳汇交易项目中，确认的林业碳汇产权是一种行政性的权利，不具有可自由转让或交易的个人私权利性质，这给碳汇权交易带来了无形的障碍和风险。四是尚未建立完善的针对碳汇产品价值实现过程的监管机制，在碳汇产品审批、认证、监测等方面存在监管规则不明确和机构责任不清的情况。

7.4.3 碳汇产品价值实现渠道受限

目前我国碳汇产品价值实现渠道相对单一，尚未建立起市场化、高效率、规

---

① 周佳，董战峰. 碳汇产品价值实现机制与路径[J]. 科技导报，2022，40（11）：98-104.

模化的碳汇产品价值实现路径，碳汇生态补偿、碳汇金融、碳汇产业化均面临相应困境，主要归因于政策扶持不足，缺乏理论实践研究。

碳汇生态补偿缺乏可持续性。伴随补偿规模的扩大与补偿对象的增加，政府生态补偿的局限性逐渐显露。一是生态补偿资金的可持续性问题，现有针对林业碳汇的生态补偿多以纵向的财政拨款为主，财政补贴范围的不断扩大势必会造成中央和地方政府的财政压力过大。二是生态补偿的精准性问题，不同地域生态系统服务功能与经济发展水平存在异质性，不同碳汇造林方式的成本也存在差异性，而"一刀切"式的生态补偿标准并不能精准满足受偿主体需求，势必会降低林农碳汇造林积极性。金融机构参与林业碳汇金融意愿不强。首先，金融机构因缺乏对碳汇项目信息的掌握而较少介入碳汇金融的积极性，且缺少专业人才来熟悉碳汇项目的运作模式、操作方法、风险管理等；其次，碳汇经营者收入与投入的不匹配以及碳汇项目所面对的诸多风险，导致金融机构对收益不太显著的碳汇企业资金支持力度有限。碳汇融资模式主要集中在开展碳汇绿色信贷、碳汇保险方式，碳汇债券项目仍是个例，甚至碳汇金融期货等在中国尚无先例。碳汇产业化进程缓慢。一方面，碳汇产业目前缺乏被广泛认可的计量标准和规范的交易市场，导致其不能形成规模化经营；另一方面，碳汇项目的技术和方案等存在一定缺陷，导致项目生产活动单一，不能充分利用碳汇产品生长期内的自然资源发展上下游产品，项目附加值低、产业价值链短，不利于碳汇产业的可持续发展。

7.4.4 制度建设与政策体系建设不健全

在碳汇产品调查监测、开发转化、经营开发、价值实现保障、价值实现推进等机制建设方面存在不足。碳汇调查监测技术方法体系不完善，虽然具备生态系统调查监测数据基础和技术能力，但针对生态系统不同碳汇监测对象依然无法做到精准、科学、快速，亟须加强研究生态系统分区分类碳汇监测、碳汇监测标准、技术和模型、碳汇监测核算体系。碳汇产品开发转化方法不够，目前国家备案的4 个方法学仅涵盖少量的林业、海洋类碳汇产品，缺少其他森林、海洋碳汇，以及全部草原、湿地、地质碳汇产品相关开发方法。碳汇产品经营开发路径较少，亟须加快碳汇产品与其他领域融合，探索更多的碳汇产品价值实现路径。碳汇产品价值实现保障力度不足，当前针对碳汇产品的资金投入、税费优惠力度、绿色金融支持力度尚不能满足需求，亟须加大相关方面的保障力度。碳汇产品监管体系不完善，未形成统一的碳汇交易程序，相关监管机构较少，需明确市场交易主客体、设计和使用标准化合同、确定计量核算和定价方法、培育中介和咨询组织，为碳汇交易的健康发展提供保障。

7.5   "双碳"目标下碳汇产品价值实现的对策与建议

7.5.1   建立多元化碳汇产品交易体系

针对大量存量碳汇在强制市场"不能卖"、在自愿市场"没人买"的情况，在已有工作基础上，以扩大碳汇生态产品市场需求、激活碳汇生态产品交易为总体目标，创建覆盖碳市场履约企业、自愿减排企业、社会公众等多类需求对象的多元化碳汇生态产品交易体系，形成履约市场、自愿市场和普惠市场相互连通、互为补充的复合型市场格局。一是针对强制履约主体，巩固优化强制市场。在全国统一碳市场（强制市场）中，单列生态系统碳汇指标，将碳汇作为强制性要求，履约企业购买减排量用于抵消排放时，必须购买一定比例的生态系统碳汇。通过法律法规强有力的约束，形成碳汇生态产品交易的价格机制，向全社会释放"生态有价"的市场信号。二是针对自愿减排主体，大力发展自愿市场。建立全国统一自愿市场（统一核算标准、统一价格体系、统一交易平台），积极引导企业、社会组织、重大活动赛事主办方、个人购买碳汇。其中，对于政府主导的大型活动，可逐步提出强制性要求。三是针对地方各级政府，探索培育政府间市场。在科学核算各地存量碳汇基值和提升潜力的基础上，按行政区域分解任务。如超额完成或未完成，有关政府可跨行政区交易、转让指标，或购买其他地区的指标。同时，建立专项基金，政府间市场所获得的碳汇收益，必须优先用于生态保护修复、国土绿化等。

7.5.2   强化碳汇产品交易顶层设计

坚持政府引导、市场运作、多方参与，将"自上而下"的顶层设计和"自下而上"的地方探索相结合[①]。制定碳汇产品价值实现总体方案,明确碳汇资源的开发和利用的原则与程序、评估核算、考核监管等标准体系。推进碳汇交易立法,明确碳汇产品交易的法律定位、产权归属、市场监管等配套保障措施,以高位阶的法律法规建设推动基层实践,规范碳汇产品的有偿使用。界定碳汇产品供求双方,明确生态系统及其所产生碳汇的所有权、使用权、收益权、分配权、流转权的归属及权能,发挥民事主体在实现碳汇价值上的积极性,并将碳汇损害纳入侵权责任之中,保障碳汇产品交易顺利展开。选择碳汇资源丰富的地区推进碳汇交易试点,总结地方实践经验,形成相关示范项目案例库成果,推广可复制的交易制度。提升政府监管职能,特别在开发碳汇项目时,要加强生态环境的保护和督察,从而更好地实现碳汇产品多重价值。

7.5.3 拓宽碳汇产品价值实现渠道

加强碳汇生态补偿理论与实践研究。一是拓宽生态补偿的范围及层次,对碳汇设立专项补偿资金,从而突出碳汇生态效益;二是规范碳汇生态效益补偿的理由、方式、程序等,对实际承担碳汇供给任务的区域或部门、主体及具体贡献者建立科学的碳汇生态补偿机制;三是健全不同地区间的横向补偿机制。基于中国国情,重点完善东部地区对西部地区、碳汇产品消费区对碳汇生产区的横向补偿,进而逐渐在全国形成更好体现碳汇价值的补偿机制。

强化碳汇金融路径理论与实践研究。一是加强碳汇金融路径的理论研究。除碳汇交易方面理论研究存在一定体系外,其他方面的碳汇金融路径学术研究甚少,有的甚至滞后于实践的发展,这阻碍了碳汇产品的价值实现。应结合碳汇的特征,加强碳汇领域不同金融工具的应用机制研究,包括总结现行碳汇质押贷款模式及其实践发展的制约因素、关注保险对碳汇价格波动的规避机制、设计碳汇储蓄存单等金融工具参与主体的利益分配机制等。二是从实践层面创新多元化融资模式。建议探索通过发行企业债券、设立碳汇专项基金等多种金融方式,引导社会资本投向碳汇领域,为碳汇项目建设等提供更多的金融活水,促进碳汇产品实现价值转化;同时鼓励银行、保险等金融机构在碳汇领域建立合作,如通过碳汇保险为碳汇质押贷款增信,增强碳汇产业融资力度;对开展碳汇金融业务量达到一定要

---

① 杨林,沈春蕾. 海洋碳汇产品价值实现的困境与对策[J]. 东南学术,2024(1):92-102.

求的金融机构采取税收优惠或准备金率优惠，以激励商业性金融机构参与其中。

健全以碳汇产业为核心的产业扶持政策。中国碳汇产业尚存在产业链不完整、产品整体附加值低、集约化经营程度低、区域特色缺乏、科技支持薄弱等问题，需要调整碳汇产业发展思路并健全相关扶持机制：一是促进碳汇产品产业结构调整，研究探索各类碳汇产品方法学的制定，同时引导其积极参与碳汇项目建设，挖掘经济新增长点；二是引导开发生态旅游和森林康养资源。对于碳汇资源达到一定规模的地区，允许在符合土地利用总体规划、依法办理建设用地审批手续、坚持集约用地的前提下，开发生态旅游与森林康养、碳汇生态教育、休闲度假等产业，打造富含碳汇生态价值的特色生态旅游和森林康养品牌。

7.5.4　完善碳汇产品价值实现机制

健全碳汇调查监测技术方法。增强森林资源调查监测评价数据采集和分析评价能力，建立健全草原生态基本状况和监测评价体系，有序开展林草碳汇监测、陆地生态系统碳监测、海洋生态系统碳监测等专项评价监测。构建国家湿地生态监测体系，建立重要湿地监测体系。构建森林、草原、湿地、海洋碳汇监测管理机制，开展森林、湿地、草原、海洋等各类碳库全覆盖的专项监测和动态监测，建立森林、草原、湿地、海洋碳汇计量体系，建立碳储量动态数据库，开展碳库特征与碳储量测绘技术研究，研究碳时空变化格局和碳储量变化趋势，全面客观反映生态系统碳储量和碳汇量现状、分布及变化情况。加强计量监测机构能力建设，强化装备配备、人才培养、技术培训和平台建设，提升支撑能力。提高碳汇监测与评价能力，对生态碳汇现状空间分布格局、动态变化规律及其驱动机制开展调查监测。

完善碳汇产品开发方法体系。一是丰富森林碳汇产品方法。不同类型森林管理方式，也可增加碳固定量和减少碳释放量，如通过造林、退化生态系统恢复、建立农林复合系统、加强森林可持续管理等措施，可增强陆地碳吸收量；通过减少毁林、改进采伐作业措施、提高木材利用效率以及有效的控制森林灾害，可减少陆地碳排放量。在我国林业碳汇项目方法学的基础上，结合土地使用、土地使用的变化和加快林业发展的有关政策规定，可将森林碳汇项目种类进一步细分为造林项目、再造林项目、减少毁林和森林退化的排放项目以及森林管理项目，进一步丰富森林碳汇产品方法学，扩大开发森林碳汇产品类型和数量。二是研究开发草地、湿地、海洋等代表性碳汇产品开发方法学，探索草地、湿地、海洋等碳汇项目运营模式。

建立碳汇产品价值实现的保障机制。一是加强碳汇发展关键技术研究。开展森林碳储量与碳汇潜力研究，探索碳汇增长的经营方法和模式。建立科学的评价指标体系，开展草原、湿地碳汇功能评价与增汇潜力预测研究。建立农林复合碳汇生态系统，加强农林复合生态系统可持续吸收碳储存量的研究，增强陆地碳汇吸收量。构建海洋生态系统碳汇增长模式，建立海洋碳汇开发试点工程，研究碳汇海洋生物养殖技术和碳汇海洋经营技术等。二是加强生态保护修复绩效监管。落实生态环境保护督察制度，加强对省级党委政府的生态保护修复履责情况、开发建设活动生态环境影响监管情况监督。以生态保护红线和自然保护地为重点，开展生态保护红线生态破坏监管试点，持续推进"绿盾"自然保护地强化监督专项行动，依法加大生态破坏问题监督和查处力度。利用月度高分辨卫星影像和地理信息数据，对生态保护修复工作实行"天上看、网上管、地上查"。通过国家、省二级管理平台，对全国生态保护修复情况进行信息化调度及监管。三是强化碳汇产品信息化管理。依托"三线三区"划定成果与国土空间规划数据平台，结合生态保护修复大数据管理，构建碳汇智慧管理系统，提供碳汇增汇工程信息汇集、监测预警、绩效评价、智能辅助、信息共享等核心功能模块，建立相关部门与行业数据共享机制，推进各类数据共建共享。对重点区域生态保护和修复以及自然保护地建设重大工程实施动态监测。

第 8 章
以 GEP 核算应用推动生态文明体制改革

GEP 核算是促进生态产品价值实现的重要基础性工作。GEP 核算工作在全国范围内蓬勃发展，实践应用已然走在世界前列，但是 GEP 核算仍存在诸多理论技术难点，导致 GEP 在生态文明领域还难以发挥出重要的引导作用。本章在阐释 GEP 核算与生态文明建设内在逻辑关系的基础上，系统总结了生态产品价值核算的国家部署与地方实践，分析了各地 GEP 核算工作推进的认识实践误区，从前端评价核算到后端核算结果应用提出 GEP 核算工作的推进建议。

8.1 GEP 核算与生态文明建设的内在逻辑关系

8.1.1 新时期国家关于深化生态文明体制改革的要求

党的十八大以来，以习近平同志为核心的党中央把生态文明建设作为关系中华民族永续发展的根本大计，加强生态文明顶层设计和制度体系建设，开展了一系列开创性工作、推进了一系列变革性实践、取得了一系列突破性进展、形成了一系列标志性成果[①]。以《关于加快推进生态文明建设的意见》和《生态文明体制改革总体方案》为指引，我国全面推进生态文明体制改革，相继实施了几十项具体改革方案，逐步建立起自然资源资产产权制度、国土空间开发保护制度、空间规划体系、资源总量管理和全面节约制度、资源有偿使用和生态补偿制度、环境

---

① 张旭. 关于生态文明建设的六个"新"——学习习近平总书记在全国生态环境保护大会上的重要讲话精神[J]. 社会主义论坛，2018（7）：14-15.

治理体系、环境治理和生态保护市场体系、生态文明绩效评价考核和责任追究制度等基础制度[①]，具有"四梁八柱"性质的制度体系基本建立。

党的二十届三中全会通过的《中共中央关于进一步全面深化改革　推进中国式现代化的决定》（以下简称《决定》）对新时代新征程上深化生态文明体制改革作出重要部署。《决定》从完善生态文明基础体制、健全生态环境治理体系、健全绿色低碳发展机制 3 个方面提出系列改革举措。这一重要部署为新时代新征程上进一步深化生态文明体制改革、全面推进美丽中国建设，指明了前进方向、提供了根本遵循。

完善生态文明基础体制。《决定》提出，在生态环境监管领域，实施分区域、差异化、精准管控的生态环境管理制度，健全生态环境监测和评价制度，全面提升环境监管效能。在国土空间开发保护制度方面，建立健全覆盖全域全类型、统一衔接的国土空间用途管制和规划许可制度，加强空间规划和用途管制、规划许可实施监管。在自然资源资产产权领域，健全自然资源资产产权制度和管理制度体系，完善全民所有自然资源资产所有权委托代理机制，建立生态环境保护、自然资源保护利用和资产保值增值等责任考核监督制度，构建系统完备、科学规范、运行高效的中国特色自然资源资产产权制度体系。完善国家生态安全工作协调机制，提升国家生态安全风险研判评估、监测预警、应急应对和处置能力。

健全生态环境治理体系。进一步提升生态环境治理体系的水平，《决定》提出推进生态环境治理责任体系、监管体系、市场体系、法律法规政策体系建设。在污染防治新阶段，全面实行排污许可制，完善精准治污、科学治污、依法治污制度机制，全面提升固定污染源监管能力。建立新污染物协同治理和环境风险管控体系，有效开展生态环境共保联治，推进多污染物协同减排。深化环境信息依法披露制度改革，构建环境信用监管体系，强化企业生态环境主体责任落实，全面提升企业环境合规水平。在流域生态环境保护和治理方面，推动重要流域构建上下游贯通一体的生态环境治理体系，维护水生态系统健康，有效促进流域、区域协调发展。加强生态保护监管，落实生态保护红线管理制度，正确处理自然恢复和人工修复的关系，健全山水林田湖草沙一体化保护和系统治理机制，建设多元化生态保护修复投入机制，着力提升生态系统多样性、稳定性、持续性。强化生

---

① 推动生态文明体制改革加快建设美丽中国[N]. 河北日报，2017-11-17（1）.

物多样性保护工作协调机制，实施生物多样性保护重大工程。健全生态产品价值实现机制，明晰生态产品价值机制实施的内涵和边界，稳步探索生态产品价值实现的路径。

健全绿色低碳发展机制。《决定》提出，切实推动经济社会发展绿色化、低碳化，在经济政策领域，实施支持绿色低碳发展的财税、金融、投资、价格政策和标准体系，发展绿色低碳产业，促进绿色低碳循环发展经济体系建设。优化政府绿色采购政策，完善绿色税制。全面落实节约战略，完善资源总量管理和全面节约制度，健全废弃物循环利用体系。在能源转型方面，健全煤炭清洁高效利用机制，加快规划建设新型能源体系，完善新能源消纳和调控政策措施。在管理体制上，完善适应气候变化工作体系，建立能耗双控向碳排放双控全面转型新机制。加强碳减排基础工作和能力建设，构建碳排放统计核算体系、产品碳标识认证制度、产品碳足迹管理体系。积极探索碳市场政策工具，完善碳减排市场化机制，健全碳市场交易制度、温室气体自然减排交易制度，积极稳妥推进碳达峰碳中和。

8.1.2　GEP 核算在生态文明制度体系中的作用

党的十八大以后，我国建立了"源头严防、过程严管、后果严惩"的生态文明制度体系，不仅注重充分发挥中国特色社会主义制度的显著优势，运用行政、法律手段加强生态保护和环境质量改善，而且注重加强生态环境治理的市场经济手段，更加强调自然资源是有价值的。生态产品价值核算可以有效衡量自然资源的价值，弥补了 GDP 不能衡量自然资源消耗和生态环境破坏的不足，并贯穿生态文明制度体系建设的全过程。从源头严防来看，生态产品价值核算是建立健全自然资源资产产权制度、空间开发保护制度等制度的前提；从过程严管来看，生态产品价值核算是资源有偿使用制度、生态保护补偿等制度的依据；从后果严惩来看，生态产品价值核算是实施生态环境损害责任终身追究制、损害赔偿、生态文明绩效评价考核制度的基础。

（1）GEP 核算是构建自然资源资产产权制度的重要前提

自然资源是生态产品的载体，构建自然资源资产产权制度是实现提高自然资源利用效率的关键，有助于明确自然资源的所有权和使用权，从而摸清生态产品底数，为生态产品生产和交易提供保障①②。生态产品总值核算为自然资源资产产权制度提供了量化支撑，使得自然资源价值得以具体化。核算生态产品价值，可以更准确地评估自然资源的经济效益、社会效益和生态效益，从而确定自然资源的权属和范围，为资源的管理和决策提供依据，有利于自然资源的合理开发和利用，促进生态产品的保值增值，充分发挥其社会、经济和生态等综合效益。生态产品总值核算为自然资源资产产权制度的有效监管提供了工具和评估方法，可以帮助监管机构更准确地了解资源的利用状况和变化趋势，从而制定出更有效的监管政策和措施，推动自然资源资产管理工作的持续改进。

（2）GEP 核算是规划国土空间开发保护的重要基础

国土空间开发保护是可持续发展的蓝图，国土空间规划是国家空间发展的指南，整体谋划新时代国土空间开发保护格局是加快形成绿色生产方式和生活方式、推进生态文明建设的关键举措③。生态产品总值核算为国土空间开发保护制度和空间规划体系提供了依据，通过对不同区域的生态产品价值进行量化分析，可以为决策者评估和规划区域的可持续发展提供视角。以生态产品总值核算结果为参考可以帮助划分不同国土空间类型，为确定不同类型空间开发强度和开发规模提供政策参考。对不同区域展开生态产品总值核算能够判断区域是否适合进行空间开发，帮助决策者规划区域功能布局，核算不同区域的生态产品价值，可以识别出生态价值高的区域，对于这些区域，开发活动可能会对生态系统造成不可逆转的损害，应该限制或禁止开发，以保护其生态价值。

（3）GEP 核算是落实自然资源有偿使用的重要保障

生态产品总值核算是对自然资源价值的有效评估，通过这一核算，能够把握自然资源的使用情况和价值变动，从而为自然资源有偿使用提供支撑。由于自然资源的外部性和公共属性，个人在使用自然资源时存在严重的"搭便车"倾向，自然资源定价难使自然资源使用者无法向自然资源所有者支付费用，取得使用等

---

① 谢花林，李致远. 自然资源领域生态产品价值实现的多主体协同机制与路径[J]. 自然资源学报，2023，38（12）：2933-2949.

② 金志丰，张晓蕾，陈诚. 自然资源管理创新助力生态产品价值实现：关键环节与实施路径[J]. 中国土地科学，2024，38（4）：1-10.

③ 赵毅，周秦，袁新国，等. 国土空间规划引领生态产品价值的实现路径[J]. 城市规划学刊，2022（5）：59-66.

相应权能。生态产品总值核算能够评估自然资源所提供的服务和产品的价值,从而为自然资源的定价和使用权能的分配提供了依据。生态产品总值核算有助于建立起公平合理的自然资源使用和补偿机制,资源所有者的合法权益得以保障。在自然资源有偿使用制度下,企业和个人在使用自然资源时,需要支付相应的费用,这不仅能促进资源的合理利用,还能为生态环境保护提供资金保障。

(4) GEP 核算是制定生态保护补偿标准的重要依据

生态保护补偿作为生态产品价值实现的重要模式,在实践中长期面临补偿标准难以确定的问题,生态保护补偿标准对生态产品价值量化提出了强烈需要。生态产品总值核算反映了生态产品价值,能够货币化生态保护和修复的成本,为生态保护补偿标准难以确定的问题提供了解决方案。生态产品总值核算能够帮助识别亟须进行生态保护和修复的区域,有助于推进资金流向生态补偿的重点区域,进一步推动生态保护补偿机制的持续优化和升级。此外,生态产品总值核算有助于推进财政转移支付分配机制、开展横向生态保护补偿、探索异地开发补偿模式,为生产供给生态产品或生态资源产权人支付的生态保护劳动价值或限制发展机会成本提供参考,激励更多社会力量参与到生态保护工作中。

(5) GEP 核算是建立生态产品市场机制的重要参考

生态产品总值核算结果是探索建立生态产品市场机制的重要来源。生态产品总值核算是生态产品市场内经济活动开展的基础,体现生态产品价值的生态产品总值核算为生态产品的生态交换、市场交易进而实现其价值提供了根本保障。生态产品总值核算不仅能够反映市场供求关系,而且有助于形成合理的价格机制,这对于加强生态产品的经营开发、融资以及推动生态资源权益的交易都具有重要的技术支撑作用。在推动生态产品市场化的过程中,生态产品总值核算始终发挥着重要作用,生态产品经济价值的量化,为市场参与者提供了价值参考,为利用市场手段实现生态产品经济价值打下基础,助力实现生态效益与经济效益的双赢。生态产品总值核算的应用,有助于建立一个公平、透明的生态产品市场,生态产品的价值不再被忽视,而是通过市场机制得到合理的体现。

（6）GEP 核算是进行生态环境损害赔偿的重要抓手

生态产品总值核算作为进行生态环境损害赔偿的重要抓手发挥着重要作用[①]。生态产品总值核算帮助识别和量化环境破坏导致的各项成本，为生态环境损害责任终身追究制提供损害程度和损失价值的衡量标准，进而明确责任归属，确保责任追究的公平性和准确性。在土地利用规划、城乡发展规划、重大建设项目规划之初，GEP 核算结果可以作为预估生态损害程度和确定相应赔偿金额的依据。此外，当某些企业活动导致某个生态系统服务功能下降时，可以根据 GEP 核算结果来评估生态服务的损失，并据此要求责任方支付相应的赔偿金。通过 GEP 核算开展生态环境损害赔偿可以自动对生态环境破坏形成制约力量，出于对经济利益的考量，经济主体会自动减少对生态环境的破坏，主动加强对生态环境的保护。

（7）GEP 核算是推进生态文明绩效考核的重要工具

生态产品总值核算是生态文明绩效评价考核制度的基础，是引导党政领导干部行为的"指挥棒"。党的十八大报告明确提出："要把资源消耗、环境损害、生态效益纳入经济社会发展评价体系，建立体现生态文明要求的目标体系、考核办法、奖惩机制。"全面评估考虑生态文明建设的经济社会发展成效离不开生态产品总值核算的作用，生态产品总值核算使政府在进行绩效考核时能够更加全面地考量经济效益和生态效益的协调发展情况，成为推动生态文明建设的重要力量。把生态产品总值核算结果作为生态文明绩效评价考核的参考有利于帮助党政领导干部树立更加正确的政绩观，这不仅有助于提高政府在生态保护和资源管理方面的决策质量，而且能够确保政策的制定和执行更加符合生态文明建设的要求。

8.2　GEP 核算的研究与实践推进现状

8.2.1　GEP 核算的研究进展

生态产品价值核算早期可以追溯到国际上的生态系统服务价值评估。1970 年，London 等首次使用了生态系统服务一词，列出了自然生态系统对人类的环境服务功能，包括害虫控制、昆虫传粉、渔业、土壤形成、水土保持、气候调节、洪水控

---

① 靳乐山，朱凯宁. 从生态环境损害赔偿到生态补偿再到生态产品价值实现[J]. 环境保护，2020, 48（17）：15-18.

制与大气组成等方面。20 世纪末，随着 Costanza、Daily 等[1] [2]学者研究成果的发表，生态系统服务研究引起了国际上的广泛关注，特别是千年生态系统评估（MA）的开展极大地推动了全球范围内的生态系统服务研究，随后开展的生态系统和生物多样性经济学（TEEB）研究、生物多样性和生态系统服务政府间科学政策平台（IPBES）、环境经济核算体系试验性生态系统核算（SEEA-EEA）等又逐步推动了各国政府尝试将生态系统价值纳入国民经济核算体系。

我国也高度重视生态系统价值研究，在国外生态系统服务核算的基础上提出了生态产品价值核算的概念，并取得了重要进展。生态产品与国际上生态系统服务的概念非常相近，生态产品价值核算是沿着生态系统服务价值评估的研究脉络发展而来。回顾我国生态产品价值核算研究发展历程，根据重要事件和关键节点，可以划分为 3 个阶段：科学探索阶段（1997—2012 年）、实践推进阶段（2012—2021 年）、深化铺开阶段（2021 年至今）（图 8-1）。

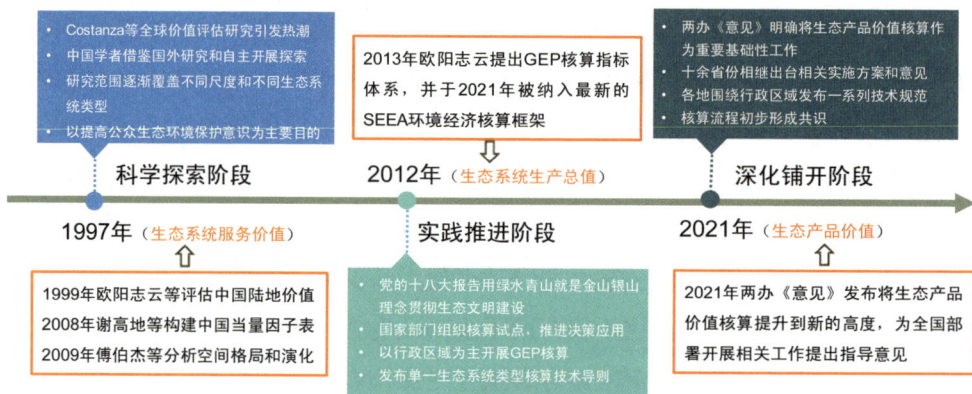

图 8-1　我国生态产品价值核算研究的发展阶段

8.2.1.1　科学探索阶段（1997—2012 年）

从 1997 年 Costanza 等[3]量化全球生态系统服务价值一直到 2012 年党的十八

---

① DAILY G C. Nature's services: societal dependence on natural ecosystem[M]. Washington D C: Island Press，1997.

② COSTANZA R，KUBISZEWSKI I，GIOVANNINI E，et al. Development：Time to leave GDP behind[J]. Nature，2014，505：283-285.

③ COSTANZA R，ARGER R，GROOT R，et al. The value of the world's ecosystem services and natural capital[J]. Nature，1997，386（6630）：2533-2260.

大召开之前是生态产品价值核算的自发探索阶段，这一阶段以相关学者自主开展研究探索为主，国内外生态系统服务的相关研究为生态产品价值核算奠定了坚实基础。欧阳志云等较早地用建模法评估了中国陆地生态系统服务价值，谢高地等基于 Costanza 等的研究建立了中国生态系统服务单位面积价值当量因子表，傅伯杰等系统分析了中国不同生态类型及服务的空间格局和演化特征，核算范围也进一步由国家尺度扩展到区域尺度。森林生态系统是我国较早开展的单一生态系统类型价值核算研究，随后逐渐覆盖到草地、湿地、海洋、流域等其他生态系统类型。在这一阶段，生态产品价值核算研究以提高对生态环境资源价值的认识为主要目的，并已初步涵盖生物物理模型、当量因子、能值分析等核算方法，但尚未实际应用于地方实践。

8.2.1.2　实践推进阶段（2012—2021 年）

从 2012 年党的十八大的召开到 2021 年两办《意见》发布之前这一段时间可以看作生态产品价值核算的实践推进阶段，开展和实施生态产品价值核算试点，探索推进核算结果应用是这一阶段的主要特点。党的十八大以来，绿水青山就是金山银山理念逐渐成为贯彻生态文明建设的核心理念，生态产品价值核算作为"两山"转化的实践抓手，逐渐转向地方政府与科研机构合作推进实践应用，并逐步被尝试纳入政府决策。2013 年，欧阳志云等提出生态系统生产总值的概念，将其界定为终端生态系统服务的价值总和用以衡量生态系统的运行状况，并于 2021 年作为综合指标被纳入最新的 SEEA-EA 框架。国家发展改革委、国家统计局、自然资源部等先后部署实施了一系列 GEP 核算试点，探索为生态补偿标准和政府绩效考核提供技术参考。在此基础上，相关学者和科研机构基于实践需求，尝试开发可以由地方业务部门自主进行 GEP 核算的方法和体系。厦门于 2018 年首次构建了基于统计报表法的 GEP 业务化核算体系，在科学模型核算基础上建立了业务化统计经验模型，设计了一套完整的编码系统和数据报表系统。随后在 2021 年深圳建立了 "1+3" GEP 核算制度体系，以实施方案为统领，涵盖一项核算地方标准、一套核算统计报表和一个自动核算平台。浙江省丽水市作为全国首个生态产品价值实现机制试点城市，构建了市—县—乡—村四级 GEP 核算体系。在这一阶段，相关概念逐渐由生态系统服务价值评估逐渐过渡到 GEP 核算，并以"政府部门+科研机构"的模式推进行政区域 GEP 核算试点研究，但主要在自然资源禀赋较好的局部地区展开，尚未在全国范围内全面铺开。

8.2.1.3　深化铺开阶段（2021 年至今）

2021 年两办《意见》的发布将生态产品价值核算提升到新的战略高度，生态产品价值核算工作自上而下在全国范围内全面深化铺开。各级地方在国家总体战略的引领下纷纷出台相关实施方案和意见，推进相关工作，核算试点不再局限于国家部门的零星部署，而是从省、市、县各级层面全面推进试点工作建设。据不完全统计，截至 2024 年底，我国与生态产品价值核算相关的各级试点已覆盖 17 个省份、50 个地级市，超过 160 个县（区），先后投入超 3 亿元。在这一阶段，生态产品价值核算发展成为由政府主导开展，并在核算规范发布、核算试点探索和核算结果应用等领域重点推进，相关概念也由生态系统服务价值、GEP 核算发展成为生态产品价值核算，科学与决策的联系进一步得到加强[①]。

纵观我国生态产品价值核算研究的整个发展历程，在概念演进上先后经历了生态系统服务价值评估、GEP 核算和生态产品价值核算 3 个阶段，表明我国对相关理论内涵的认识与核算结果的应用逐步得到深化。绿水青山就是金山银山理念、人与自然和谐共生等重要论断的提出，使生态产品价值核算逐渐成为生态学、经济学、管理学等多学科交叉的研究热点和前沿，中国特色社会主义的制度优势使相关工作在全国范围内扎实快速推进，投入资金之多，开展试点之广，表明我国生态产品价值核算的研究已经走在世界前列。

8.2.2　GEP 核算的国家部署要求

8.2.2.1　总体部署

自党的十八大提出生态文明建设战略以来，习近平总书记多次对绿水青山就是金山银山理念进行了深刻系统的理论概括和阐释，绿水青山就是金山银山理念逐渐成为贯穿生态文明建设的核心主线，生态产品价值核算作为"绿水青山就是

[①]《迈向生态文明新时代：贵阳行进录：2007—2012 年》编辑组. 迈向生态文明新时代[M]. 北京：中国人民大学出版社，2012：617.

金山银山"转化的实践抓手，受到决策者的广泛关注，党和国家多次就生态产品价值核算工作作出安排部署，对生态产品价值核算工作的要求逐步明确（图 8-2）。

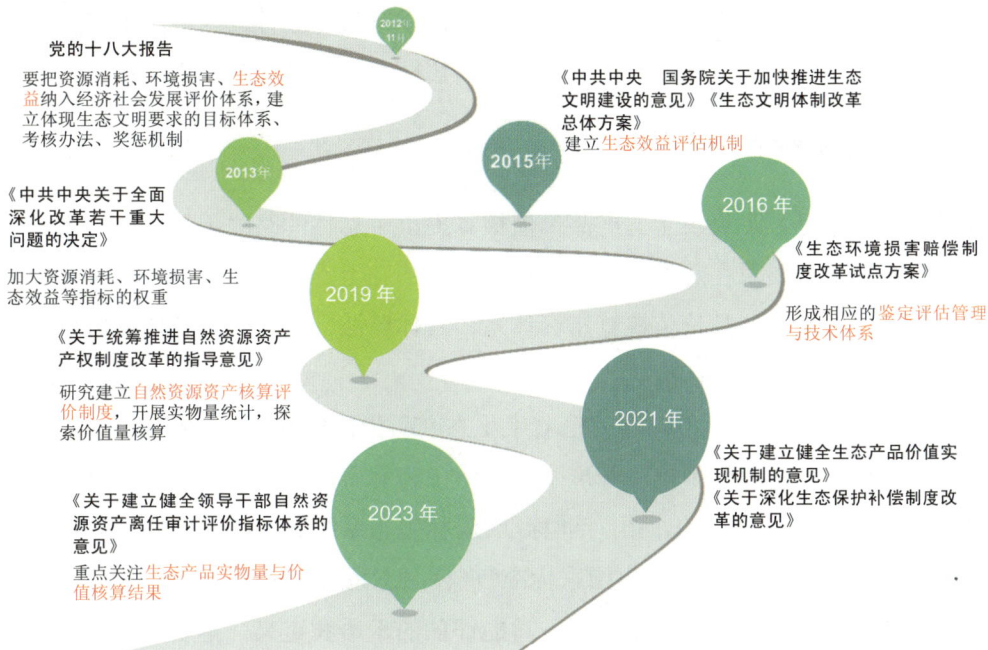

党的十八大报告
要把资源消耗、环境损害、生态效益纳入经济社会发展评价体系，建立体现生态文明要求的目标体系、考核办法、奖惩机制

《中共中央　国务院关于加快推进生态文明建设的意见》《生态文明体制改革总体方案》
建立生态效益评估机制

《中共中央关于全面深化改革若干重大问题的决定》
加大资源消耗、环境损害、生态效益等指标的权重

《生态环境损害赔偿制度改革试点方案》
形成相应的鉴定评估管理与技术体系

《关于统筹推进自然资源资产产权制度改革的指导意见》
研究建立自然资源资产核算评价制度，开展实物量统计，探索价值量核算

《关于建立健全生态产品价值实现机制的意见》
《关于深化生态保护补偿制度改革的意见》

《关于建立健全领导干部自然资源资产离任审计评价指标体系的意见》
重点关注生态产品实物量与价值核算结果

2012年11月　2013年　2015年　2016年　2019年　2021年　2023年

图 8-2　关于生态产品价值核算的国家文件与要求

党的十八大报告明确提出，"要把资源消耗、环境损害、生态效益纳入经济社会发展评价体系，建立体现生态文明要求的目标体系、考核办法、奖惩机制"。此后，《中共中央关于全面深化改革若干重大问题的决定》《关于加快推进生态文明建设的意见》《生态文明体制改革总体方案》中均要求建立生态效益评估机制。2015 年中央改革办、国务院改革办审议通过了《生态文明体制改革总体方案》之后，国家又密集出台《开展领导干部自然资源资产离任审计试点方案》《编制自然资源资产负债表试点方案》《生态环境损害赔偿制度改革试点方案》等文件，对包括自然资源资产在内的生态系统服务核算提出技术需求。党的十九大之后，《关于统筹推进自然资源资产产权制度改革的指导意见》《关于建立健全生态产品价值实现机制的意见》《关于深化生态保护补偿制度改革的意见》《关于建立健全领导干部自然资源资产离任审计评价指标体系的意见》等文件相继出台，对生态系统服务价值核算提出强烈的应用需求。特别是 2021 年 4 月中共中央办公厅、国务院办

公厅印发的《关于建立健全生态产品价值实现机制的意见》，对生态产品价值核算提出了要求，要求到 2025 年初步建立比较科学的生态产品价值核算体系，并对生态产品价值核算体系作出详细要求，指出"建立覆盖各级行政区域的生态产品总值统计制度。探索将生态产品价值核算基础数据纳入国民经济核算体系"。

8.2.2.2 技术要求

两办《意见》不仅对生态产品价值核算提出了总体的路线规划，也提出了明确的技术要求，要求在总结各地价值核算实践基础上，探索制定生态产品价值核算规范，明确生态产品价值核算指标体系、具体算法、数据来源和统计口径等，推进生态产品价值核算标准化。

实际上，国家早在 2004 年就已着手生态产品价值估算研究。国家统计局与国家林业和草原局前瞻性地连续开展了三期中国森林资源价值核算研究项目工作，并在研究基础上于 2008 年提出行业标准《森林生态系统服务功能评估规范》（LY/T 1721—2008），于 2020 年又提出国家标准《森林生态系统服务功能评估规范》（GB/T 38582—2020），对森林生态系统服务功能评估的术语和定义、基本要求、数据来源、评估指标体系等作出了规定。随后，国家林业部门又针对湿地、荒漠等单一生态系统的服务评估提出了相关的行业标准。2009 年，为了在制定海洋生态保护规划、开展海洋环境修复、海洋经济规划等工作中掌握近海生态资本分布状况，国家海洋局批准编制《海洋生态资本评估技术导则》，2011 年正式发布国家标准《海洋生态资本评估技术导则》（GB/T 28058—2011）。2000 年以来，生态环境部完成了 3 次全国生态状况调查评估，为准确掌握全国生态系统状况，2020 年生态环境部批准在全国生态状况调查的基础上，编制标准《全国生态状况调查评估技术规范——生态系统服务功能评估》（HJ 1173—2021），规定了生态系统服务功能评估的总则、技术流程、指标体系和技术方法等要求。2017 年 11 月，国家统计局、联合国统计司和欧盟联合发起的"中国自然资本核算与生态系统服务估价"项目启动，2021 年该项目初步完成了中国主要自然资源资产估价方法的研究，广西和贵州两个试点省（区）分别编制出一套涵盖生态系统范围、状况和服务的生态系统试点账户。2022 年，按照两办《意见》的要求，国家发展改革委、国家统计局在系统总结国内外生态产品总值核算理论研究成果和实践探索经验的基础上，联合印发《生态产品总值核算规范（试行）》（以下简称《规范》）。《规范》明确了生态产品总值核算的指标体系、具体算法、数据来源和统计口径，为科学、规范开展生态产品价值核算工作提供了重要依据。

8.2.2.3　结果应用

两办《意见》明确提出生态产品存在"难度量、难抵押、难交易、难变现"问题，这"四难"问题可以通过推动 GEP"进决策、进规划、进项目、进补偿、进考核"得到统筹解决。

第一，推动 GEP 进决策。推进生态产品价值核算结果在政府决策中的应用，把 GEP 核算引入生态优先、绿色发展的政策体系中，推动 GEP 核算成果应用到相关政策奖补、资源要素配置中，进一步提高决策的效能，真正让 GEP 成为政府决策的行为指引和硬约束。第二，推动 GEP 进规划。探索将生态产品价值核算基础数据纳入国民经济核算体系，将核算结果作为约束性强制指标，分别纳入国民经济和社会发展规划、国土空间规划和生态环境保护规划等重要规划中，发挥核算工作对社会经济可持续发展的引领作用[①]。第三，推动 GEP 进项目。探索在编制各类项目规划和实施工程项目建设时，结合生态产品实物量和价值核算结果采取必要的补偿措施，确保生态产品保值增值。第四，推动 GEP 进补偿。推动生态产品价值核算结果在生态保护补偿、生态环境损害赔偿等方面的应用。中央和省级财政参照生态产品价值核算结果、生态保护红线面积等因素，完善重点生态功能区转移支付资金分配机制；鼓励生态产品供给地和受益地按照自愿协商原则，综合考虑生态产品价值核算结果、生态产品实物量及质量等因素，开展横向生态保护补偿。第五，推动 GEP 进考核。探索将生态产品总值指标纳入各省（区、市）党委和政府高质量发展综合绩效评价；推动落实在以提供生态产品为主的重点生态功能区取消经济发展类指标考核，重点考核生态产品供给能力、环境质量提升、生态保护成效等方面指标；适时对其他主体功能区实行经济发展和生态产品价值"双考核"。推动将生态产品价值核算结果作为领导干部自然资源资产离任审计的重要参考。

[①] 孟伟，舒俭民，张林波，等．"十三五"生态文明建设的目标与重点任务[J]．中国工程科学，2015，17（8）：39-45.

8.2.3　GEP 核算的实践进展

8.2.3.1　总体情况

截至 2024 年底，我国已有 20 个省份相继出台了关于建立健全生态产品价值实现机制的实施方案或意见，均把生态产品价值核算作为重点工作实施推进。首先，这些地方工作的推进主要遵循"规范制定—试点实践—标准完善"的总体思路，以技术规范来指导行政区域开展价值核算，在实践中发展问题、总结经验，最终形成完善的核算标准；其次，在核算试点的推进过程中，地方政府在国家要求基础上增加了以生态要素为核算范围的试点内容，根据区位特点和资源禀赋，重点围绕森林、海洋等单一生态系统开展探索；再次，部分地区明确提出建立统计报表制度；最后，地方明确生态产品价值核算是一项需要多部门协同推进的综合性、系统性工作，重点涉及发改、统计、自然资源、生态环境等不同职能部门。

8.2.3.2　核算规范

我国各级政府部门和行业团体围绕生态产品价值核算技术规范文件的制定已经开展了一系列探索，初步形成国家—省—市—区四级核算技术体系，总共涉及 60 余个技术规范。这些文件在术语定义、核算流程、核算分类上形成了一些共识，但在发布形式、评估方法上仍存在一些差异。一是在文件形式上以地方标准、团体标准或政府文件的形式发布，多数为国家/地方标准；二是普遍将生态产品价值等同于生态系统生产总值，除国家发展改革委、福建、辽宁等少数文件直接采用生态产品总值命名，其他多以 GEP 命名；三是在核算流程上均基于实物量核算开展价值量核算，但评估模型和定价方法尚未达成一致；四是核算分类上主要采用了物质产品、调节服务和文化服务的方式，个别体系增加了支持服务，厦门根据生态系统功能类别将其分为 7 类。

8.2.3.3　结果应用

当前，GEP 得到了国内外社会的广泛认可。在国内，中央和地方各级政府高度重视 GEP 的核算研究与实践应用，已有众多省、市、县在全国不同生态地理区域开展 GEP 核算研究和实践应用[①]，试图为生态保护成效评估、政府绩效考核、生态补偿标准提供理论依据。

（1）在源头环节推动 GEP 进决策、进规划

一方面，要尽快制定 GEP 核算的国家标准。目前已有生态环境部在 2020 年印发的《陆地生态系统生产总值（GEP）核算技术指南》，为各地开展 GEP 核算提供指导；国家发展改革委、国家统计局在 2022 年联合发布《生态产品总值核算规范》，首次以规范性文件的形式为绿水青山所蕴含的生态产品贴上价值标签；也有包括浙江省、广东省深圳市、江苏省南京市高淳区等在内的各级地方政府制定了相应的 GEP 核算地方标准。国际层面也已将 GEP 纳入联合国统计委员会制定的国际标准，列为生态系统服务和生态资产价值核算指标、《2020 年后全球生物多样性框架》建议指标，并将其用于支撑 2050 年实现社会与自然和谐相处的共同愿景。未来，应尽快在这些工作的基础上制定 GEP 核算的国家标准。另一方面，要借鉴已有经验推动 GEP 进规划。例如，深圳市盐田区发布《盐田区国民经济和社会发展"十三五"规划》和《盐田区生态文明建设中长期规划（2017—2020 年）（修编）》，将 GEP 作为预期性指标纳入规划指标体系。

（2）在过程环节推动 GEP 进项目、进交易

一方面，探索在建设项目立项审批和设计实施过程中引入 GEP 影响评价，将项目的 GEP 影响评价作为对过去项目环境影响评价重环境轻生态的有效补充；在引进项目时，根据 GEP 核算结果进行项目筛选，根据区域内生态产品类型、特点和空间分布，选择与当地特点相适应的项目，并对优选出的项目进行与 GEP 核算结果匹配的绿色信贷资金支持，使企业用钱成本与 GEP 产出挂钩。另一方面，探索更多基于 GEP 核算结果的生态产品交易。例如，丽水市作为全国首个生态产品价值实现机制试点市，基于 GEP 核算结果在政府采购生态产品、企业购买生态产品和发放信用贷款等方面进行探索。在政府采购生态产品方面，景宁县与云和县基于 GEP 核算结果，分别出台了《生态产品价值实现专项资金管理办法》和《生态产品政府采购试点暂行办法》，政府通过向乡镇生态强村公司支付采购金，实现采购生态产品，生态强村公司将这些资金用于生态保护、修复和监测，再使生态

[①] 宋昌素，欧阳志云. 面向生态效益评估的生态系统生产总值 GEP 核算研究——以青海省为例[J]. 生态学报，2020，40（10）：3207-3217.

系统源源不断供给更多优质生态产品[①]。围绕基于 GEP 核算结果的市场化应用运行方面，缙云县和青田县分别作出了有益探索。国家电投集团在缙云县大洋镇开展"农光互补"项目，除了支付各项常规的费用，企业还向当地生态强村集体经济发展有限公司支付资金[②]，用于购买项目所在区域的调节服务类 GEP；杭州宏逸投资集团有限公司在青田县小舟山乡开发实施"诗画小舟山"项目过程中，支付资金购买水源涵养、土壤保持等服务类生态产品。同时，景宁县、青田县和遂昌县根据 GEP 核算结果开发金融贷款产品，发放"生态贷""两山贷"，盘活"绿水青山"等生态资产。

（3）在保障环节推动 GEP 进监测、进考核

一方面，要充分利用航天遥感、大数据、区块链、人工智能等监测技术，建立"天空地一体化"生态全息数据库，保障生态系统分类、水源涵养、污染物排放、碳汇监测等空间基础数据，搭建 GEP 核算体系、数字化应用平台和生态即时监测、精准分析、整体研判、协同处置、评估交易系统。同时，还要规范核算数据来源、调查频率及统计报送要求，确保核算数据的稳定性和准确性，建立 GEP 核算统计报表制度。另一方面，要充分发挥考核的"指挥棒"作用，在末端保障生态产品开发利用的可持续性，确保不以牺牲生态环境为代价。例如，全国首个绿色经济试验示范区云南省普洱市将 GEP 核算结果应用于绿色经济考评体系的建立，全面探索推行 GEP 和 GDP "双核算、双运行、双提升"；浙江省德清县开展领导干部自然资产离任（任中）审计，在土地资源、水资源、森林资源、生态环境保护治理、自然资源资产保护等方面引入 GEP 核算。对干部任职期间所辖区域生态资产质量、GEP 变化及原因进行量化分析，在时间上比较 GEP 是否增长，在空间上比较 GEP 的增长率或增长量。

---

① 胡咏君，吴剑，胡瑞山. 生态文明建设"两山"理论的内在逻辑与发展路径[J]. 中国工程科学，2019，21（5）：151-158.

② 李凤. 生态底色更浓 "两山"成色更亮——浙江省自然资源部门践行"绿水青山就是金山银山"理念纪实[J]. 浙江国土资源，2020（8）：9-11.

8.3　GEP 核算面临的挑战与发展方向

8.3.1　GEP 核算当前存在的理论技术问题

国内外针对生态产品总值核算已经开展了大量研究，但在核算范围和评估方法上尚未达成一致，本研究从核算科目与范围、实物量评估方法、价值量定价机制 3 个关键环节对生态产品总值存在的技术问题进行识别与分析。

8.3.1.1　核算科目与范围

不同研究体系和技术规范包含的核算科目不同，本研究选用广泛存在且准确表达含义的体系所用名称，分析了国内外不同研究体系以及国内核算规范对核算范围与科目的认识差异。国外研究体系主要选取了 Costanza 体系以及 MA、TEEB、CICES、IPBES 和 SEEA-EA 等，国内选取了公开发布的具有代表性的 12 部生态产品价值核算技术规范，对不同体系所包含的核算科目进行共识度分析。

从国外研究来看，Costanza 等作为早期的生态系统研究者，对生态系统服务考虑数量偏少，对于当时认识不到位的服务没有列入其中，给出了生态系统服务简单的定义；MA 认为为人类福祉提供贡献的都是生态系统服务，综合了生态系统过程以及功能、中间服务以及最终服务，分类体系广但比较模糊，在具体应用层面还存在较多局限；TEEB 强调认识生物多样性的经济价值，主要目的是为生物多样性管理提供新的理论，基本沿用了 MA 对生态系统服务的定义，删除了支持服务并将栖息地作为单独大类；CICES 侧重生态系统的产出对人类产生的贡献，而不是从中获得的商品或利益，CICES 旨在建立一个普遍适用的分类方案，并尽可能详尽地涵盖所有生态系统服务，划分类型过于细节；SEEA-EA 作为一个综合统计框架，着眼于自然对人类和经济的贡献，基本沿用了 SNA 的统计框架体系；IPBES 提供了更广阔的世界观、价值观和评估观，围绕"自然对人类的贡献"这一中心概念提出分类体系，对文化服务给予了足够关注。

从国内研究来看，不同核算体系在分类上普遍采用物质产品、调节服务、文化服务的"三分法"，辽宁省技术规范结合区域特点在此基础上增加了支持服务与冰雪服务，厦门市技术导则从生态系统功能的角度将生态产品分为生态系统产品等 7 类。通过分析整合不同核算科目的含义，本研究将 12 部核算规范涵盖的所有科目归纳整理为 27 项，并采用物质产品、调节服务、文化服务和支持服务的"四分法"重新对其分类，将 9 个及以上体系所共有的科目定义为高共识科目，4～8 个体系所共有的科目定义为中共识科目，3 个体系以下则为低共识科目。研究发现，高共识科目和中共识科目分别达 13 项和 5 项，占所有核算内容的 2/3，主要集中在物质产品和调节服务，而低共识科目共 9 项，主要集中在文化服务和支持服务。共识度分析的结果表明，当前的技术规范对文化服务和支持服务仍存在比较大的认识差异。

共识度差异产生的主要原因在于生态产品本身属性特征差异大，对人类贡献的形式多样，导致不同体系对核算范围的认识不统一。共识度较高的物质产品和调节服务往往概念清晰且具备成熟的核算方法，如农林产品、水源涵养等；对于没有生物生产参与或地方产出存在差异的核算科目通常表现为中共识，如生态能源没有明确的生物生产作用、负氧离子多出现在森林生态系统丰富的地区等；低共识科目则主要涉及概念模糊的人居环境调节以及一些生态系统中间服务或支持服务，如辽宁省技术规范提及的养分循环价值等。核算范围认识不统一是不同地区核算结果存在较大不确定性的重要原因，既会因为核算科目的遗漏而使核算结果有所亏缺，也会因为部分核算科目内容的重复核算而使结果存在虚高水分。

机理不清与数据缺失导致部分已被证实对人类福祉贡献巨大的重要核算科目被遗漏。以 MA、TEEB、IPBES 等国际主流生态系统服务指标体系为对照，国内核算体系未包含或未采用生物物理模型计算的科目作为筛选标准，研究发现生态系统减灾、非常规污染物控制、面源污染控制和病虫害控制等重要科目被遗漏（表 8-1）。例如，生态系统减灾服务机理复杂，涉及致灾因子、孕灾因子和承灾体等多项因素的共同作用，生态系统与自然灾害定量耦合关系不清晰、关键数据缺失、自然和人为贡献率难以界定等难题尚未解决，导致当前除洪水调蓄外的其他自然灾害调节均未纳入现有核算体系。此外，国内外核算体系制定的导向不同也是核算范围存在差异的重要原因。国际体系以构建理论框架尽可能囊括更多生态系统对人类福祉的贡献为目的，而国内体系以计算各项服务的实际价值为导向，因此通常只选择有方法和数据支撑的核算科目。

表 8-1　我国核算过程中存在的遗漏亏缺服务

遗漏科目	重要性
生态系统减灾（除洪水调蓄外）	MA 报告表明，自 20 世纪 50 年代以来，生态系统遭到破坏，洪水、火灾等造成的极端灾害经济损失增加了 10 倍
非常规污染物控制	当前污染物计算只涉及 COD、氨氮、总磷以及 SO_2、氮氧化物等 5 种，但环境中还有数百万种污染物未被发现
面源污染控制	2010 年国务院面源污染普查报告显示农业污染超越工业源和生活源，成为中国面源污染第一大贡献者
病虫害调节	害虫使美国每年经济损失达到数十亿美元，经粗略估算，美国原生生态系统每年的害虫控制价值约为 136 亿美元

　　一些不应纳入核算范围的内容会使生态产品价值核算结果存在虚高水分，具体表现为以下 5 种情形：①将部分自然资源存量纳入核算；②将人类投入产生的惠益纳入核算；③将未产生实际惠益的假想服务纳入核算；④将中间过程或支持服务纳入核算；⑤将非评估区域产生的服务纳入核算。资源存量、人类投入、假想服务并非人类直接从生态系统获得的流量惠益，将其纳入核算会造成生态产品价值的过高估计。中间服务不直接对人类社会产生惠益，而是作为生态系统提供物质产品、调节服务和文化服务的中间过程间接使人类获益，如若将其纳入核算会造成价值的重复计算，像初级生产的直接、间接和未被利用部分分别被纳入食物生产、原材料供给和固碳服务核算。部分生态产品的供给和收益呈现边界不清的特点，核算过程中极易产生属地混淆现象，水资源供给的价值若包含外部区域输入客水会使核算结果偏高。

8.3.1.2　实物量评估方法

　　生物物理模型是所有核算方法体系的基础，也是国内核算体系中最常用的实物量评估方法，但其涉及的模型方法多样，存在数据处理方式、参数选取过程差异大等问题，导致实物量评估方法不确定性较大，核算结果难以验证。

　　同一核算科目采用不同的生物物理模型会导致实物量评估结果存在较大差异。同一核算科目存在多种实物量评估模型，不同模型依据的理论、假设、分析方法等存在明显差异，以固碳服务为例，可采用的模型包括基于地面观测的生物量测定法、涡度相关通量法，基于经验参数的固碳系数法、净生态系统生产力法，通过建立气候因子与净初级生产力之间回归方程的气候统计模型，基于遥感影像获得光合作用率进行净初级生产力估算的光能利用率模型以及基于植物生理生态过程及其影像因子的过程模型。不同模型得出的固碳量评估结果相去甚远，我国相关学者通过分析不同模型计算得出的中国陆地固碳实物量，发现结果差异将近10 倍。

同一模型参数选取不同也会导致实物量评估结果差异大且难以验证。当前国内核算技术规范提供的核算方法几乎都涉及参数，且以经验参数为主，并非基于本地监测数据建立的体现区域生态特点的参数集。经验参数会受到采集环境、实验条件、计算方法等多方面因素的限制而不具备普适性。例如，常用于计算土壤保持服务实物量的 RUSLE 和 USLE 模型中涉及的土壤侵蚀性系数、坡长-坡度系数、覆盖-管理系数等，这些参数在评估区的实际值与其原获取地可能存在差异而导致评估区核算结果存在较大不确定性。由于参数选取的不同，不同学者利用USLE 模型计算得到的三江源土壤保持实物量差异可达 21 倍。

数据处理方法的不同是实物量评估结果产生不确定性的另一重要原因。已有研究发现，对气候因子采用 Kriging、反距离加权、双谐样条等不同空间插值方法进行计算，所得结果的最大值与最小值差异接近 4 倍。数据处理方法的差异也会造成模型参数的不同，从而导致核算结果的不确定性。同一参数可能存在多个适用性相似的设置方案，参数设置的选择会受到研究者主观性等因素的影响。以RUSLE 模型为例，多项研究曾提出多个相应的覆盖-管理系数供选择，选择不同的系数将获得不同的土壤保持实物量，研究发现 RUSLE 模型中坡长-坡度系数不同研究处理的计算结果差异可达约 16.5 倍。

8.3.1.3 价值量定价机制

在生态产品实物量评估的基础上，结合一定的定价方法，通过计算可以得到生态产品货币价值。国内核算技术体系涉及的定价方法包括直接市场法、替代市场法、假想市场法、价值转移法及能值货币法[①]，不同定价方法具有不同的特点和适用范围（表 8-2）。

---

① 喻锋，李晓波，王宏，等. 基于能值分析和生态用地分类的中国生态系统生产总值核算研究[J]. 生态学报，2016，36（6）：1663-1675.

表 8-2　生态产品总值价值量核算的主要定价方法

定价方法	定价机制
直接市场法	用实际市场交易费用表示生态产品价值，多用于物质供给、生态旅游及少部分实现市场交易的调节服务核算
替代市场法	用替代市场价格间接表征没有实际费用支出的生态产品价值，如替代成本、影子工程等，多用于调节服务核算
假想市场法	用调查问卷构建虚拟市场调查人的主观支付意愿，包括条件价值法和选择实验法等，常用于文化服务的评估
价值转移法	将已发表文献中的数据直接转移到其他待核算地区，包括 Meta 分析法、文献分析法等，常用于大尺度的区域核算
能值货币法	根据生态经济复合系统的年能值总利用量与当年 GDP 的比值对纯自然生态产品和服务价值进行货币化，常见于物种保育核算

　　直接市场法的核心思想是将生态产品或服务的价值直接等同于或基于现实存在的市场交易价格进行确定。该方法适用于能在市场中直接买卖，或其产出能直接进入市场交易，从而拥有明确市场价格的生态产品和服务（如木材、水产品、农产品的产量提升价值），是生态产品价值量核算的首选方法。然而，其关键局限在于，绝大多数生态服务（如水源涵养、气候调节、生物多样性保护）不具备直接市场或市场价格，远无法体现其真实价值。

　　替代市场法的定价锚点受主观人为选择的影响。同一核算科目在采用替代市场法进行价值量核算时，有多个定价锚点可供选择，核算过程中更倾向于选择较高的价格来源。以固碳服务为例，常见的定价锚点有瑞典碳税、中国碳社会成本、造林成本以及中国碳交易均价等，瑞典碳税与中国碳交易均价之间的差别达 50倍，而 COD 净化服务以污染物处理成本和环境保护税定价差别也达 7.7 倍。定价锚点选择受人为影响大的另一方面表现为在价值锚定时会考虑不同要素间的匹配性，如在水环境和大气环境生境状况相近时，核算人员会考虑选取合适的定价锚点使大气净化的价值与水体净化的价值相匹配。

　　假想市场法的定价来源于受访人群的主观意愿，主要包括条件价值法和选择实验法[①]。相关学者采用条件价值法和选择实验法评估人群对三江平原湿地生态保护

---

① 毛碧琦，敖长林，焦扬，等. 基于选择实验的三江平原湿地生态系统服务功能价值评价及偏好异质性研究[J]. 生态学报，2017，37（4）：1297-1308.

的支付意愿，得出的价格相差 154 元/（人·a），研究中发现支付意愿与受访人的年龄、职业、受教育程度、收入水平密切相关。基于条件价值法调查出的受访人群对环境改善支付意愿与接受环境损害赔偿意愿也不一致。以长江重庆段的生态价值为研究对象，研究发现相较于支付居民更倾向于接受补偿，其中的差别可达 240 元/（人·a）。

价值转移法的定价存在主观选取随意性强的现象。价值转移法是将已有研究的价值评估结果转移到待研究区域，本质上是对已发表数据的整理和统计分析。该类方法的研究结果受可获得的实证研究的文献数量和质量影响，不同学者通过文献分析的方法计算得出全球湿地生态系统服务价值研究结果相差 1.12×10^{13} 美元。

能值货币法的定价来源于区域能值总利用量与 GDP 的比值，即能值货币比。能值货币法是建立在生态系统能值分析基础上的一种货币化方法，能值分析基于生态产品实物量的生产流动和能量传递过程，将实物量评估结果通过能值转化率统一转化为太阳能值单位，进而通过能值货币比计算出每类生态产品的货币价值。但在实际应用中，仍存在能值转化率的选取未充分考虑能值基准和是否含有本土服务量的问题，以及部分研究在生态产品量化过程中并未将自然禀赋与人类投入区分的问题。

当前 GEP 核算的货币价值结果不具有实际经济意义。生态产品的不同定价方法一方面使核算结果具有较大的不确定性，另一方面表明当前的核算结果并不是传统意义上的经济价值。与国内生产总值 GDP 统计的价格来源于实际市场交易不同，GEP 核算出来的价值并没有完全在市场中实现，其绝对值的构成绝大部分来源于替代市场和虚拟市场的估计。生态产品的外部性和不经济性导致其使用价值和交换价值脱节，无法像传统商品一样直接进行市场交易，使用价值并没有表现为市场价格，所以当前核算出来的价值更多地体现为没有经过市场检验的"潜在价值"。

综合来看，生态产品价值在当前无法被精确核算，核算结果普遍存在着精确性低、重复性差以及主观性强等缺陷，使核算结果在实际应用上仍然存在局限性，在生态保护领域仍难以发挥出类似 GDP 在经济领域的"指挥棒"作用。具体表现：一是核算结果存在缺乏社会公认度和市场认可度，由于核算科目、模型方法的差异，同一区域核算结果存在巨大差异且难以验证；二是核算结果不具有实际经济意义，不具备直接用于交易、定价、贷款和考核的现实基础；三是地方难以定期开展自主核算，生态产品价值核算尚未像 GDP 核算一样建立政府业务部门基于报表自主开展实施的统计核算制度与定期发布制度（图 8-3）。

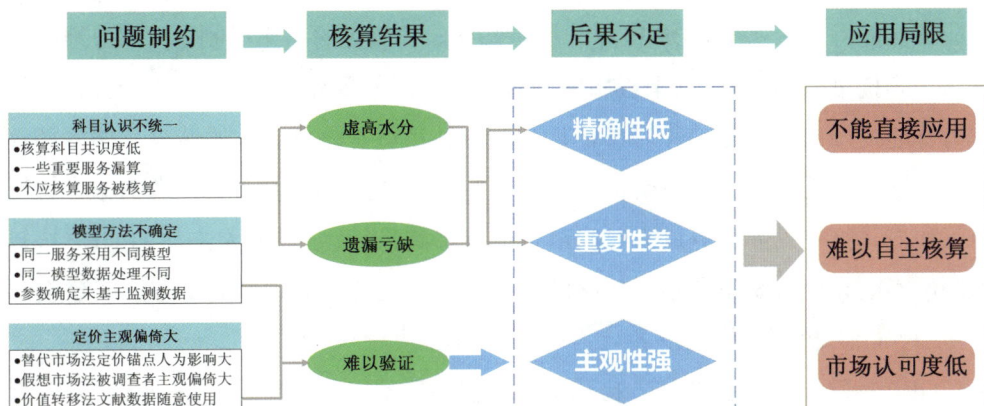

图 8-3　制约核算结果应用的层级框架

8.3.2　GEP 核算工作推进陷入的实践误区

全国各地高度重视 GEP 核算工作，在 GEP 核算方面已经开展了一些有特色的实践探索，取得了积极进展。但是目前部分地区对 GEP 核算存在的理论技术问题认识不到位，极易在 GEP 核算工作推进的过程中陷入一些认识实践误区。

（1）将核算作为生态产品价值实现的唯一工作

GEP 核算仅是生态产品价值实现的一项基础性工作，但不是唯一工作任务。生态产品价值实现涉及各行各业，其关键在于通过生态产业化和产业生态化推动生态优势向发展优势转化，把生态产品内在的生态价值转化为显性的经济价值和社会价值，实现资源变资产，资产变资本，资本变资金。在生态产品价值实现相关工作中，GEP 核算工作可以委托给科研单位，最容易出成绩，而生态产业发展投资大、见效慢。因此，部分地区在实践过程中只是开展 GEP 核算工作，认为开展了 GEP 核算就相当于完成了生态产品价值实现的重大任务，并没有探索 GEP 与已有生态价值实现途径的衔接，还无法满足多元化的生态产品价值实现目标。这些做法会造成 GEP 核算与生态产品价值实现脱节，丧失核算工作开展的意义，无法为生态产品价值实现提供基础支撑①。

（2）将 GEP 核算视为简单的一次性工作任务

为了使 GEP 和 GDP 一样纳入主流化综合决策程序，需要建立可以由地方自主开展的业务化核算体系，搭建业务化核算平台，形成 GEP 定期核算和定期发布的业务化能力，建立像 GDP 核算一样常态化、长效化的工作机制。但部分地区并未认识到推进 GEP 核算结果应用的关键在于建立长效化核算机制，将 GEP 核算作为普通的一次性事务工作对待，认为试点结束就是核算工作的结束，便将核算工作一次性委托给专业的科研机构，完全不考虑未来 GEP 核算的工作开展。这样的工作方式往往只能核算过去时间节点的核算结果，无法建立常态化的 GEP 核算机制，不能充分反映生态系统状况的动态变化，无法指导地方的生态文明建设。

（3）GEP 核算推进呈现各自为政的工作格局

GEP 核算涉及社会经济、自然资源、生态环境等不同领域，是一项多部门联合的综合性、系统性工作，需要厘清部门主、协办关系，打通部门间沟通、协调、配合等方面存在的壁垒，形成整体合力，而不是单打独斗。但是实际推进过程中，不同部门、各级政府分别组织试点和技术规范编制工作，各自为政。纵观全国，目前已经出台生态产品价值核算相关规范 20 余个，已形成国家、省、市、区四级综合性的技术规范，也形成森林、海洋等不同行业领域的技术规范，甚至出现同一省份省、市、县等多级标准，同一省份发改、生态环境、自然资源等部门分别出台标准等情况。这些做法不仅会浪费大量人力、物力和财力，造成政府资金效率低下的问题，也可能会出现不同技术规范相互矛盾的问题，使下级政府无所适从，无法形成合力集中解决技术难题。

（4）生搬硬套其他地方或行业的技术规范

为使核算结果具备地区间的横向可比性、年际间的纵向可比性，需要在核算科目与模型方法上达成共识的基础上，根据实际监测数据对参数进行本土化。由于对 GEP 核算工作的本土化问题认识不到位，部分地区没有结合自身区域特征和具体问题进行分析，直接套用国家或其他地区发布的技术规范，或将不同地区的技术指导文件简单重组作为自己地区的技术规范，在技术规范中完全采用其他地区或文献中的技术参数，不根据实际情况对参数进行改进，表现出国家或上级发

---

① 於方,杨威杉,马国霞,等. 生态价值核算的国内外最新进展与展望[J]. 环境保护,2020,48（14）:18-24.

布的指导文件必须严格遵守的"唯上主义"，没有贯彻落实国家提出的根据实践探索加以完善修订的要求。这样的做法会降低核算结果的准确性，使核算结果与本地实际情况严重脱节。

（5）GEP 核算结果发布机构与形式不规范

规范的统计发布制度可以从制度上保证统计数据的准确性和权威性，提高 GEP 核算结果的社会认可度，使 GEP 在反映生态保护成效方面发挥类似 GDP 在经济领域的重要作用。但是当前尚未建立统一的 GEP 核算结果发布制度，核算结果发布缺乏规制和引导，省、市、县（区）、乡（镇）、村纷纷自发组织开展 GEP 核算工作，各地形式多样的 GEP 核算结果或排名纷纷涌现，发布形式既有以政府背书的官方新闻发布会或白皮书，也有科研机构或技术公司自行发布的核算报告。这样的做法极易导致 GEP 核算陷入"人人皆可为"的乱象，造成核算结果的权威性和公信力大幅降低，严重制约 GEP 核算结果的应用。

（6）部分地区滥用生态产品总值核算结果

有些地区错误地认为核算结果具有实际经济学意义，直接将 GEP 绝对值用于贷款、融资、考核等方面。当前全国多地探索将 GEP 核算结果的大小直接作为贷款融资的授信额度，催生了一大批以 GEP 核算价值为抵押的"GEP 贷""两山贷""生态贷"等金融贷款模式。这些贷款模式缺乏实质性的抵押物，实际上一种是利用政府信用做背书获取社会资本，极易引发贷款发放容易回收难的信用风险。另外，部分地区将 GEP 与 GDP 简单相加作为考核依据，但 GEP 既不是经济价值，又与 GDP 存在交叉重叠，两者相加得到的数值并没有科学含义。这些将生态价值简单等同于市场交换价值的错误做法，极易导致 GEP 核算数值越大越好的趋势，把 GEP 核算变成一场数字游戏。

8.3.3　GEP 统计核算制度体系框架建设

8.3.3.1　GDP 统计核算制度的发展历程与经验借鉴

GDP 从概念的正式提出到核算体系的建立完善历经数十年，发展成为衡量经济社会发展的成熟工具以及政府部门制定宏观经济政策和衡量官员政绩的重要依据。GDP 核算结果能够得到世界各国普遍认可，关键在于实现了 GDP 核算从基础研究向实践应用的跨越，建立了完善的统计制度体系。

（1）建立了国际统一认可的核算理论体系

面对 20 世纪 30 年代的全球性经济危机，各国亟须刻画经济总体状况的综合指标。在"国民收入""国民生产总值"概念的基础上，"GDP"指标应运而生。为了便于汇总和对比世界各国的经济核算指标，联合国以 GDP 统计为核心先后推出了国际通行的四版国民账户体系（SNA）。所发布的核算体系从交易记录时间、估价、合并和取净额等方面提出了核算原则，确定了 SNA 账户中非货币交易、生产、消费、资产等范围，规范了 GDP 的测度方法，使各国在 GDP 核算原则、核算范围、核算方法等方面达成共识，为 GDP 核算从科学研究到实践应用的跨越提供了理论基础。

（2）实行多种方式并行的统计核算数据调查体系

GDP 核算数据的调查方式包括抽样调查、全面调查、经济普查等多种方式，不同年度采取不同的调查方式。常规年度采取常规性统计调查，往往偏重于大企业，规模以上企业的统计数据通过联网直报系统直接上报国家统计局，规模以下企业则采取抽样调查方式。2004 年开始每 5 年实行一次经济普查，经济普查是全面调查，既对大企业也对小企业进行详细调查。通过普查得到详细数据，对国家 GDP 和地方生产总值数据进行修订，使国家 GDP 和地方生产总值数据更加符合实际情况，既可以提供经济总体数据，又可以提供更加详细的结构数据，更科学客观地反映经济发展实际情况，也为常规年度国家 GDP 和地区生产总值的精准核算奠定较好的基础。

（3）建立了相互验证的 GDP 核算方法

我国采用生产法、收入法、支出法 3 种方法核算 GDP。生产法是从生产过程中创造的总产出价值中扣除中间投入价值后的余额；支出法是从最终消费、资本形成总额和净出口 3 个方面来计算 GDP；收入法是通过计算劳动者报酬、生产税净额、固定资产折旧和营业盈余等收入来计算 GDP。在实际核算中，中国国家统计局会根据不同的数据来源和需要，综合运用以上 3 种方法计算 GDP，这 3 种方法在计算 GDP 时相互验证、相互补充，以确保 GDP 核算的准确性。

（4）实施地区生产总值统一核算改革

自 1985 年建立生产总值核算制度以来，中国一直采用分级核算方式，即国家统计局核算国家 GDP，各省（区、市）统计局核算本地区生产总值。随着以地区生产总值作为主要指标的政绩考核评价体系的实施和中国经济规模的持续扩大，分级核算制度的弊端逐渐暴露出来，突出表现为地区生产总值数据与国家 GDP 数据不衔接，地区生产总值汇总数据长期高于国家 GDP 数据，这在一定程度上影响了地区生产总值数据的准确性和权威性。为此，国家要求建立统一的经济核算制度，实施地区生产总值统一核算改革，改革主要体现在 3 个方面：一是改革核算主体。由国家统计局统一组织、领导和实施，各省（区、市）统计局参与地区生产总值核算。二是完善核算机制。国家统计局统一领导地区生产总值统一核算工作，组织各省（区、市）统计局制定地区生产总值核算方法，制定和规范统一核算工作流程。三是规范数据公布。各地区生产总值数据由国家统计局统一公布或授权各地区统计局公布本地区数据。

8.3.3.2　GEP 统计核算制度的基本构成与定位

（1）统计制度的学理与法理阐释

统计制度是整个统计工作的"指挥棒"，是统计机构和统计人员在进行统计活动时应遵守的、由一定的国家机关制定或认可的规范、标准等。从现有研究与实践来看，不同人对统计制度的认识理解存在一定差异，相关法律对统计制度也有界定，可以从学理和法理两个角度进行研究。

从科普定义与学术研究来看，统计制度有广义与狭义之分。从狭义来理解，统计制度仅指统计调查阶段应遵守的技术性规范，即统计调查制度。百度百科、中国统计百科等对统计制度的定义均特指统计调查制度，认为其是按统一标准，通过确定统计表式、统计指标、计算方法等开展统计资料综合分析工作的行动准则，仅体现了具体统计调查实施层面的内容。许多学者则认为统计制度的定义更加广泛，统计制度是指所有统计工作应该遵守的法律、法规、办法、措施和管理模式等，是一套复杂的体系，既包括统计指标体系、统计报表制度、统计标准等，也包含统计管理体制、统计法律法规等内容。

从我国当前的法律法规和政府文件来看，统计制度多表现为广义含义，对统计工作的全过程作出了要求和规定。《中华人民共和国统计法》和《中华人民共和国统计法实施条例》虽然没有明确指出统计制度的定义，但提出统计的任务是对经济社会发展情况进行统计调查、统计分析[①]，提供统计资料和统计咨询意见，实行统计监督，并从统计组织实施、统计调查、统计资料管理与公布、统计监督、法律责任等方面作出了规定。《"十四五"时期统计现代化改革规划》则从统计标准和指标体系、统计调查制度体系、统计数据采集体系、国民经济核算体系、统计法治监督体系等方面对推进统计工作的现代化发展作出要求。《金砖国家联合统计手册 2015》中将中国统计体系分为统计管理体制、统计法律法规、统计调查、统计数据发布与产品提供等部分。

综合来看，统计制度是所有统计工作应该遵守的技术规范，包括统计管理体制、调查核算制度、统计发布应用、统计法律法规等主要内容。统计管理体制是统计组织制度，指统计工作开展的组织结构和组成方式；调查核算制度是指调查核算过程中遵守的技术性规范；统计发布应用是指统计核算资料的发布流程及结果应用领域；统计法律法规是统计部门进行统计工作管理、规范统计活动中统计行为的法律规范的总和。

（2）生态产品总值统计核算制度的基本定位

中国政府统计体系主要由政府综合统计体系和部门统计体系两部分组成。从政府统计组织制度的类型上看，我国属于"专业统计分散、地方统计趋于集中"的混合型的组织模式[②]。其中，部门统计系统由各级政府业务部门根据统计任务的需要所设立的有关机构组成，如财政部负责财政统计、中国人民银行负责金融外汇统计、海关负责进出口统计、文化和旅游部负责旅游统计等。政府综合统计系统由上而下设置的国家、省、市、县（区）四级统计机构组成，现行的政府综合统计体制实行的是"统一领导、分级负责"的管理模式。上级统计局对下级统计机构主要负责业务领导，而地方政府任命统计局局长时要征求上一级政府统计局的意见。

由于过去分设的组织制度和统计体系已不能适应形势的变化，为了提高国家统计调查绩效、维护统计调查独立性，近年来国家统计局对调查队的管理体制进行了改革。由原先实行双重管理，即由国家统计局管理、地方统计局代管的模式，转变成由国家统计局垂直管理，与地方省级统计局只有业务协作关系的管理体制。

---

① 陈聪. 统计制度方法改革助力市场经济发展[N]. 财会信报，2024-04-08（6）.
② 李强. 新中国政府统计调查制度的建立、发展和改革六十年[J]. 统计研究，2012，29（8）：3-7.

目前，国家统计局各省级调查总队已经全部组建完成，部分省市正在积极推进市级国家直属调查队的改革工作。从职能上看，实行垂直管理体制后，国家统计局各省级调查总队，与所在各省的统计局关系将是具体业务协作关系。各省调查总队仍主要进行抽样调查，而各省的统计局则进行全面统计和普查。

生态产品总值核算统计数据涉及资源、水利、林业、农业、环保等多个部门，是一项综合性工作，生态产品总值统计应该和 GDP 一样属于国家统计体系中的综合统计，应该由国家统计部门统一进行协调。

8.3.3.3　GEP 统计核算制度框架体系设计

生态产品总值统计核算制度体系可以分为统计组织体系、统计调查制度、统计核算技术、统计发布与应用制度、统计法律法规 5 个体系。

（1）生态产品总值统计组织体系

作为综合统计，生态产品总值统计需要建立相对独立的统计管理体制，确保生态产品总值统计数据的采集、加工处理和信息发布不受管理部门尤其是地方政府的干扰。近期建议强化生态产品总值统计技术支撑能力，成立相对独立的生态产品总值统计中心作为专门的技术支持和实施机构，负责相关统计数据采集、加工处理、数据管理、信息发布、分析利用和二次开发工作。远期建议整合统计、农业、林业、水利、国土、环保等部门的相关工作，建立生态产品总值统计专职机构，确定不同部门的数据收集、发布和共享战略，实现对生态产品总值统计数据的统一采集、核算、管理和发布[①]。

（2）生态产品总值统计调查制度

生态产品总值统计核算涉及多个部门的数据统计核算，按照各部门涉及的工作内容，研究制定《生态环境统计调查制度》《自然资源统计调查制度》《农业农村统计调查制度》《文化旅游统计调查制度》《气象统计调查制度》等部门统计调查制度。在此基础上，聚集重点、突出关键，汇总有关重要核心指标，制定《生态产品总值综合统计调查制度》。这些制度构成"综合+专业"的生态产品总值统计调查制度体系，针对生态产品总值统计调查对象管理、统计指标、数据采集、

---

① 杨威杉，郝亮，赵学涛，等. 中国环境统计制度改革框架和路线图研究[J]. 安徽农业科学，2017，45（14）：42-45，53.

数据审核等制定统一的标准、操作规范和技术导则，规范生态产品总值统计工作。

（3）生态产品总值统计核算技术

生态产品总值统计核算技术是建立生态产品总值统计制度的关键。在系统梳理生态系统价值核算研究进展的基础上，建立国际认可的基础理论框架，在科学的生物物理模型的基础上，构建可操作性强的统计经验模型，设计一套服务编码表和统计报表，以《生态系统生产价值（GEP）统计年鉴》的形式定期发布核算结果，形成统一的生态产品总值价值业务化核算体系，为生态产品总值核算提供理论技术支撑。

（4）生态产品总值统计发布与应用制度

建设生态产品总值统计发布与应用制度的目的是在生态产品总值统计制度框架下，以完整的指标内容、相对准确的数据和便捷的获取方式，形成年鉴、公报等不同类型的产品，满足政府、企业、公众对政府部门统计数据信息的需求。通过统计数据加工，向国务院、国家发展改革委等有关部门提供生态产品总值统计信息，供国家和地方分析制定战略规划、开展绩效考核、经营开发生态产品等时参考。

（5）生态产品总值统计法律法规

在国家统一制定的统计法律、法规下，制定生态产品总值统计方面的法律、行政法规、规章及规范性文件、地方统计法规等，清晰界定生态产品总值统计工作的独立地位，明确各类主体的生态产品总值统计数据提供职责，细化不同主体责任。细化《中华人民共和国统计法》中的数据采集和管理主体责任，对生态产品总值统计中的弄虚作假行为及其他违法行为依法予以惩处。

8.3.4　GEP 统计核算技术发展方向

像核算 GDP 一样核算 GEP 是未来发展的重要方向。GEP 核算体系的发展应该是一个长期和近期结合的过程。一方面，应该通过持续不懈的长期努力，不断改进 GEP 核算方法，提高核算结果的准确性、科学性与可靠性；另一方面，GEP 不可能等着技术体系完全成熟再去应用，应坚持"边研究、边应用、边完善"的推进原则，在短期内尽快解决核算结果的可重复性。在系统梳理生态系统价值核算研究进展的基础上，建立国际认可的基础理论框架，在科学的生物物理模型的基础上，构建可操作性强的统计经验模型，设计一套服务编码表和统计报表，以

《生态系统生产价值（GEP）统计年鉴》的形式定期发布核算结果，形成统一的生态系统生产价值业务化核算体系（图 8-4）。

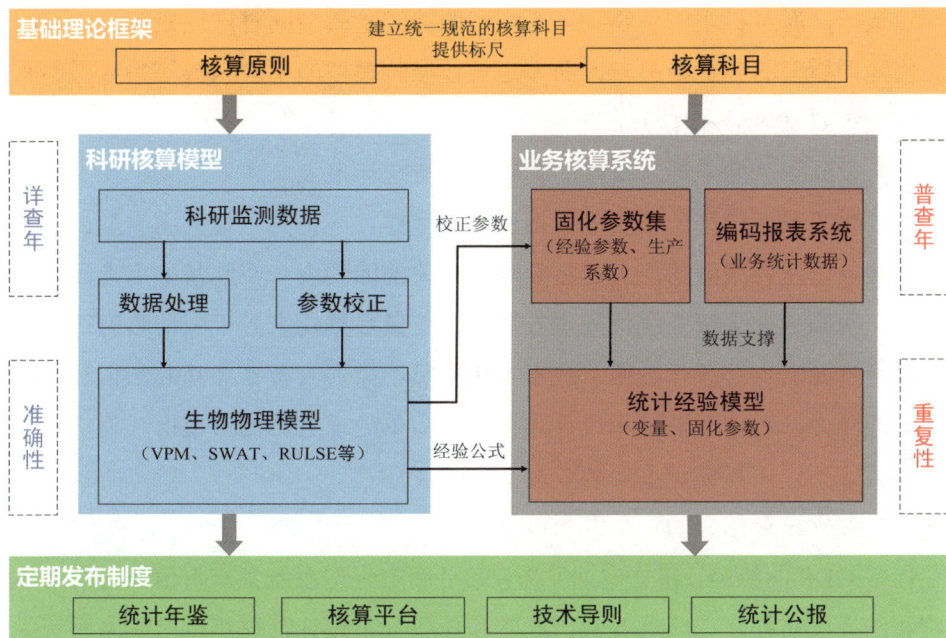

图 8-4　GEP 业务化统计核算技术框架

（1）建立统一规范的基础理论框架

鉴于当前在核算指标体系方面还未达成共识，应首先厘清生态产品与生态价值的关系，提出统一、规范 GEP 核算科目的基本原则，通过广泛讨论形成共识，最后基于筛选原则确定衡量生态系统生产价值的指标体系，为同类地区、同类生态系统建立统一、规范的核算科目提供标尺[①]，有效避免评估指标选取随意、评估结果难以对比分析等问题，奠定生态系统价值业务化核算的理论基础。

（2）建立可复制的统计经验模型

生物物理模型是所有核算方法的基础，是统计经验模型中生产系数和固定参数产生的来源，也是校正统计经验模型参数的基础。在生物物理模型核算结果的

---

① 张萌. 国外生态系统价值核算的进展与借鉴——以澳大利亚、加拿大为例[J]. 中国土地，2020（10）：46-48.

基础上，固定模型结构和参数，将其转化成由生态系统数量、质量、生产系数等变量构成的统计经验模型。每 3～5 年设置一次详查年，详查年利用各部门常规业务监测数据、资源清查数据、科研普查数据、野外监测数据、问卷调查数据等各种详细数据，通过科学的生物物理模型和统计经验模型同时进行核算，一方面校正生物物理模型的参数，另一方面率定统计经验模型的生产系数等参数，不断提高非详查年 GEP 业务化核算的准确性。

（3）设计一套便于地方操作的编码系统与统计报表

由于传统科学模型所需要的数据源复杂多样，应针对土地利用类型、控制单元、监测点位及各服务功能关键参数制定相关的编码表，在此基础上设计一套统计报表，明确数据来源及统计处理方法，使变量数据均来源于当地政府部门的调查监测、资源清查等统计数据，政府工作人员不需要具备专业基础知识和使用专业工具的能力，对常规监测和统计数据进行简单处理之后便可使用，为实现生态系统价值业务化核算提供重要的数据支撑[①]。

（4）建立核算结果的定期发布制度

借鉴 GDP 的经验，建立定期发布制度，确定生态系统生产价值业务统计核算流程和结果发布程序，明确各部门职责和任务分工设计，每年以《生态系统生产价值（GEP）统计年鉴》的形式发布核算结果，包括生态资源基本概况、生态系统价值核算框架、生态系统存量价值、生态系统生产价值、生态环境保护与恢复投入等内容，既是对生态系统价值核算成果的集成表达，也是对自然资源资产负债表的有机补充，可以为当地生态文明建设决策提供有力支撑。

8.4　面向绿色发展的 GEP 考核激励创新机制

8.4.1　构建以综合发展指数为核心的绿色发展绩效考核制度

人类社会的发展需要经济生产系统和生态生产系统，目前人类经济生产以 GDP 形式纳入国民经济核算体系，而生态产品生产并未纳入该核算体系，这正是生态资源环境问题的关键原因之一。为了践行生态文明理念，我国许多地区已经

---

① 高艳妮，张林波，李凯，等. 生态系统价值核算指标体系研究[J]. 环境科学研究，2019，32（1）：58-65.

逐渐取消 GDP 考核制度[①]。建议构建能够反映经济发展水平和生态系统价值的区域总体生产总值（Gross Integrated Production，GIP）指数，该指数拟以各行政区域经济生产和 GEP 的统计指标作为替代 GDP 的统计指标，用于表征一个区域生态文明建设的水平和程度，从而构建以综合发展指数为核心的绿色发展绩效考核制度。具体概念模型如下：

$$GIP = \alpha\,GDP + \beta\,GEP - \gamma\,EnLose$$

式中，GIP —— 综合反映经济发展水平和生态系统价值的指标；

　　　GDP —— 该区域生产总值；

　　　GEP —— 该区域生态系统价值；

　　　EnLose —— 该区域环境资源损失价值；

　　　α、β、γ —— 调整系数。

8.4.2　构建差异化区县生态产品价值实现成效综合评价体系

基于生态产品价值实现的逻辑机理，在 GEP 核算基础上构建包含生态产品供给、生态产业开发、农民增收致富、工作推进成效等维度的生态产品价值实现成效量化指标体系，建立基于不同主体功能区的差异化考核目标，形成生态产品价值实现成效差异化考核机制。具体指标见表 8-3。

表 8-3　绿水青山就是金山银山指数评价指标体系

领域层	指数层	指标层	单位
生态产品供给	生态产品生产	生态产品生产用地指数	—
		GEP 变化	
	环境质量状况	环境空气质量	—
		地表水环境质量	—
生态产品经营	生态权益交易	排污权交易比重	次
		碳排放交易比重	次
		生态用地流转面积	hm²
	生态产业开发	农林牧渔业增加值占比	%
		"三品一标"农产品认证规模	个
		乡村旅游重点村数量	个
		生态产品产业活跃程度	%

[①] 胡继妹. 对地方政府绩效考核取消 GDP 指标的思考[J]. 行政论坛，2004（6）：28-29.

领域层	指数层	指标层	单位
农民增收致富	收入水平提升	农村居民可支配收入	元/人
		城乡居民收入比	—
	收入结构优化	生态产品收益	%
工作推进成效	政策制度落实	生态保护补偿	—
		资源有偿使用	—
		试点示范建设	—
		生态产品价值实现制度创新	—
	领导组织保障	组织推进建设	—
		财政保障建设	万元
		监督考核保障	—
	管理工作绩效	自然资源资产保护	—
		自然资源资产利用	—
		奖惩激励情况	—
		公众环境满意度	—

指标解释：

生态产品生产用地指数：该地区林地、草地、湿地、农田等具有生态产品生产属性的土地面积占全域面积比重。

GEP 变化：该地区当年度 GEP 较上一年度的变化量。

环境空气质量：该地区环境空气质量状况用年平均 $PM_{2.5}$ 浓度表征。

地表水环境质量：该地区地表水环境质量用 I～III 类水质断面比例表征。

排污权交易比重：该地区排污权交易金额占地区工业增加值的比重。

碳排放交易比重：该地区碳排放权交易金额占地区生产总值的比重。

生态用地流转面积：林地、草地等土地利用类型的流转面积总量。

农林牧渔业增加值占比：该地区农林牧渔业增加值占 GDP 比重。

"三品一标"农产品认证规模：该地区获得无公害农产品认证、绿色食品认证、有机农产品认证和地理标志农产品认证的数量。

乡村旅游重点村数量：该地区获得乡村旅游重点村批准的数量。

生态产品产业活跃程度：该地区农林牧渔行业的年新增企业数量与年新增企业数量的比重。

农村居民人均可支配收入：该地区农村居民可用于最终消费支出与储蓄的总和。

城乡居民收入比：该地区城镇居民人均可支配收入与农村居民人均可支配收入之比。

生态产品收益：该地区农民财产性收入与转移性收入之和占可支配收入的比重。

生态保护补偿：探索生态保护补偿创新机制，以该地区年度国有自然资源资产管理情况专项报告、相关制度文件为依据，包括开展森林、湿地、流域等生态保护补偿创新性工作，开展一项得 1 分。

资源有偿使用：以年度政府报告、年度国有自然资源资产管理情况专项报告、相关制度文件为依据，探索建设区域公共品牌得 1 分；探索建设生态银行得 1 分；开展自然资源产权流转，包括创新开展土地、林权、矿产权等产权流转工作，开展一项得 1 分；探索建立生态银行制度得 1 分；开展建设生态环境损害赔偿，包括大气、水资源、土壤、森林等环境要素和植物、动物等，开展一项得 1 分。

试点示范建设：国家发展改革委创建与生态产品实现有关的试点示范，以生态环境部、国家发展改革委、生态环境部、自然资源部、水利部、气象局相关政策文件，年度政府工作报告，年度国有自然资源资产管理情况专项报告，审计报告为依据，如生态产品价值实现试点、生态综合补偿试点、用能权交易试点等，开展一项得 1 分；生态环境部创建与生态产品实现有关的试点示范，如"两山"实践基地、碳排放权交易试点、排污权交易试点等，开展一项得 1 分；自然资源部创建与生态产品实现有关的试点示范，如山水林田湖草沙工程、国家储备林建设、自然资源统一确权登记试点、全民所有委托代理机制试点、林业碳汇试点、生态产品价值实现机制试点、国家公园体制机制试点等，开展一项得 1 分；水利部创建与生态产品实现有关的试点示范，如水权交易试点，开展得 1 分；中国气象局创建与生态产品实现有关的试点示范，如气候生态产品价值实现试点，开展得 1 分；开展 EOD 项目得 1 分。

生态产品价值实现制度创新：探索各县域地区进行的符合当地生态产品价值实现的制度创新，以政府网站、政府年度工作报告为依据，如林票、碳票、地票、竹票、森林覆盖率指标交易、生态积分、降碳贷、生态司法、森林保险以及其他生态产品价值实现创新制度，开展一项得 1 分。

组织推进建设：以年度政府工作、审计报告、相关制度文件为依据，探索成立省、市、县生态产品价值实现专职领导机构分别得 1 分、2 分、3 分；探索建立省、市、县党政"一把手"负责制度分别得 1 分、2 分、3 分；将生态产品价值实现纳入省、市、县五年发展规划分别得 1 分、2 分、3 分。

财政保障建设：用绿色金融信息平台官网中绿色金融指数进行衡量。

监督考核保障：以年度国有自然资源资产管理情况专项报告、年度国有资产管理情况综合报告、审计报告、巡察报告、相关制度文件为依据，探索推进 GEP 在政府决策和绩效考核评价中的应用，开展一项得 1 分；开展市、县两级政府按时向同级人大报告国有自然资源资产管理工作，开展一项得 1 分；开展区县领导干部自然资源资产离任审计工作，开展一项得 1 分；探索开展生态环境赔偿工作，得 1 分；探索开展自然资源资产管理绩效评价考核机制，开展一项得 1 分。

自然资源资产保护：以年度政府工作报告、统计年鉴为依据，以《生态保护红线监管技术规范保护成效评估（试行）》中生态保护红线保护成效指数表征，完成得 1 分、完成森林覆盖率目标得 1 分、完成湿地存有量目标得 1 分、完成水土保持率目标得 1 分。

自然资源资产利用：用水总量、万元国内生产总值用水量降幅、万元工业增加值用水量降幅、农田灌溉水有效利用系数等指标完成情况，完成一项得 1 分；单位 GDP 能耗下降、煤炭消费压减、单位 GDP 二氧化碳排放降低、非化石能源消费量占比等指标目标完成情况，完成一项得 1 分；受污染耕地安全利用和重点建设用地安全利用等目标完成情况，完成一项得 1 分；单位 GDP 建设用地面积降低率目标完成情况，完成一项得 1 分；受污染耕地安全利用和重点建设用地安全利用等目标完成情况，完成一项得 1 分。

奖惩激励情况：根据自然资源部印发的《生态产品价值实现典型案例》、国家级和省级媒体宣传官网，被国家级、省级媒体宣传分别得 2 分、1 分，被自然资源部编入生态产品价值实现典型案例得 3 分。

公众环境满意度：以"生态环境"的年平均媒体指数表示。

8.4.3 推进 GEP 在自然资源资产监管体系中的应用

发挥人大、行政、司法、审计和社会监督作用，创新管理方式方法，形成监管合力，实现对自然资源资产开发利用和保护的全程动态有效监管，加强自然资源督察机构对国有自然资源资产的监督，国务院自然资源主管部门按照要求定期向国务院报告国有自然资源资产报告，并将生态产品总值及其变化情况纳入报告内容。各级政府按要求向本级人大常委会报告国有自然资源资产情况，接受权力机关监督。建立科学合理的自然资源资产管理考核评价体系，开展领导干部自然资源资产离任审计，将 GEP 作为领导干部自然资源资产离任审计的重要参考，对任期内造成生态产品总值严重下降的，依规依纪依法追究有关党政领导干部责任。完善自然资源资产信息公开制度，及时向社会大众公布生态产品总值情况，强化社会监督。

8.4.4　建立基于 GEP 的产业项目准入与激励约束机制

探索将生态产品总值影响纳入生态环境保护和生态产品经营开发项目的前期可研、环境影响评价等程序，将提升生态产品价值作为各类规划和重点工程项目建设的重要前置条件。在规划批复和项目验收中考虑对生态产品总值影响，共同推进生态产品的保值增值。建立以生态产品价值核算结果变化量为参考的产业发展激励约束机制。将生态产品价值核算结果变化量作为生态资源经营外包、特许经营等协议合同能否继续执行、适用执行条件的约束条款。对于 GDP 和 GEP 双提升的项目应建立"白名单"，加大招引力度，对项目税收、用地等提供优惠，并引导区域金融机构加大对"白名单"项目的支持；对于造成 GEP 严重下滑的，应对规划和项目予以修正，确实无法避免 GEP 重大损失的，应停止规划和项目的执行，对于重要规划和重要项目，应一事一议，并做好异地保护修复措施予以补偿。

8.5　科学规范推进 GEP 核算工作的对策与建议

科学规范推进 GEP 核算工作，必须贯彻"中央统筹、省负总责、市县抓落实"的国家要求，按照"统一机构、统一规范、统一核算、统一发布、统一应用"的工作推进原则，以省为责任主体推进建立可由地方政府自主核算的业务化核算技术体系，探索构建生态产品总值统计制度与结果应用机制。

8.5.1　完善 GEP 核算工作组织推进机制

以省为责任主体统一推进生态产品价值核算工作是破解核算难题的重要保障。按照"顶层设计—试点探索—完善发布"的总体思路，在国家层面组织技术力量攻关构建统一的生态产品总值核算技术规范；各省区按照国家技术规范，在省内选取部分市县试点开展核算，基于实际监测数据建立本地化参数集，形成详细完善的省级核算技术规范，统一推进全省 GEP 的核算、发布与应用等；市县层面只负责核算数据定期填报工作，投入更大精力加强生态产品价值实现机制创新，抓好生态产业化和产业生态化等工作。

8.5.2　实施 GEP 核算重大科技专项工程

以往关于生态产品价值核算的支持项目分散在不同口径，难以集中力量解决 GEP 核算的重大理论技术难题。将生态产品价值核算研究纳入国家中长期科学和技术发展规划纲要，实施 GEP 核算重大科技专项工程，调动全国生态、资源、环境、经济等各领域顶尖科研人员，集中力量开展中长期联合攻关；科技专项工程由国家相关部门总体负责实施，设置行政、技术两条线双管齐下，形成由中央项目领导小组、项目管理办公室、省级协调小组组成的互动行政链条，构建由总体技术组、顾问专家组和分省实施技术组组成的技术支持链条。

8.5.3　构建 GEP 业务统计核算技术体系

建立 GEP 业务统计核算技术体系是地方政府自主开展核算的前提。在充分总结借鉴国内外已有研究的基础上，制定统一规范的生态产品价值核算目录清单，通过模型比选明确开展核算的科学模型；基于科学模型核算结果，构建固定核算模型结构和参数的统计经验模型，并基于实际监测数据构建本地化参数集；对土地利用类型、控制单元、监测点位及各服务功能关键参数制定相关的编码表，在此基础上设计一套统计报表，明确数据来源及统计处理方法，最终建立基于部门统计报表的由地方自主核算的可重复、可比较、可应用的业务化统计核算技术体系。

8.5.4 加快建立健全 GEP 统计制度体系

统一的 GEP 统计制度是保证 GEP 核算结果可重复、可比较、可应用的关键，可以有效提高核算结果的社会公信力和认可度。建议统计部门牵头，联合资源、环境、农村等部门成立生态产品总值统计专职机构，实现对核算基础数据的统一采集、核算、管理和发布；建立详查和非详查相结合的统计调查制度，每 5 年设置一次详查年，详查年利用各种详细数据通过科学的生物物理模型和统计经验模型同时进行核算，验证核算结果并率定相关参数；建立定期发布制度，明确核算结果发布的具体政府机构，确定 GEP 核算结果发布程序和形式。

8.5.5 探索 GEP 核算结果长效应用机制

GEP 核算的目的不仅是摸清生态产品家底，更重要的是能够落地应用。在当前 GEP 核算结果精确性的基础上，建立基于核算结果分等定级的应用机制，并不直接应用 GEP 绝对值。完善生态文明绩效考核评价体系，将核算结果纳入年度考核，并作为干部离任审计的评价依据；深化基于生态保护成效的财政奖补制度，探索将核算结果作为市、县（区）差异化财政奖补的参考依据；完善基于生态产品产出的自然资源分等定级体系，建立反映市场供需、开发和保护成本、生态产品供给的自然资源价格形成机制。

第 9 章
推进生态产品价值实现的保障措施

> 生态产品价值实现意义重大且任务艰巨，其涵盖统筹规划、配套政策、科技创新与试点示范等关键环节，需多维度协同推进，因地制宜挖掘生态资源潜力。保障措施单独成章，旨在通过完善配套政策，保障各环节顺畅运行，科技赋能解决核心关键难题，利用试点示范积累经验辐射带动区域发展，全面推动生态产品价值有效实现。

9.1 加强统筹规划

将生态产品价值实现全面融入各地高质量发展、生态文明建设相关规划并作为重要任务，推动生态产品价值实现工作开展全过程动态管理。发挥我国市场规模优势，因地制宜利用好不同地区、不同类型的生态资源优势，合理有序地发展以生态产品价值实现为核心的生态经济新模式。规范生态产品相关产业统计分类，建立产业统计调查制度，明确产业调查目的、调查对象和范围、调查内容、调查方法、调查组织方式等，开展产业调查，系统了解和把握区域生态产品相关产业的发展状况。

9.2 完善配套政策

建立健全完善覆盖各类生态产品生产、消费、交易、分配、支持等全过程的配套政策，推进自然资源产权制度和土地、劳动力、资本、技术等要素市场化改革，打好土地利用、产业开发、环保投资、权益交易、金融创新等相关政策组合拳。健全配套政策支持，加强对生态产品认证、生态产品经营主体、资源供给主体、渠道支持主体等的政策扶持。统筹安排中央预算内投资、国债、专项债等资金，加大生态产品价值实现试点建设资金支持力度，优先保障生态产品价值实现重点项目建设。深化生态保护补偿制度改革，建立生态产品质量和增量与资金分配相挂钩的生态保护补偿机制，丰富生态环境损害赔偿责任的履行方式，积极探索认购碳普惠产品、"补种复绿"、"增殖放流"、"护林护鸟"及"劳务代偿"等方式开展生态替代性修复，实现生态环境及其服务功能等量恢复，实现激励与约束政策协同增效。

9.3　强化科技创新

实施生态产品价值实现科技创新重大行动，聚焦生态产品"难度量、难抵押、难交易、难变现"等关键问题，重点开展多尺度多要素复合生态系统协同增效、GEP 精准核算、生态产品认证与追溯、生态产品第四产业、生态产品供应链等领域的基础研究、关键技术研发和示范推广，培养造就一支高水平生态环境科技人才队伍。依托高等学校和科研机构，加强对生态产品价值实现及第四产业改革创新的研究，强化相关专业建设和人才培养，培育跨领域跨学科的高端智库。加强高校、科研院所及企业之间的合作，促进生态产品的科技成果转化。立足本土、放眼世界，积极开展国际交流，不断吸收融合国外最新理论和实践成果，宣传推广我国生态产品价值实现领域的成就和经验。

9.4　加大试点示范

发挥"两山"基地示范引领效应，协同推进美丽中国建设、乡村振兴、共同富裕、气候投融资以及各行业相关试点示范载体，强化生态产品价值核算、供需精准对接、可持续经营开发、保护补偿、评估考核等方面的示范应用，释放综合带动效应。及时总结经验，加强宣传推广，推动生态优势地区做好生态利用文章，让生态产品价值实现的实践成为地区绿色增长的动力源。